吳宏一

周易新繹

經傳編

【上】

目錄

壹

卷首

貳

上經

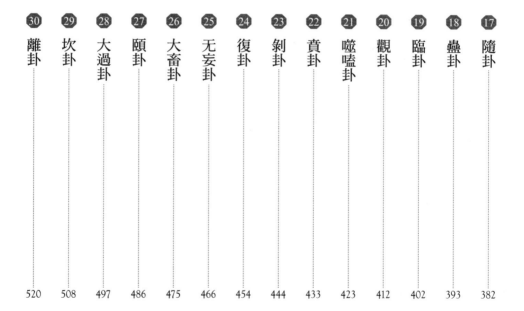

壹

卷首

卷頭語

先讀「十翼」的五篇

《周易》一稱《易經》，相傳它是殷周之際，西伯（即後來的周文王）被囚於羑里（在殷墟之南，即今河南湯陰縣北的牖城）時，根據伏羲所創始的八卦之說，加以演繹而成；當時所作的繇辭，已由宇宙自然而推及於社會人文，可以用來占測人事的吉凶休咎。後來經過周公的增訂，史官的整理，又參考了夏、殷以來種種相關的歷史文獻，編輯成一部周朝貴族卜筮所用的圖書，可以做為修身齊家乃至治國施政的參考。

到了春秋時代，諸侯力征，周室衰微，平民大教育家孔子感嘆禮崩樂壞，為了闡述文、武、周公之道，於是尊之為經，用以授徒。《易經》遂為五經六藝之一，由原來的卜筮之書，成為儒門子弟的必讀經典。

由於這部卜筮之書古奧難懂，據說孔子及其儒門後學，曾陸續為它寫了解釋內容體例及各種疑義的文字，包括：《繫辭傳》上下篇、《彖傳》上下篇、《象傳》上下篇、《文言傳》、《說卦傳》、《序卦傳》、《雜卦傳》，共有七種十篇。後人統稱為《易傳》，因其足以輔翼《易經》，也稱為「十翼」。

「傳」的產生，本來就是用來解「經」的，傳是傳，經是經，二者性質功用不同，著成的年代也不一樣。經、傳原是分開的，並不合在一起。「十翼」是儒家的解經之作，但《易經》並非儒家所專有，像道家、陰陽家等等其他流派，亦可自有其解釋《易經》的傳承。《易經》起初的流傳，應即如此。然而到了漢武帝定五經、立博士、推明孔氏、獨尊儒術之後，百家被罷黜了，儒家的經典成為天下讀書人晉身的敲門磚，而《易經》躍登五經之首，《易經》「十翼」也就成了所有《易》學者必備的參考書。

也由於秦、漢之際古今文字的變異，今文古文不同學派的對立，我們有理由相信古代的讀書人，他們不但會覺得《易經》經文古奧難讀，同時也會覺得《易傳》應與經文合讀，才比較容易了解它們的意義與旨趣。因此至遲從漢、魏開始，已經有學者（例如費直）直接以傳解經，而且也已經有學者（例如鄭玄、王弼）嘗試把經、傳合編在一起。具體的做法是：把「十翼」中與經文關係最密切的五篇，分別編列在六十四卦中相關的卦辭爻辭之後，以便讀者可以對照合讀。例如：把《文言傳》分附於〈乾〉、〈坤〉二卦之後；把《彖傳》、《象傳》的上下篇，依其次序分附於相關的卦辭爻辭之後；或者把《象傳》分為《大象傳》和《小象傳》，《大象傳》分附於各卦卦辭之後，而《小象傳》則分附於各自相關的三百八十多爻的爻辭之後。至於「十翼」中的其他五篇，包括《繫辭傳》上下篇、《說卦傳》、《序卦傳》、《雜卦傳》，則殿後做為附錄，供讀者自行參考。

這樣的做法，「尋省易了」，方便對照，易於了解，又可省去翻檢查對的麻煩，一般的讀者當然稱便，對於初學者，更是善莫大焉。因此從唐朝孔穎達《周易正義》採用這種經傳合編的方式之後，大家習以為常，久而久之，也就經傳相雜，如同合為一體了。也因此，唐、宋以來的《周易》，雖然亦稱《易經》，但其實它已是經傳合一了。

雖然後來宋代的一些學者，曾經有意恢復《周易》即《易經》的原貌，希望把原來用於卜筮的「經」和後來闡揚儒家學說的「傳」分開，復其舊觀而求其新義，但已積重難返，並沒有獲得讀者普遍的認同。同樣的，近現代也頗有一些專家學者，嘗試從學術思想史的觀點，主張經自經，傳自傳，把經傳分開，希望讀者明白二者的性質和功用有所不同。筆者個人以為它們確實有不同的思想背景，也有不同的時代意義，而且對於這樣的學術見解和研究熱忱，並不反對，甚至還覺得可敬可貴，但是，站在幫助初學者的立場，為了他們閱讀的便利，這套《周易新繹》，還是決定維持傳統的經傳合編的方式。

根據筆者的讀書經驗，認為這種方式對初學者最方便，也最容易入門。至於初學者入門之後，想作進一步的研究，將來應該如何發展，筆者目前沒有什麼特別的意見。

筆者在撰寫《周易新繹・通論編》的過程中，經過幾次反覆的思考，對於經傳合編的方式，最後決定略作調整。最主要是把古代傳統列為附錄的《易傳》其他五篇，不但定其閱讀的先後順序，而且主張調整在上下經文之前閱讀。筆者認為初學者先讀這五篇，可以先認識《周易》的起源及其在哲學思想史上的意義，包括伏羲、文王、孔子三聖的發明、早期的大衍筮法、〈乾〉〈坤〉二卦的地位、卦象爻位的體例、卦體的組合、卦名的取稱和著成年代的推測等等，這些原則性的道理，明白之後，再看六十四卦的上下經文，這才是所謂先河後海、登堂入室的正確門徑。關於這些，筆者在《周易新繹·通論編》一書的第十一章第一節，已有所說明，此不贅述。這樣的做法是否適當，是否對初學者真的較為便利，也請讀者不吝指教。

現在，就請讀者先讀《繫辭傳》等五篇，然後再讀上下經文。

繫辭傳

解題

《繫辭傳》分上下兩篇，分別稱為《繫辭上傳》和《繫辭下傳》，古人簡稱《上繫》和《下繫》，也可以稱為《繫辭傳》上、下篇，是「十翼」中重要的構成部分。漢代學者統稱之為《易大傳》。繫，是維繫、附繫的意思。繫辭，原指附繫於各卦各爻底下的卦辭、爻辭而言。相傳本是文王、周公所作，即今所謂「經」文。它們都是用來解釋卦義、爻義，用來占斷吉凶的說明文字。不過，此處所說的「繫辭」，指的是附繫於《易經》全書後面的文辭。這些解釋「經」義的說明文字，古人就稱之為「傳」。

《繫辭傳》論述《周易》全書整體的思想內涵，涉及宇宙、八卦的起源，《周易》的著成、性質及作用，占筮的方法，孔子的解釋等等，具有通論的性質。由於文中多次出現「子曰」的字眼，所以有人說這是孔子的著述，但也有人揣其語氣，認為這應該是出於孔子以後儒門弟子的引述，著成年代可能已到戰國時代的後期。上下兩篇論述的內容，雖然龐雜，但觀點基本上是一致的。它們的闡釋，使《周易》由宗教卜筮化提升為哲學理論化，在中國哲學思想的發展史上，具有相當重要的意義。

《繫辭傳》上篇，漢儒像馬融、荀爽曾把它分為十三章，後來虞翻分為十一章，到了唐代孔穎達的《周易正義》和宋代朱熹的《周易本義》，雖然段落字句的讀法略有不同，卻都把它分為十二章。從此以後，一般學者大都採用孔氏或朱氏的分法，但對於段落字句的解讀，實際上各有不同，並不一致。

《繫辭傳》下篇，在分章節方面，更趨紛歧。孔穎達《周易正義》就說：「此篇章數，諸儒不同。劉瓛為十二章，以對《上繫》十二章也。周氏、莊氏，並為九章。今從九章為說也。」後來的《十三經注疏》本，即據此分為九章，而朱熹的《周易本義》則分為十二章。筆者此書觀其文辭句意，基本上參考朱熹之說，仍然分為十二章。

繫辭上傳

第一章

一

天尊地卑，乾坤定矣。卑高以陳①，貴賤位矣。動靜有常，剛柔斷矣。方以類聚，物以群分，②吉凶生矣。在天成象，在地成形，變化見矣。③

二

是故剛柔相摩④，八卦相蕩⑤。鼓之以雷霆⑥，潤之以風雨⑦。日月⑧運行，一寒一暑。乾道⑨成男，坤道⑩成女。

乾知大始⑪，坤作成物。

注釋

①卑高以陳：卑高，即高低。陳，排列。畫卦時，爻位由下而上陳列，由卑而高，由賤而貴，故云。

②方：「方」與「物」對，指事情之所向，見《周易本義》。

③象：指日月星辰。形：指山川草木。見：同「現」，顯現。

④摩：同「磨」，磨合，摩擦。因對立而起摩擦。

⑤蕩：同「盪」，激盪。因摩擦而起變化。

⑥雷霆：指〈震卦〉、〈艮卦〉之象而言。霆：雷之

三 乾以易知，坤以簡能。易則易知，簡則易從。易知則有親，易從則有功。有親則可久，有功則可大。可久則賢人之德，可大則賢人之業。易簡，而天下之理得矣；天下之理得，而成位⑫乎其中矣。

直譯

一 天崇高在上而地卑低在下，代表天的乾卦和代表地的坤卦的上下位置就確定了。把卑下的和崇高的事物拿來陳列在一起，高貴的和低賤的象徵也就定位了。天地的運轉在動靜上有一定運行的法則，陽剛的和陰柔的兩種爻畫的符號也就判然有別了。

天空籠罩下的方位，可用相同的類型來歸納，大地孕育的萬物，可用不同的群體來區分，在什麼類別裡將會有什麼吉祥凶險，於是就產生了。出現在天上的，造成了日月星辰風雨雷電不同的現象；出現在地上的，造成了山川草木鳥獸蟲魚不同的形

餘音，觸山而成。

⑦風雨：指〈巽卦〉與〈兌卦〉之象。《周易正義》：「雷電風雨，亦出山澤也。」

⑧日月：指〈離卦〉與〈坎卦〉之象。

⑨乾道：指〈震〉、〈坎〉、〈艮〉等卦，均一剛二柔，為陽卦。《易經》論陰陽，以少統多。

⑩坤道：指〈巽〉、〈離〉、〈兌〉等卦，均一柔二剛，為陰卦。參閱下篇第四章。

⑪知：主持，掌管。大始：太始。

⑫成：承上文之「成男」、「成女」，指賢人而言。位：居。成位：六位時成，六爻在位。立象之意。

體，有什麼形象，將會產生什麼變化，於是也就顯現出來了。

二

因此，陽剛和陰柔的兩種作用互相摩擦激盪，八種卦象的組合也互相推移變化。鼓動它們時用雷（震卦）霆（艮卦），浸潤它們時用風（巽卦）雨（兌卦）；隨著日（離卦）月（坎卦）交替運行，一寒一暑（乾、坤）循環交替，代表天的乾道（如震、坎、艮）的就成為男性的象徵，代表地的坤道（如巽、離、兌）的就成為女性的象徵。

乾道的功能在於主宰一切重大源頭，坤道的功能在於配合運作，因而有了成果。

三

乾道是以平易來創始萬象，坤道是以簡約來顯現功能。

平易就容易了解，簡約就容易跟隨。容易了解就會使人親近，容易跟隨就會有所成就。使人親近就可以長久，有所成就即可以壯大。可以長久即是賢人的德行，可以壯大即是賢人的志業。能夠平易、簡約，那麼天下的道理就容易懂得了；天下的道理懂得了，那麼所謂成就萬象的功能，也就處在那裡面了。

第一章是總論，以乾坤法天地為立論的依據，說明宇宙間天地萬物的源始、乾坤的定位、八卦的構成，以及聖人與天地並立而為「三才」的道理。乾道以易知成男，坤道以簡能成女，尊卑貴賤、動靜剛柔、日月寒暑，皆理得而成，位於六爻之中。

《易》兼有天道、地道、人道「三才」，又兼有簡易、變易、不易「三易」的道理，都在此章開宗明義揭示出來了。

韓康伯注解這一章，曾說：「乾、坤，其《易》之門戶。先明天尊地卑，以定乾、坤之體。」意思是：〈乾〉、〈坤〉二卦是《周易》構成的基礎，《易經》入門須知的常識。〈乾〉、〈坤〉二卦，代表陰陽（包括尊卑、貴賤、動靜、剛柔等等）兩種不同而相對立的事物，這種觀念，在《周易》以前，應該早已有之。而且它們各以三個筆畫來代表天地人「三才」，應該也早已有之。它們可以稱為「乾」、「坤」，也可以稱為「鍵（健）」、「順（巛）」；它們可以畫作「☰」、「☷」，也可以畫成陰陽黑白兩種或幾種不同意義而相對立的數字符號。名稱、符號雖有差異，但它們所代表的象徵意義，卻無不同。

古代文獻記載《周易》之前，另有《連山》、《歸藏》。不同的時代當然可以有不同的卜筮之書，它們的組織構造和卜筮方法，有的可以前後相承，也有的可以革新去舊。周因殷之舊，但也必有改革創新者。韓康伯說「先明天尊地卑，以定乾、坤之體」，正說明了在宇宙自然中，人所共見的「天尊地卑」，是《周易》確立〈乾〉、〈坤〉二卦卦體，何者為尊何者為卑的依據。

另外，朱熹的《周易本義》，對第一章開頭的若干句子，包括尊卑、貴賤、動靜、剛柔，都有很簡明扼要的注解。他是這樣說的（後附筆者的白話直譯）：

天地者，陰陽形氣之實體。（所謂天地，是指陰陽兩種形象氣流，各自凝結而成的實體。）乾坤者，《易》中純陰、純陽之卦名也。（所謂乾坤，是指《易經》中三畫都是陰爻和三畫都是陽爻的卦名呀。）卑高者，天地萬物上下之位。（所謂卑微和高尚，是指天地萬物上下高低的位置。）貴賤者，《易》中卦爻上下之位也。（所謂尊貴和低賤，是指《易經》中卦爻上下高低的位置呀。）動者，陽之常；靜者，陰之常。（所謂動，是指陽爻的常態；所謂靜，是指陰爻的常態。）剛柔者，《易》中卦爻陰陽之稱也。……（所謂剛柔，是《易經》中卦辭爻辭分別陰爻和陽爻的稱呼呀。……）而吉凶者，《易》中卦文占決之辭也。（所謂吉凶，是《易經》中卦辭爻辭占問、判斷時所用的詞語呀。）

他的這些解釋，對於我們閱讀《周易》的經傳，都很有幫助。所以我們談《易經》，實在不能棄朱熹於不顧。

底下，我們把第一章分為三大段，略加說明，供讀者參考。

第一段以造化之實，談乾坤之道。前人說：「周道尊尊」。周朝自文王、周公以後，講宗法制度，宗尚父統，主張男尊女卑，父尊母卑，父尊子卑，君尊臣卑。這是就社會人事方面來說的，如就宇宙自然界觀之，自然是人所共見的「天尊地卑」。天高，居上；地低，處下。一高一低，一上一下，二者排列在一起，高者令人仰望，低者令人俯視，相較之下，尊卑貴賤之分，也就不辯而明、不言而喻了。《周易》八卦中最主要的〈乾〉、〈坤〉二卦，是取法天地的陰陽之象而來，自然也是尊卑貴賤有別了。本章的第一段，就是從宇宙自然界的「天尊地卑」說到社會人事方面的貴賤和吉凶。

所謂尊卑貴賤，是從位置的上下高低來分的；所謂動靜剛柔，則是從形體的形象材質來分。「方以類聚，物以群分」，這是把天地萬物和尊卑貴賤、動靜剛柔連繫在一起了，說明在什麼樣的動靜剛柔的交替情況下，會產生什麼樣尊卑貴賤的不同結果。

人都喜好尊貴而厭惡卑賤，但尊貴有時卻會變成卑賤，而卑賤有時也會變成尊貴。像周朝崇尚父統，主張父尊母卑，君位的繼承，以父子相傳為主，故以乾為首，所謂「周道尊尊」，但殷代則不然。殷朝是強調母統，重視氏族制度，君位的繼承，以「兄終弟及」為主，故以坤為首，所謂「殷道親親」。可見殷、周之道，係由「親親」變為「尊尊」，是以「坤」為首變成了以「乾」為首。

它們原是對立的，但在不同的時空裡，不同的位置上，由於卦爻動靜的移動，剛柔的變化，一旦卑賤變成了尊貴，即吉即福，尊貴變成了卑賤，即凶即禍，因而吉凶禍福也就常常隨卦象爻位的變化而變動不居，不能固定。

本章第二段承接第一段所說的乾「在天成象」，坤「在地成形」，由「剛柔相摩，八卦相盪」到「乾知大始，坤作成物」等句，說明八卦在動靜剛柔摩擦變化的過程中，所呈現的各種形象及象徵，可以由變動不居而趨於統一。有人以為：「鼓之以雷霆」四句，於八卦中只提到震、巽、離、坎，而未及乾、坤、艮、兌。實則不然。雷、霆、風、雨、日、月、寒、暑，事實上各有所指。孔穎達《周易正義》即云：「八卦既相推盪，各有功之所用也。又鼓動之以震雷離電，滋潤之以巽風坎雨，或離日坎月，運動而行，一節為寒，一節為暑。」虞翻說得更清楚：「雷震，霆艮，風巽，雨兌，日離，月坎，寒乾，暑坤也。」八卦是因陰陽互相摩盪而生，始則變動不居，終則發展成為既對立而又互補、既變動而又統一的現象。乾坤猶如父母，一剛一柔相摩相盪而生六子。震、巽、離、坎、艮、兌六卦，後人即稱為六子卦。「乾道成男，坤道成女」二句，是說明《易經》將以乾、坤二道統攝八卦，由大自然界而推及於社會人文。

「日月運行，一寒一暑」，講的是大自然界；「乾道成男，坤道成女」，講的是社會人文。自其變者而觀之，一切變動不居；自其不變者而觀之，則變動中自有其不變的規律。此亦即第三段所說的「乾以易知，坤以簡能」。

第三段基本上是「乾以易知，坤以簡能」二語的發揮。「易」、「簡」二字，成為《易》道不變的規律。古代聖人得之，設卦以觀象，進而觀象而繫辭，成就了盛德大業，藉以參贊天地而成為「三才」之一。一切的道理，所謂「天下之理」，原來就包舉在這陰陽六爻的變化之中。

第二章

一

聖人①設卦觀象，繫辭②焉，而明吉凶。剛柔相推，而生變化。

是故吉凶者，失得之象也；悔吝③者，憂虞④之象也；變化者，進退之象也；⑤剛柔者，晝夜之象也。六爻之動，三極⑥之道也。

二

是故君子所居而安⑦者，易之序⑧也；所樂而玩⑨者，爻之辭也。

三

是故君子居則觀其象而玩其辭，動則觀其變而玩其占。是以「自天祐之，吉无不利。⑩」

①聖人：指伏羲、文王、周公。

②繫辭：在卦爻之下，繫有文辭。繫：綁。卦需懸掛，故其辭繫於下。

③悔：懊悔。吝：愛惜。

④虞：度，量。與「憂」皆有「慮」意。

⑤變化：指六爻的推移變動。進退：即消長。

⑥三極：即三才。八卦每卦三爻，上爻象天，中爻象人，下爻象地。六十四卦每卦六爻，上二爻（五、上）象天，中二爻（三、四）象人，下二爻（初、二）象地。一說：三極，三才極至之道。

⑦居：平居，日常生活。安

直譯

❶聖人設立了卦爻來觀測天地萬物的現象，還附上了文辭，來說明吉凶的預兆。陽剛和陰柔的卦爻互相推移，因而產生了各種變化。

因此所謂「吉凶」，是失敗和成功的象徵呀；所謂「悔吝」，是憂慮和吝惜的象徵呀；所謂「變化」，是前進和後退的象徵呀；所謂「剛柔」，是白晝光明和黑夜昏暗的象徵呀。六爻的推移變動，象徵著天、地、人所謂三才，或吉或凶的道理呀。

❷因此在上位的君子，閒居時所安心在意的，是卦位的排列次序呀；活動時所樂於玩味的，是爻象的說明文字呀。

❸因此在上位的君子，在平常閒居時，就觀測卦爻的變動現

：放心。

⑧序：此指卦象之次序、序列。如〈乾卦〉初九安在「勿用」，九三安在「乾乾」，九五安在「在天」。故居而得安，虞翻以為「易之序」之「序」字，當作「象」。

⑨樂：與「居」對。對照下文「居則觀其象」、「動則觀其變」，「樂」應指「動」，即占卦之活動。玩：玩味，體會。

⑩自天祐之二句：此引〈大有卦〉上九爻辭。

象，而且玩味卦爻的說明文字；在占卦活動時，就觀察它們的變動現象，而且玩味它們的占斷結果。所以「能從上天得到保祐他的徵兆，吉祥，沒有不順利。」

新繹

本章亦為總言性質，說明聖人設卦觀象以及創作卦辭、爻辭的意義與目的，主要是用來占斷人事的吉凶休咎。而賢人君子觀其卦象而玩其繫辭，應觀其變化而知其趨避，這也是學習《易經》首先應該知道的事情。

此章與下文第十二章首尾呼應，借〈大有卦〉的「自天祐之，吉无不利」等語，來說明「明吉凶」，才能得天之祐，「无不利」。

《易經》立論的基礎，在於「一陰一陽之謂道」。陽象徵剛性的乾道，陰象徵柔性的坤道。陰陽本來是矛盾對立的，一陰一陽的交合，即本章所謂「剛柔相推」，自然就會由矛盾對立而產生變化；有了變化，自然就會有進有退，有得有失，有明有暗，有喜有憂。易言之，自然就會產生吉凶休咎的現象。聖人所以設卦，就是為了觀察這些變化的現象，教人們如何避凶趨吉，走向順利；聖人所以在卦象之下又附繫說明的文辭，就是為了說明這些吉凶休咎有什麼現象，有什麼預兆。它可以由凶轉吉，也可以由吉變凶。一切事在人為，並非禍福全由天造地設。它固然可以趨從，但也還可以避開。

《易經》的六爻，和「三才」的天地人關係密切，初、二兩爻象徵地道，三、四兩爻象徵人道，五、上兩爻象徵天道。它們的陰陽變化，關係到天文、地理、人事上的種種現象，所以後代的賢人君子，平常閒居時，要「觀其象而玩其辭」，特別要注意卦序爻位的變動；一旦有事需要求神問卜時，就要趕快「觀其變而玩其占」。「觀」是審慎觀察，「玩」是仔細玩味，做出最正確的選擇與決定，這樣才能「自天祐之」，得到天助人助。

第三章

一

彖①者，言乎象②者也。爻③者，言乎變④者也。吉凶者，言乎其失得也。悔吝者，言乎其小疵也。无咎者，善補過也。

二

是故列貴賤者，存乎位⑤；齊⑥小大者，存乎卦。辯⑦吉凶者，存乎辭；憂悔吝者，存乎介⑧；震⑨无咎者，存乎悔。

是故卦有小大，辭有險易⑩。辭也者，各指其所之⑪。

三

《易》與天地準，故能彌綸天地之道。仰以觀於天文，俯以察於地理，是故知幽明之故。原始反終，故知死生之說。⑫

①彖：此指卦辭，解釋全卦的義理。

②象：現象。此指卦所象徵的事物。

③爻：組成卦的六畫。此指爻辭，解釋一爻的義理。

④變：指各爻時位不同時，意義亦產生變化。

⑤位：指爻位。

⑥齊：定，有並列比較判定之意。

⑦辯：同「辨」，辨別。

⑧介：纖介，細微之物。一說：帛書本作「分」。

⑨震：動心，有戒懼之意。帛書本作「振」，古通用。

⑩險：難懂。易：易懂。一說：險易指吉凶善惡。

直譯

一 所謂彖辭（即卦辭），是說明整體卦象的文字呀。所謂爻辭，是說明爻位變動的文字呀。

所謂吉凶，是指那些失敗和成功的象徵呀。所謂悔吝，是指那些有小過錯的呀。所謂無咎，是指那些善於補救過失的呀。

二 因此，序列高貴低賤的不同，在於爻位；比較爻位小大的不同，在於卦象。辨別吉凶禍福的不同，在於卦辭爻辭的說明文字；擔心反悔吝惜的小毛病，在於能夠注意細節；戒懼而無過失的，在於能夠悔悟。

因此，卦象有小象、大象的不同，卦辭爻辭有艱難、平易的差異。所謂卦辭、爻辭呀，各自指向它們所象徵的說明文字。

三 第三節併入第四章第一節。（參閱下文）

⑪ 指其所之：其，指卦爻辭。所之，所向。指卦爻辭的說明。

⑫ 第三章第三節，朱熹《周易本義》併入第四章。可從。故注釋、直譯等，並見第四章。下仿此者，不另一一注明。

新繹

本章說明彖辭（卦辭）和爻辭的凡例、功用，進而說明卦象和爻位對人事所顯示的象徵意義。

本章第一節，先解釋彖辭（即卦辭）和爻辭的意義。因為卦象有大小之分，同樣是解釋卦象的文字，彖辭用以反映全卦，故稱「大象辭」，爻辭用以反映全卦中的某一爻，故稱「小象辭」。相對而言，彖辭反映一卦之象，變動較少，而爻辭反映一爻在發展過程中的地位，變動較多。底下提到的吉凶、悔吝、无咎，都是卦辭爻辭常用的占斷之辭，這裡分別解釋它們的意義。從中可以體會《易傳》的著者，鼓勵人們知過能改。

第二節從爻位的變動說起。上文第二章說過：「六爻之動，三極之道也」，意思是爻位的變動，會涉及天地人三才地位的轉換，當然也會涉及君子與小人尊卑貴賤、吉凶禍福、悔吝无咎等等變動的問題。因此，卦象、爻位都要好好觀察比較，卦辭、爻辭也要仔細體會玩味。

第四章

一 《易》①與天地準②，故能彌綸③天地之道。

仰以觀於天文④，俯以察於地理⑤，是故知幽明⑥之故。原始反終⑦，故知死生之說。精氣為物，游魂為變，⑧是故知鬼神之情狀。

二 與天地相似，故不違；知周⑨乎萬物而道濟天下，故不過。旁行而不流⑩，樂天知命，故不憂。安土敦⑪乎仁，故能愛。

三 範圍⑫天地之化而不過，曲成⑬萬物而不遺，通乎晝夜之道而知，故神无方而《易》无體。

①易：此指《易》道而言。以上三章的「易」，多指簡易、變易、不易而言，此則書名。
②準：平等，契合。有「相同」之義。
③彌：偏，囊括，包涵。綸：有條理。帛書本作「論」，古通用。
④天文：天上的文彩，即天象。
⑤地理：地上成形的紋理。
⑥幽明：指陰陽、晦明、晝夜、鬼神等等一切相對的事物。
⑦原：推究，追溯。反：返。一作「及」。
⑧精氣：指神而言。游魂：精氣游散，生變為死，指鬼而言。
⑨周：遍，全。
⑩旁行：廣布，旁通流行。流：放縱。一作「留」，遺留，停滯。
⑪敦：厚。
⑫範圍：有師法、包括之意。
⑬曲成：委曲成全。有積極、詳盡、費力之意。一說：曲，小小之事。

直譯

一

《易》所說的道理，和天地相規範，所以能夠有條有理的涵蓋囊括天地之間的一切道理。聖人抬起頭來，觀察到日月星辰、風雨雷電的天文現象；低下頭來，觀察到山川草木、鳥獸蟲魚的大地景觀，因此可以推知光明晦暗，包括晝夜寒暑以及陰陽鬼神種種不同的緣由。追溯源頭，推究結果，終而復始，所以可以推知死亡和生存的道理。陰精陽氣聚合而生成萬物，游魂散魄分離而即告死亡，因此可以推知天地鬼神的情況。

二

《易》道和天地相類似，所以不會違反天地自然的法則；它的智慧遍及萬物，而且它的道理可以周濟天下萬民，所以不會有偏差。旁通周行，而不放縱；樂從天意，順從命運，所以不會憂慮。安於所在的環境，厚積仁愛的德性，所以能夠博愛眾生。

三

《易》道涵蓋了天地的造化，而又不逾越本分，積極成全了萬物而沒有任何遺漏，通曉了晝夜陰陽的道理而可推知一切，所以它的神妙沒有一定的界限，而其變動也沒有固定的形體。

新繹

上二章說明《易經》能會通「三極之道」，配合天文地理，又具有人間的智慧與仁德，因此可以濟天下萬物而通鬼神情狀。「原始反終」，是它的精神；「神无方而易无體」，是它的功用。

《易經》有很多傳本，不同的版本，字句或有不同，但它們所說的道理卻是一致的。試就本章略舉數例：

一、「彌綸天地之道」，帛書本「綸」作「論」，二字可通用。「旁行而不流」，帛書本「旁」作「方」，二字亦可通用。「流」作「遺」，「遺」有「留」義。《經典釋文》引京房本正作「留」可證。

二、《經典釋文》、《周易集解》引虞翻云：「天地之道」原作「天下之道」。據金景芳《周易講座》的解釋，「天地之道」僅僅是講天文地理的「天地之道」，而「天下之道」則除「天地」之外，還包括廣義的「天之道」與「民之故」，即自然與社會的一切知識全都概括在內，含有推神道以明人事的意思。筆者以為此解頗有參考價值。《禮記．中庸》有云：「經論天下之大經」，經論即本章所說的「彌綸」，有囊括、徧知之義，而其「天下之大經」，亦與「天下之道」同意，指的是廣義的「天之道」與「民之故」。

三、「原始反終」一句，《經典釋文》引鄭玄，《周易集解》引《九家易》，「反」字俱作

「及」。「反」、「及」二字字形相近，容易混淆。金景芳以為事物有始必有終，人有生必有死，故主張以「原始及終」為是。屈萬里師《讀易三種》則據《雜卦傳》「復，反也」之語，認為「反，返之古字」，因此主張此句仍以作「原始反終」為是。主張雖有不同，但其旨趣卻無差異。

至於「範圍天地之化」的「範圍」，據《經典釋文》云：馬融、王肅等，皆作「犯違」，此亦古字之同音通假，都一樣作「籠罩」解。此句與「彌綸天地之道」意義也大致一樣。可見文字即使不同，但所要闡述的道理仍然前後一致。

第五章

一 一陰一陽之謂道①。繼②之者，善也；成之者，性也。仁者見之謂之仁，知者見之謂之知③，百姓日用而不知，故君子之道鮮④矣！

二 顯諸仁⑤，藏諸用⑥，鼓⑦萬物而不與聖人⑧同憂。盛德大業至矣哉！富有之謂大業，日新之謂盛德。

三 生生之謂「易」。成象⑨之謂「乾」，效法⑩之謂「坤」。極數⑪知來之謂「占」，通變之謂「事」，陰陽不測之謂「神」。

①一陰一陽：指宇宙天地以至社會人文所有兩種不同而相對立的事物。道：大路，常軌。
②繼：帛書本作「係」，維繫。
③知：通「智」。
④鮮：少。屈萬里師云：鮮，善，亦通。
⑤顯諸仁：顯之於仁。諸：之於。以上二句之「之」皆指萬物。
⑥用：日用。
⑦鼓：鼓動。
⑧聖人：帛書本作「眾人」。
⑨成象：成天之象。
⑩效法：效地之形。項安世云：古語「法」，皆謂「形」。
⑪極數：極，窮究。數：占筮所用的蓍策之數。

直譯

一

一陰一陽相互交替推移，這就是所謂「道」。能夠承受它的，就是「善」啊；能夠成就它的，就是「性」啊。有仁德的人看見它，就稱它為「仁」；有智慧的人看見它，就稱它為「智」。百姓雖然天天接觸到它卻不知道，所以君子所說的「道」，就少被人理解了。

二

（君子之道）顯現在善待萬物的仁德上，卻潛藏在成就萬物的日常生活中，雖然能夠鼓動催生萬物，卻不會和聖（眾）人同樣的憂慮。盛美的德性，偉大的功業，它真是達到極致了呀！擁有繁富齊備的萬物，這就是所謂「大業」；天天都能推陳出新，這就是所謂「盛德」。

三

陰陽變化生生不息，這就是所謂變易的「易」。形成天文星象，這就叫做「乾」；仿效地理景觀，這就叫做「坤」；能夠窮究術數、預知未來事情，這就叫做「占」；能夠通達陰陽變化之道的，這就叫做「事」；至於陰陽變化中莫測高深的，這就叫做「神」。

新繹

本章進一步說明《易》之道。對《易經》的若干常用詞語，分別加以詮釋。首先闡述一陰一陽的推移變化，生生不息，此盛德大業，亦即《易經》之所謂「道」。道乃稟承天地乾坤而來，能衣被萬物，故曰「顯諸仁」；日用而不知，故曰「藏諸用」，唯聖人能知能用。暗示天地人三才的配合。至於講「乾」「坤」「占」「事」「神」等等，則此章與第十一章前後互為呼應。

開頭「一陰一陽之謂道」這句話，看似容易理解，實則含義頗深。照字面講，一個「陰」加一個「陽」就可以合成「道」了。這樣解釋似乎並沒有錯，但不完整。按算法，一加一等於二，一個加一個等於兩個，但實際上，一個加一個，有時還是一個。以爻畫為例，一陰（⚋）加一陽（⚊），可以合成⚍或⚎，但如果把一陰一陽二者重疊畫在一塊，結果還是⚊，不一定是⚍或⚎。重疊混合的⚊，不是原先的「一」，而是包含一算和二算，即一分一合，總數是「三」了。換句話說，一陰一陽重疊在一起，已經不是陰陽各佔一半，而是變成另外一個「一」了。這個「一」可以叫「太一」或「太極」。它包括一、二、三，總數等於「六」。南宋張行成的「易學七書」中，其中《翼玄》一書係注解揚雄《太玄經》之作，卷一即云：「一者，玄也。一生三，其數成六，天之用也。故《易》一卦六爻。」《易經》中有不少這種看似簡易、實則深奧的例子。讀者於此，不妨深思細想。

又，開頭三句，屈萬里師《周易批注》云：「陰陽合而物生。善，陰陽和洽。性，生之謂性。」言簡而意賅。又，韓康伯注云：「衣被萬物，故曰顯諸仁；日用而不知，故曰藏諸用。」所言亦因能啟發讀者，故常為後人所樂於引用。

「繼之者，善也」，帛書本「繼」作「係」，乃維繫、承受之意。「鼓萬物而不與聖人同憂」，帛書本作「耶（聖）者仁，壯者勇，鼓萬物不與眾人同憂」，取其文意，似以作「眾人」為勝。

第六章

一

夫《易》，廣矣大矣！以言乎遠則不禦①，以言乎邇則靜而正②，以言乎天地之間則備矣。

二

夫乾，其靜也專③，其動也直，是以大生焉。夫坤，其靜也翕④，其動也闢⑤，是以廣生焉。

三

廣大配⑥天地，變通配四時。陰陽之義配日月，易簡之善⑦配至德。

①不禦：無盡，沒有止境。禦：止。

②靜而正：猶言像日常生活一般。帛書本「靜」作「精」。

③專：帛書作「圈」，《經典釋文》一作「摶」，有揉為一團、成為圓形之意。

④翕：收斂，閉合。

⑤闢：開。

⑥配：匹配，比美。

⑦易簡之善：即第一章所云「乾以易知，坤以簡能。」

直譯

一

說到那《易》道的變易功能，真是寬廣啊偉大啊！用它來談論（像天那樣）高遠的道理，就無法駕御，漫無止境；用它來談論（像地那樣）卑近的道理，就精切而恆常，具體貼切；用它來談論天地之間萬物（人為萬物之靈）的道理，就更為周全，無不齊備。

㊁說到那乾象，當它平靜時呀，縮為一團；當它活動時呀，卻勁強直立。因此所謂偉大就此產生了。說到那坤象，當它平靜時呀，收斂閉合；當它活動時呀，卻舒展張開。因此所謂寬廣就此產生了。

㊂寬廣和偉大可以匹配天地的化育，變易和通達可以匹配四季的運轉。陰柔和陽剛的道理，可以匹配日月的交替，平易和簡約的美好，可以匹配至高的德性。

新繹

本章再次說明《易經》之道的廣大，可以包括天地人三才，並進一步說明乾坤靜及動時的形狀及功用。

「靜而正」，帛書本「靜」作「精」。「其靜也專」，帛書本「專」作「圈」，「圈」有團、圓意。《說卦傳》云：「乾為圜」，圜正作團、圓解。故「專」當訓「圓」。郭沫若《中國古代社會研究》談到《周易》的陰、陽符號時，曾說那是男女生殖器的象徵。這種說法，和本章第二、三兩段論乾、坤的「靜」「動」的形狀及功用，可以合看。

第七章

子曰：「《易》，其至矣乎！夫《易》，聖人所以①崇德而廣業也。知崇禮卑②，崇效天，卑法地。天地設位③，而《易》行乎其中矣。成性存存④，道義之門。」

① 所以：是用來。所：此，是。以：用。
② 知崇禮卑：呼應第一章的「天尊地卑」，即知天禮地，知乾禮坤。「禮」，帛書作「體」，蜀本作「體」，體會。亦通。
③ 天地設位：指乾坤尊卑的位置既定。
④ 存存：存之又存。存亦有「在」義，存存即常在。

直譯

孔子說：「《易》之為道，該是至高無上了吧！說到《易》道，是聖人用來推崇上天的德性，並且擴充大地的功業呀。聖人了解崇高的德性，禮敬謙卑的行為（有人譯解為：智慧貴在高明，禮節貴在謙卑）；崇高要效法上天，謙卑要效法大地。上天和大地早已確定了上下高低的位置，那麼主張變易的《易》道，也就依此運行於天地之間了。要成就德性，必須保存而又保存，這樣才可以走向道義的大門。」

新繹

本章呼應第一章的「天尊地卑，乾坤定矣」等語，引用孔子的解釋，說明聖人禮天地而尚道義，此即人類道德的根源，也是天地人「三才」最佳的組合。「天地設位，而《易》行乎其中矣」二句，說明〈乾〉、〈坤〉二卦在八卦乃至六十四卦中的重要地位，其他各卦都是由此二卦衍化而生的。

宏一按，有些版本（像韓康伯注本）從第五章「顯諸仁，藏諸用」至本章為止，皆歸為一章。稍嫌龐雜，茲從朱熹，以醒眉目。

「成性存存」，帛書本「成性」作「誠生」，二者皆承上章「大生」「廣生」而來，可通。又，《爾雅．釋訓》：「存存，在也。」即「常在」，有「明察」之意。

第八章

一

聖人有以見天下之賾①，而擬諸其形容②，象其物宜③，是故謂之象；聖人有以見天下之動，而觀其會通④，以行其典禮⑤，繫辭焉以斷其吉凶，是故謂之爻。

言天下之至賾而不可惡⑥也，言天下之至動而不可亂也。擬之而後言，議之而後動，擬議以成其變化。

二

「鳴鶴在陰，其子和之。我有好爵，吾與爾靡之。⑦」

子曰：「君子居其室，出其言善，則千里之外應之，況其邇⑧者乎？居其室，出其言不善，則千里之外違之，況其邇者乎？言出乎身，加乎民；行發乎邇，見乎遠。言行，君子之樞機⑨。樞機之發，

①賾：音「則」。一作「嘖」，深奧，幽深，繁雜。
②擬：比擬，摹倣，揣度。形容：事物的表象、形態。
③物宜：事物各自的特性。
④會通：會合交通。指事情轉變的關鍵。
⑤典禮：規範，常法。
⑥惡：厭惡。一作「亞」，次，有忽視之意。
⑦鳴鶴四句：〈中孚卦〉九二的爻辭。和：應和。爵：酒器，指酒。爾：你。靡：共飲，享用。
⑧邇：近。與「遠」相對。
⑨樞機：猶言關鍵。樞：轉動門戶的軸，控制門戶的開關。機：即弩牙，弓弩

榮辱之主也。言行，君子之所以動天地也。可不慎乎！」

三

「同人，先號咷而後笑。⑩」

子曰：「君子之道，或出或處⑪，或默或語。二人同心，其利⑫斷金。同心之言，其臭⑬如蘭。」

四

「初六，藉用白茅，无咎。⑭」

子曰：「苟錯諸地而可矣⑮，藉之用茅，何咎之有？慎之至也。夫茅之為物、薄，而用可重也。慎斯術也以往⑯，其无所失矣。」

五

「勞謙，君子有終，吉。⑰」

子曰：「勞而不伐，有功而不德，⑱厚之至也。語以

的扳機，用以發射弓箭。

⑩同人二句：此〈同人卦〉九五爻辭。同人：同仁。

⑪出：出仕為官。處：退隱閒居。

⑫利：銳利。

⑬臭：氣味。

⑭初六三句：〈大過卦〉初六的爻辭。藉：鋪墊。

⑮苟錯諸地而可矣：苟：假如，只要。錯：通「措」，放置。帛書本作「苟足者地而可矣」，足者亦有「措」意。

⑯以往：以此推衍。

⑰勞謙三句：〈謙卦〉九三的爻辭。有人斷句為「勞謙君子，有終吉。」

⑱伐：誇張。不德：不自以為有恩德。

其功下人者也。德言盛，禮言恭。謙也者，致恭以存其位者也⑲。」

六

「亢龍，有悔。⑳」

子曰：「貴而无位，高而无民。賢人在下而無輔，是以動而有悔也。」

七

「不出戶庭，无咎。㉑」

子曰：「亂之所生也，則言語以為階㉒。君不密㉓則失臣，臣不密則失身，幾事㉔不密則害成。是以君子慎密而不出也。」

八

子曰：「作《易》者，其知盜乎？《易》曰：『負且乘，致寇至。』㉕負㉖也者，小人之事也。乘㉗也

⑲致恭以存句：帛書本作「至共以存其立者也」。共、恭，古今字。立、位，可通。

⑳亢龍有悔：〈乾卦〉上九的爻辭。「子曰」以下與《文言傳》同。

㉑不出戶庭二句：〈節卦〉初九的爻辭。

㉒階：梯級，猶言「藉口」。指成事的因由。

㉓密：保密，隱密。

㉔幾事：機密重要的事。幾：通「機」。

㉕「易曰」三句，出自〈解卦〉的六三爻辭。致：招來。

㉖負：背部背負著東西。

㉗乘：四匹馬拉的大車。

者，君子之器也。小人而乘君子之器，盜思奪之矣。上慢下暴，盜思伐之矣。慢藏誨盜，治容誨淫。㉘《易》曰：『負且乘，致寇至。』盜之招也。」

㉘慢藏：隨意輕易收藏財物。誨：此作「引誘」講。治容：妖豔的容貌。

直譯

❶

聖人因為有機會看見天下事物的繁雜，因而比擬它們的形態容貌，象徵它們各自應有的特性，因此稱之為「（卦）象」；聖人因為有機會看見天下事物的活動變化，而且在變化中觀察到它們融會貫通的情形，可以做為推行處理它們的典則常規，於是附上了說明文字在後面，藉以判斷它們的吉凶利害，因此稱之為「爻（辭）」。

談論天下事物中的最最繁雜的事物，是不能厭煩的呀；談論天下事物中的最最變動的道理，是不能雜亂的呀。必須用卦象比擬它們以後，再開口發表言論；必須用爻辭討論它們之後，再付諸行動。經過比擬和討論，才能夠用來完成卦象爻辭它們所象徵的變化。

❷

（〈中孚卦〉九二的爻辭：）「鳴叫的白鶴在樹蔭下，牠的子女聲聲應和牠。我們有美好的酒食，我來和你一起享用它。」

孔子解釋說：「君子平時在自己的家裡，所說出的話只要良善，那麼千里之外的人們也會響應他，何況是那些鄰近的人家呢！如果在自己家裡，所說出的話是不好的，那麼千里之外的人們也都會反對他，何況是那些鄰近的人家呢！（對君子而言）言論出自自己嘴裡，卻會推行到人們身上；行為發自近處，結果卻會影響到遠方。言論和行為，就像君子的門軸和弩牙；門軸弩牙的發動時機，就是榮辱成敗的主要關鍵呀。言論和行為，是君子用來感動天地的憑藉呀，怎麼可以不慎重呢？」

❸

（〈同人卦〉九五的爻辭：）「與人協力合作，先是號啕大哭，而後又歡聲大笑。」

孔子解釋說：「君子的處世之道，有時出仕為官，有時退隱山林；有時沉默不語，有時放言高論。假使兩人有同樣的志趣，它的力量就像刀刃一樣的銳利，可以切斷金屬；同樣志趣的言論，它的氣味就像蘭花一樣的芬芳。」

❹

（〈大過卦〉初六的爻辭：）「初六，襯墊祭品，用潔白的茅草，沒有差錯。」

孔子解釋說：「如果直接把它（盛祭品的禮器）放置在地上，也是可以的了；如今襯墊它還用茅草，哪裡會有差錯呢？這是謹慎到極點了。說到茅草的做為一種物品，是微薄的東西，但它象徵的作用卻可以非常重大呀，能夠謹守這種方法呀來推行事情，大概就不會有什麼差錯了。」

五

（〈謙卦〉九三的爻辭：）「勤勞而又謙遜，君子能夠始終如此，是吉祥的。（一譯：勤勞而又謙遜的君子，終究有好結局。）」

孔子解釋說：「能勤勞卻不自己誇耀，有功績卻不自己以為有恩德，這是厚道的至高表現呀。這些話是用來說明那些雖有功績卻能謙遜待人的君子呀！德性講求隆盛，禮貌講求恭謹。所謂謙遜呀，就是表達恭謹藉以保存他君子地位的行為呀。」

六

（〈乾卦〉上九的爻辭：）「飛得太高的龍，必將有所悔恨。」

孔子解釋說：「身分尊貴卻沒有適當位置，階級崇高卻沒有人民擁護，賢能的人居於低下的職位，而且沒有人來輔助，因此一有行動就可能有所悔恨了。」

七

（〈節卦〉初九的爻辭：）「不走出門戶庭院，就沒有過失。」

孔子解釋說：「禍害之所以會產生呀，就是言論不謹慎成為藉口所造成的。君王不知保密就會失去臣子，臣子不知保密就會失去性命。機密重要的事不能保密，那麼災害就會造成。因此君子謹慎保密，不能隨便出口發言呀。」

八

孔子說：「創作《易經》的人，大概知道盜寇產生的原因吧？《易經．解卦》上說：『不但肩背上負擔財物，而且又搭乘高大車子，一定會招致盜寇前來搶奪。』所謂背負財物，是平民小人做的事呀。所謂高大車子，是上位君子搭乘的交通工具呀。平民小人如果搭乘上位君子的交通工具，盜寇當然想來搶奪它了。在上位者輕慢，在下位者暴戾，盜寇當然想來乘機攻打他了。隨便收藏的財物，會引誘盜寇前來；過分妖冶的容貌，會引誘他人淫亂。《易經》說的：『負且乘，致寇至。』就是盜寇所以招來的原因呀。」

新繹

本章說明聖人作《易》，觀卦象而繫爻辭，皆「擬之而後言，議之而後動，擬議以成其變化」，故學《易》之人，亦須如此。並舉七個孔子解釋的例證補充說明卦、爻的功用。

第一節開頭的「聖人」，指《易經》的作者。以下的說明，是在解釋《易經》裡「象」與「爻」這兩個詞語的概念。「象」的作者是伏羲，「爻」的作者是文王，所以文中的兩個「聖人」，應該分別指伏羲與文王二人。至於第二節以下所舉的七個爻例，附上孔子的解釋，那正是所謂古有「三聖」。

前六個例證，都是先引《易經》然後再引孔子的解釋，只有最後一個例證，正好相反。七個爻例中，以帛書本校勘，字句略有異同，茲分述如下：

第一節，「見天下之賾」，帛書本「賾」作「業」，業作「障」解，可通。「不可惡也」，帛書本「惡」作「亞」，亞作「次」解，亦可通。第二節以下，「榮辱之主」，帛書本作「營辰之斗」；「或默或語」，帛書本「默」作「謀」；「苟錯諸地而可矣」，帛書本作「苟足者地而可矣」；「致恭以存其位者也」，帛書本作「至共以存其立者也」，帛書本多用假借字，皆不如傳本。至於第八節之「冶容誨淫」，漢、魏古本「冶」多作「野」，據鄭玄注：「飾其容而見於外者，曰野。」而帛書本無此句。

宏一按，韓康伯注本，本章第四至第八節另立為一章。

第九章

一 天一，地二；天三，地四；天五，地六；天七，地八；天九，地十。①

二 天數五，地數五，五位相得而各有合。天數二十有五，地數三十。凡天地之數，五十有五。此所以成變化而行鬼神也。②

三 大衍之數五十（有五），其用四十有九。③分而為二，以象兩④；掛一以象三⑤；揲之以四，以象四時；⑥歸奇於扐，以象閏。⑦五歲再閏，故再

①「天一」一段：《十三經注疏本》原在第十一章之首，朱熹《周易本義》採程頤之說，移於此。一、三、五、七、九為奇數，屬陽；二、四、六、八、十為偶數，屬陰。

②「天數五」一段：原在下段「故再扐而後掛」之後。天數五，指一、三、五、七、九等五個奇數；地數五，指二、四、六、八、十等五個偶數。五位相得而各有合，是指一與二相得相配，二與三相得相配，以此類推。一說：奇數偶數可以配合五行，所謂「五行生成數」。地六與天一配，合為水；天七與地二配，合為火；地八與天三配，合為木；天九與地四配，合為金；地十與天五配，合為土。五個天數都是奇數，屬陽，總和是二十五；五個地數都是偶數，屬陰，總和是三十。天數地數的總和，是五十五，這也就叫做「大衍之數」。《周易》的筮法就是通過它的陰陽變化來進行筮占的，所以說是「成變化而行鬼神」。

③大衍之數：指推演天地萬物生生不息的大道理。衍：占卦時的推衍演算，指「成變化而

扐而後掛。⑧

四 乾之策二百一十有六，坤之策百四十有四，凡三百有六十，當期之日。⑨二篇之策，萬有一千五百二十，當萬物之數也。⑩

五 是故四營而成「易」⑪，十有八變而成卦⑫。八卦而小成⑬，引而伸之，觸類而長之，⑭天下之能事畢矣。顯道神德行⑮，是故可與酬酢⑯，可與祐神矣。

子曰：「知變化之道者，其知神之所為乎！」⑰

行鬼神」。其用四十有九：是說演算時，五十根蓍策只用四十又九根。古人以為未用的一根代表太極。「大衍之數五十」，金景芳以為下脫「有五」二字，當作「大衍之數五十有五」，高亨等學者後皆認可，筆者也以為可以採信。說見下文。

④兩：兩儀，指陰陽或天地而言。這兩句是說：把四十九根蓍策分成左右兩大部分，來象徵太極的生兩儀。

⑤掛一：把其中的一根懸掛起來。宋儒以為是掛在兩指（無名指與小指）之間。象三：象徵「三才」，指天、地、人「三才」中的「人」。一說：「三」指三辰，即日月星。

⑥揲：取而數，用手拿著東西分開計數。揲之以四：是說把剩下的左右兩邊的四十八根蓍策，按四個四個為一組來計數。用這方法象徵「四時」。四時，就是春、夏、秋、冬四季。

⑦奇：音「基」，此指餘數。左右兩邊的蓍策，「揲之以四」後，必有餘數。左若餘三，右必餘一；左若餘一，右必餘三；左若餘二，右亦必餘二；左若餘四，右亦必餘四。若無餘數，則視為餘四。歸奇於扐：是說把左

右兩邊揲後的餘數，放回手指間勒住。扐：即夾勒在手指間的意思。以象閏：是說藉此來象徵閏月。

⑧五歲再閏：是說五年之中要置兩次閏月。前閏後閏大約相去三十二月。再扐：兩次歸奇於扐，故再扐而後掛。掛：一本作「卦」。意思是說，因此要多兩次歸奇於扐，經過三變之後，才能得出一爻。反覆推求，才能變成一卦。

⑨乾之策句：是說〈乾〉的策數（策包括蓍草或竹策），共二百十六個。這是因為〈乾〉由六個陽爻構成，每一陽爻經三變之後得三十六策，故三十六乘以六，即得二一六策。〈坤〉則由六個陰爻構成，每一陰爻由二十四策得來，二十四乘以六，即得一四四策。〈乾〉、〈坤〉策數相加，二一六加一四四，共計三六〇整，恰好與古代曆法一年的日數大致相當。當期之日的「期」，音「其」，就是一周年的意思。

⑩二篇：指《周易》古經分上經三十卦與下經三十四卦兩大部分。共三八四爻，其中陽爻一九二個，以老陽之策三十六計，一九二乘三十六，得六九一二策；陰爻也是一九二個，以老陰之策二十四計，一九二乘二十四，得四六〇八策，二者相加，共計一萬一千五百二十策，約當「萬物」之數。

⑪四營：經過四次演算。營：就是經營演算的意思，即所謂步驟。「分而為二」為第一營，「掛一以象三」為第二營，「揲之以四」為第三營，「歸奇於扐」為第四營。四營而後稱為《易》之一變。易，即變易的意思。

⑫四營一變，三變之後才成一爻。一卦六爻，一爻三變，故須十八變而後才成一卦。

⑬八卦：此指八經卦而言。小成：是說小有成就。因八經卦三畫只象天、地、雷、風、日、月、山、澤之象，未盡萬物情理。

⑭引而伸之二句，指八卦演變為六十四卦的過程。

⑮顯道神德行：此句可以有幾種讀法，例如金景芳就說「顯」、「神」都是動詞，作「顯示」解；「道」指客觀的規律，而「德行」則指人的德行。筆者以為對照其他各章，當解作：顯揚「道」、「神」之德行。例如第五章、第十章、第十二章，皆「道」、「神」分別而論，「德行」則為連詞。此章末句亦言「變化之道」、「神之所為」。

⑯酬酢：應對之意。

⑰自「大衍之數」句至此，帛書本缺。

直譯

一

天數一，地數就是二；天數三，地數就是四；天數五，地數就是六；天數七，地數就是八；天數九，地數就是十。

二

天的奇數有五個，地的偶數也有五個。天、地五個奇偶位置的數字互相加在一起，就各自有配合的數字。天的奇數一、三、五、七、九的總和，是二十又五，地的偶數二、四、六、八、十的總和，是三十。所有天地奇偶的數字總和是五十又五。這些數字，也就是用來完成陰陽變化而推算鬼神往來的依據呀。

三

盛大推衍天地鬼神、陰陽變化的蓍策數字，是五十（又五）個，它們實際運用時只用四十又九個。把它們分開而成左右兩部分，用來象徵兩儀的天地；並且拿出其中的一個懸掛起來，用來象徵日月星「三才」之一的「人」；再揲取它們，以每四個為一組，用來象徵春、夏、秋、冬四季；然後把剩餘的個數，夾勒在手指之間，用來象徵閏月。因為每隔五年會再閏月一次，所以要再次把剩餘的個數夾勒在手指之間，然後第二次再懸掛起來。

四

〈乾卦〉用的蓍草策數是兩百一十又六個，〈坤卦〉用的蓍草策數是一百四十又四個，總共三百又六十個，相當於一整年的天數。《易經》上下兩篇所用的蓍草策數，總共一萬又一千五百二十個，相當於萬物的數目呀。

五

因此每經過四次營運，就完成大衍之數的一次變易，經過十又八次的變易，就可畫成一「卦」。八卦畫成了，就算是小有成就。由此援引而延伸它，碰到同樣的情形，就敷衍而擴張它，天下萬物所能有的變化就全在其中了。這些變易推衍，彰顯了《易》道、神道的德性行為，因此所占的吉凶，可以與它酬應人事，可以與它輔助鬼神了。

孔子說：「了解陰陽變化道理的人，大概也就了解天地鬼神所作所為的功用吧！」

新譯

本章說明「所以成變化而行鬼神」的筮法，敘述「大衍之數」的內容、結構，以及筮占的方法、步驟。對於占筮的數字及應用的道理，都有頗為明確的論述。有關筮法的這些道理，在《周易新繹．通論編》的第十四章已有較為完整的說明，讀者可以自行參看。

本章第一、二節與漢、宋的象數之學關係極為密切，甚至可以說宋人的「河圖洛書」之學，即由此而出。第三節更是朱熹撰寫〈筮儀〉的憑據。

據朱熹《周易本義》書前所附圖說，他採程頤之說，把原來《繫辭上傳》第十一章開頭的「天一地二；天三地四……天九地十」一段文字，與原來第九章的「天數五，地數五……所以成變化而行鬼神也」一段文字，移於「大衍之數」之前，而且加注云：

此《河圖》之數也，

此言天地之數，陽奇陰耦，即所謂河圖者也。其位一、六居下；二、七居上；三、八居左；四、九居右；五、十居中。就此章而言之，則中五為衍母，次十為衍子，次一二三四為四象之位，次六七八九為四象之數。二老位於西北，二少位於東南，其數則各以其類交錯於外也。

又說：

《洛書》蓋取龜象，故其數：戴九履一，左三右七，二四為肩，六八為足。

可見朱熹以為《河圖》、《洛書》所謂圖書之學，都是由此推衍而出。筆者以為所言頗有道理，故從之。關於朱熹所說的《河圖》、《洛書》，請參閱下文第十一章「新繹」。

又，本章結語「子曰」以下二句，韓康伯注本移冠下章之首。筆者揆其文氣，仍以作本章結語為宜。

宏一按，上述「五行生成數」及「大衍之數」，據筆者所知，常有讀者表示歷來說法不一，難以理解，故此再作進一步說明如下：

一、「五行生成數」包括五個生數（一、二、三、四、五）和五個成數（上述五個生數，與五相合，即相加而得六、七、八、九、十）。先秦陰陽五行學說盛行之後，有人把這些數字和五行（水火木金土）相生相剋的道理配合起來，演繹成一種新學說。到了漢代的經學家，就常常利用這種新學說來解釋一些天文曆算的現象。像《禮記正義．月令》所引的鄭玄之說，在引述《繫辭傳》「天一地二，天三地四……」之後，即云：「而五行自水始，火次之，木次之，金次之，土為後。天一生水于北，地二生火于南，天三生木于東，地四生金于西，天五生土于中。陽無偶，陰無配，未得相成。……」這些話包括上述的一些數字，如果只作文字看，似乎看不出什麼道理，但一旦用圖表示，就不一樣了。

如果把「五行生成數」的數字，換成黑白的圓點，那就是宋人圖書之學的《河圖》了。讀者可以配配看。

二、「大衍之數」究竟是「五十」或「五十五」，歷來解說也頗不一致。例如：漢儒之中，京房等認為「五十」是「十日、十二辰、二十八宿」的數字總和；荀爽則認為是「八經卦」各有六爻，加上〈乾〉、〈坤〉另有「二用」，四十八加二，故總數為五十。宋儒朱熹則以為是《河圖》中宮天五乘地十而得的總數。其他說法還有不少，不一一列舉。主要都是依據韓康伯注《繫辭上傳》時，引用王弼的

一、五行生數

	二	
三	五	四
	一	

二、五行成數

	七	
八	十	九
	六	

三、五行方位

	火	
木	土	金
	水	

四、五行生成數

	天地 七二 合 生火	
地天 八三 ← 合 生木	天地 五十 合 生土	→ 地天 四九 合 生金
	天地 一六 合 生水	

「演天地之數，所賴者五十也」而來。

可是，王弼說的「演天地之數」的「五十」，和《繫辭上傳》所說的「凡天地之數五十有五」是不相合的。現代學者金景芳即據此一掃舊說，以為「五十」下脫「有五」二字，當作「大衍之數五十有五」才對。根據就是上一段的「天地之數五十有五」。說法直截了當，頗有道理，所以高亨等人都採信其說。

第十章

一

《易》有聖人之道四焉：以言者尚其辭①，以動者尚其變；以制器者尚其象，以卜筮者尚其占。

二

是以君子將有為也，將有行也，問焉而以言。其受命也如響。无有②遠近幽深，遂知來物③。非天下之至精，其孰能與於此？

參伍④以變，錯綜⑤其數。通其變，遂成天地之文；極其數⑥，遂定天下之象。非天下之至變，其孰能與於此？

《易》，无思也，无為也，寂然不動，感而遂通天下之故。非天下之至神，其孰能與於此？

①尚：崇尚，注意。下同。辭：指卦爻辭。

②无有：無論。

③遂：盡。來物：未來的事物。第五章「極數知來」，「知來」即指預知未來的事物。

④參伍：考量上述天數五、地數五的筮法。變：指陰陽的變化。一說：三番五次。參是異而相入。伍是同而相偶。

⑤錯：指兩卦的爻不同。綜：爻同而兩卦顛倒。

⑥極其數：窮究它數字的變化。

三

夫《易》，聖人之所以極深而研幾⑦也。唯深也，故能通天下之志；唯幾也，故能成天下之務；唯神也，故不疾而速，不行而至。

子曰，「《易》有聖人之道四焉」者，此之謂也。

⑦幾：精微。

直譯

一

《易經》具有聖人之道四個特點：用來從事言論的，崇尚它的卦爻文辭；用來從事行動的，崇尚它的應對變化；用來制作器物的，崇尚它的形象特徵；用來從事龜卜筮占的，崇尚它的占斷結果。

二

因此在上位的君子，將有所作為的時候呀，將有所行動的時候呀，就會詢問它這些而以言語來試探。它也就會依照所詢問的，像回音一樣立即回應。無論是遠是近的距離，多麼昏暗高深的背景，它都能用爻辭順利知曉未來事物的變化。要不是天下最精靈的，那還有誰能達到這種境界呢？

交互參考上述「五」的筮法來推衍陰陽變化，就是交錯綜合它們（蓍策）的數字。通過它們的變化，就可以成就天下萬物的文彩；窮究它們的術數，就可以確定天下萬物的現象。要不是天下最奧妙的變化，那還有誰能達到這樣的境界呢？

《易經》本身，沒有思想呀，沒有作為呀，靜靜的像是不會活動，但一旦有了感應，卻能貫通天下萬物的緣由道理。要不是天下最神奇的東西，那還有誰能達到這種境界呢？

三

這《易經》是聖人用來窮盡深奧道理、研究精微事物的依據呀。就因為深奧呀，所以能貫通天下萬物的意志；就因為精微呀，所以能成就天下萬物的事務；就因為神奇呀，所以能不緊急就迅速進行，不進行就達到目的。

孔子說：「《易經》具有聖人之道四個特點哪」，就是指這個來說的呀。

新繹

本章藉孔子的讚嘆，說明《易經》具有辭、變、象、占四個特點，也是聖人創作《易經》時的四種方法。「非天下之至精」、「至變」、「至神」，與「唯深」、「唯幾」、「唯神」相呼應。讀者於此，自當仔細體會。

此章開頭「《易》有聖人之道四焉」的「聖人」，因上章第九章的末句是：「子曰：知變化之道者，其知神之所為乎！」而本章的末句又是：「子曰：《易》有聖人之道四焉者，此之謂也。」都同樣注明引用孔子的說法，可以推知是指周文王和伏羲的發明創作而言。「以言者尚其辭，以動者尚其變」的是周文王，「以制器者尚其象，以卜筮者尚其占」的是伏羲氏。

第一節說的「聖人」是創作者，第二節說的「君子」，則指後代的讀者。古代的「君子」通常指有道德修養的在上位者，而《易經》本來就是為古代在上位者所編撰的書。所以本章所述，一切合乎情理。需要補充說明的，應該只有「參伍以變，錯綜其數」二句。這兩句話歷來解說紛紜，頗不一致。例如：明代來知德《易經集注》對「參伍以變」二句，解讀如下：

> 此尚變尚象之事。參伍、錯綜皆古語。三人相雜曰參，五人相雜曰伍。參伍以變者，此借字以言著之變，乃分、揲、掛、扐之形容也。蓋十八變之時，或多或寡，或前或後，彼此相雜，有參伍之形容，故以參伍言之。錯者，陰陽相對，陽錯其陰，陰錯其陽也。如伏羲圓圖，〈乾〉錯〈坤〉，〈坎〉錯〈離〉，八卦相錯也。綜，即今織布帛之綜，一上一下者也，如〈屯〉、〈蒙〉之類，本是一卦，在下則為〈屯〉，在上則為〈蒙〉，載之文王《序卦》者是也。……故參伍言著，錯綜言卦，所以十一章言圓而神，即言方以知也。

宏一按，來知德之意，似解「參」為「參雜」，解「伍」為「天數五，地數五」之「五行生成數」而言，故涉及揲蓍求卦之事。所謂「變」，亦即指「十有八變而成卦」的筮法。至於「錯綜其數」，則與錯卦綜卦陰陽的變化有關。所以他才說「參伍言蓍，錯綜言卦」。

在來知德之前，元代張理在《大易象數鉤深圖》中有〈參伍以變圖〉，畫天一下生地六、地二上生天七、天三左生地八、地四右生天九，說：「參，合也，配偶也。天地之數各相參配，錯綜往來而相生，故生成之數大備，而天地之文生焉。」在來知德之後，清代張惠言在《易圖條辨》中也有〈三五至精圖〉，取「三五與一，天地至精」之語，分五行為三五，說：「中央土，一五也，天五生土也；左火與木，共一五也，地二生火，天三生木也；右水與金，又共一五也，天一生水，地四生金也。故其為生序，則水承坎下，火承離下；其為行序，則金盛為水，木盛為火，而合而復歸于一元也。」顯然都是以五行生成數來解釋「參伍以變」二句。

屈萬里師於此則引《荀子》、《淮南子》等書，說「參伍」猶言「錯雜」，並引姚配中《周易姚氏學》卷十四云：

參伍則十五矣，七八為彖，其數十五，九六為爻，其數亦十五。

然後又加按語：

參伍，謂三辰五行也。《國語．魯語上》：「及天之三辰，民所以瞻仰也；及地之五行，所以生殖也。《左傳．昭公三十二年》：「故天有三辰，地有五行。」三辰（日、月、星）五行，皆變動不居，故古人多以三五喻變化。

總而言之，「參伍」二句，關係到「象數」的問題，關係到「辭」、「變」、「象」、「占」的問題，這正好說明《易經》的撰作，是「極深而研幾」的，因此看起來錯綜而神，富於變化。也因此筆者化繁為簡，把它和上一章第九章的「天數五，地數五，五位相得而各有合」等等所說的筮法聯繫起來，認為都是講陰陽變化的事。

讀者如有興趣，不妨再看看本書〈通論編〉，談「象由數設」時所提供的一些圖表：

一、生數成數

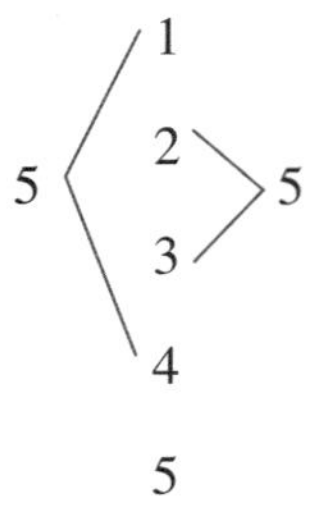

1＋4＝5

2＋3＝5

△5＋5＋5＝15

5＋1＝6

5＋2＝7

5＋3＝8

5＋4＝9

5＋5＝10

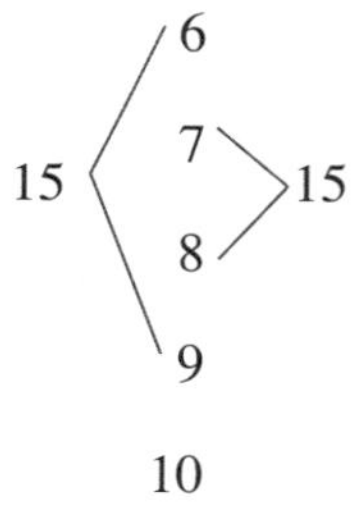

6＋9＝15

7＋8＝15

△15＋15＋10＝40

△15＋40＝55

二、五行生成數

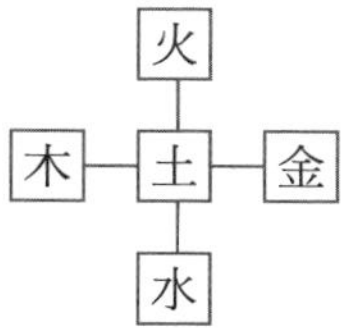

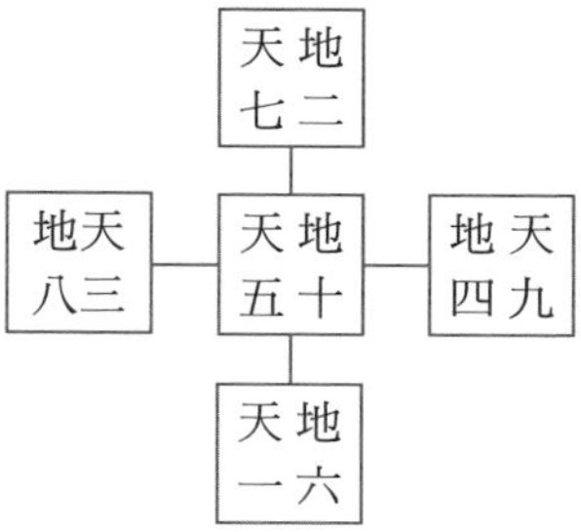

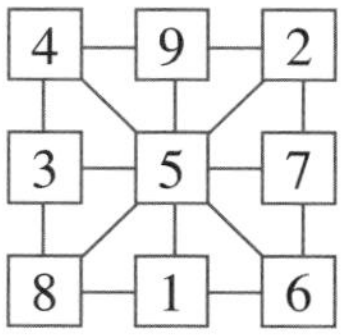

直：4＋3＋8＝15
　　9＋5＋1＝15
　　2＋7＋6＝15
橫：4＋9＋2＝15
　　3＋5＋7＝15
　　8＋1＋6＝15
斜：4＋5＋6＝15
　　8＋5＋2＝15

所謂「參伍以變，錯綜其數」，筆者以為從這些圖表數字的組合排列中，似乎也可以推測出其中的一些道理來。上引姚配中所說的「參伍則十五矣，……」，也或許真的有其道理。

第十一章

一

天一，地二；天三，地四；天五，地六；天七，地八；天九，地十。①

二

子曰：「夫《易》何為者也②？夫《易》，開③物成務，冒④天下之道，如斯而已者也。」

三

是故，聖人以通天下之志，以定天下之業，以斷⑤天下之疑。

四

是故，蓍之德圓而神，卦之德方以知⑥，六爻之義易以貢⑦。聖人以此洗心⑧，退藏於密⑨，吉凶與民同

①此節文字，《漢書·律曆志》引於第九章「天數五」之前，朱熹《周易本義》採程子之說，移為第九章之首，已見前，不贅述。

②夫易何為者也：《周易集解》引虞翻作「何為而作也」。何為：為何而作。

③開：開創，揭開。

④冒：包括，涵蓋。

⑤斷：判定。

⑥知：同「智」。

⑦貢：告，告示。

⑧洗心：淨化心靈。帛書本作「佚心」，逸樂其心，無所作為。

⑨退藏於密：退而藏於隱密之所。

患。神以知來，知以藏往。其孰能與此哉？古之聰明叡知神武而不殺者夫！是以明於天之道，而察於民之故，是興神物⑩，以前民用⑪。聖人以此齊戒⑫，以神明其德夫！

五

是故，闔戶謂之「坤」，闢戶謂之「乾」。一闔一闢謂之「變」，往來不窮謂之「通」。見⑬乃謂之「象」，形⑭乃謂之「器」。制而用之謂之「法」，利用出入，民咸用之，謂之「神」。

六

是故，易有太極，⑮是生兩儀。兩儀生四象⑯，四象生八卦。八卦定吉凶，吉凶生大業。

七

是故，法象，莫大乎天地；變通，莫大乎四時；縣⑰

⑩ 神物：指蓍、龜。

⑪ 以前民用：在人民行動以前，用作先導。

⑫ 齊戒：即齋戒，潔身自戒，以迎鬼神。

⑬ 見：同「現」。

⑭ 形：成形。

⑮ 「是故易有太極」以下，馬融另立一章。太極：歧說很多，或釋太一，或指奇偶未形、天地未分，或指北辰。

⑯ 四象：猶言四時。一說：天地日月。

⑰ 縣：「懸」的古字。

象著明，莫大乎日月。崇高，莫大乎富貴；備物致用，立成器以為天下利，莫大乎聖人；探賾索隱⑱，鉤深⑲致遠，以定天下之吉凶，成天下之亹亹⑳者，莫大乎蓍龜。

八 是故，天生神物，聖人則㉑之；天地變化，聖人效之；天垂象，見吉凶，聖人象之；河出圖，洛出書，㉒聖人則之。《易》有四象，所以示也；繫辭焉，所以告也；定之以吉凶，所以斷也。

⑱探賾：取深探微。索：求。
⑲鉤深：探求深奧的道理。
⑳亹亹：勤勉的樣子。一說：微妙的樣子。
㉑則：效法。
㉒河出圖二句：指古老的傳說。有人以為《河圖》指八卦，《洛書》指洪範九疇。有人以為皆為天象地圖。宋代學者傳說陳摶傳授劉牧、邵雍等人，繪成先天後天八卦圖等，成為宋代《易》學一大特色。而清代胡渭等人考證，則以為係出於偽造。請參閱本書第一冊《周易新繹・通論編》。

直譯

一 天一，地二……（已見前，從略）

二

孔子說：「那《易經》是做什麼用的呢？那《易經》，是揭發萬物真相、成就天下事務、涵蓋了天下萬物的一切道理，不過是如此的一本書而已。」

三

因此，聖人用它來溝通天下萬民的思想，用它來奠定天下所有的事務，用它來解決天下一定的疑惑。

四

因此，蓍策的特性，圓融而又神奇；卦象的作用，方正而又明智；六爻的道理，變動而又顯示。聖人用這些來淨化心靈，然後身退而藏在隱密的地方，一切的吉凶禍福都和天下萬民一起來承受。用蓍策的神奇來預測未來的事情，用卦象的明智來蘊藏前人的經驗。那還有誰能達到這種境界呢？大概只有古來那些耳聰目明、睿智神勇而又不亂開殺戒的人才能這樣吧！所以能夠明白上天的法則，又能體察下民的事故，於是發明了神奇的蓍策占卜，來做為民眾在行動以前趨吉避凶的先導。聖人因此在占筮時潔身自戒，藉此來彰顯蓍策占筮特性的神明吧！

五

因此，關閉門戶的，就稱它為「坤」；打開門戶的，就稱它為「乾」。一關一開的，就稱它為變化；去去來來、反覆不已的，就稱它為會通。變通之後可以顯現出來的，才稱它為現象；由現象而成為具體形狀的，才稱它為器具。器具能夠製造而且使用它的，稱之為取法；便利使用，可以不斷出入，使人民都知道利用它的，才稱之為神妙。

六

因此，《易經》原始有混沌未分的「太極」；這太極產生了陰陽天地「兩儀」；兩儀產生了太陽、太陰、少陽、少陰「四象」；四象產生了乾、坤、震、巽、坎、離、艮、兌「八卦」，根據八卦可以判斷吉凶，從判斷趨吉避凶中，就可以產生偉大的功業。

七

因此，論取法物象，沒有大於天地的了；論變化會通，沒有大於四季的了；論懸掛天象顯示光明，沒有大於日月的了；論人間尊崇高尚，沒有大於財富權貴的了；論具備萬物，發揮功用，建立成就各種器具來為天下人謀福利，沒有大於聖人的了；論探究精微、尋索隱密的道理，鉤取深奧、推及荒遠的地方，可以用來判斷天下萬物的吉凶禍福、成就天下眾生所孳孳矻矻營求的功業，沒有大於蓍策龜卜的了。

八

因此，上天產生神奇的蓍占龜卜，聖人就取法它；天地產生種種的變化，聖人就倣效它；上天垂視各種天象，顯示了吉凶的徵兆，聖人就立象來顯示它；黃河出現了背上有圖形的龍馬，洛水出現了背上有圖形的神龜，聖人就依樣來效法它。

《易經》有四象，是用來顯示卦爻的呀；卦爻之下附繫文辭，是用來告訴卦辭爻辭涵義的呀；判定它們以吉凶禍福來說明，是用來表示占斷結果的呀。

新繹

本章說明《易經》的本質與龜卜筮占的原理。

本章與第五章互為呼應。第五章所說的「大業」、「盛德」、「易」、「乾」、「坤」、「占」、「事」、「神」等等詞語的含義，在此都有進一步的闡述。尤其值得注意的，是其中第一節的天地奇偶之數、第六節的「易有太極，是生兩儀……」和第八節的「河出圖，洛出書，聖人則之」諸語，都與宋代的「易圖」之學，關係至為密切。第一節請參閱第九章「新繹」所附之「五行生成數」。第六節、第八節請參照朱子《周易本義》卷首所附之《伏羲八卦次序圖》及《河圖》、《洛書》（均見下頁附圖）。

宋人所謂「太極圖」，所謂「河圖、洛書」，所謂「先天圖、後天圖」，種種的討論，皆由此引發而起。關於這些，《周易新繹・通論編》已多所論述，讀者可以自行參考，茲不贅。

可以補充的是，周敦頤所畫的《太極圖》，對後世的影響很大。他所畫的「S」圓圖中，有

伏羲八卦次序圖

《繫辭傳》曰：易有太極，是生兩儀，兩儀生四象，四象生八卦。邵子曰：一分為二，二分為四，四分為八也。《說卦傳》曰：易，逆數也。邵子曰：乾一，兌二，離三，震四，巽五，坎六，艮七，坤八。自乾至坤，皆得未生之卦，若逆推四時之比也。後六十四卦次序仿此。

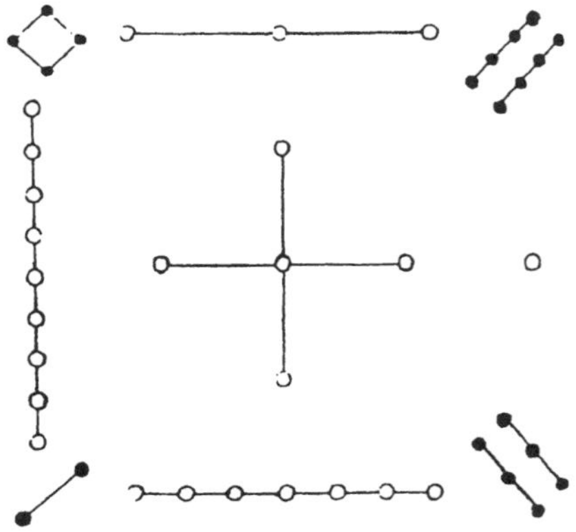

洛書

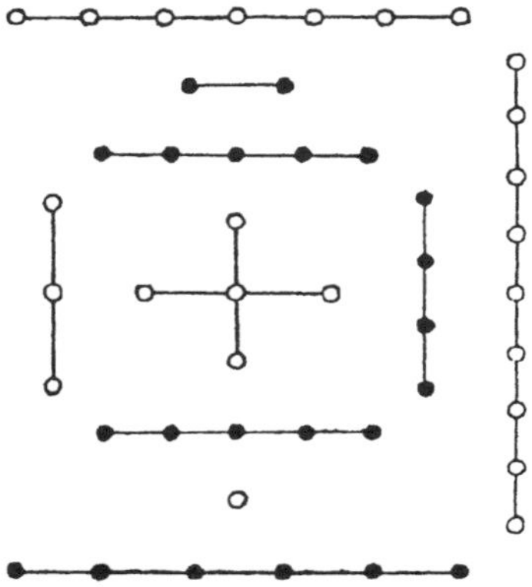

河圖

黑白二魚糾結在一起，中間像魚眼。此圖大有學問，它雖將圓圖分為兩半，但這兩半，不是上下或左右各佔一半，而是有大有小，有粗有細，有黑有白，總之有「陰」有「陽」。到了明代來知德的《易經來注圖解》中，畫了一個《先天八卦太極圖》，黑白兩儀，互相纏繞，中間卻是一空心圓。來知德並作了一首〈美圓歌〉：

我有一丸，黑白相和。雖是兩分，還是一個。
大之莫載，小之莫破。無始無終，無左無右。

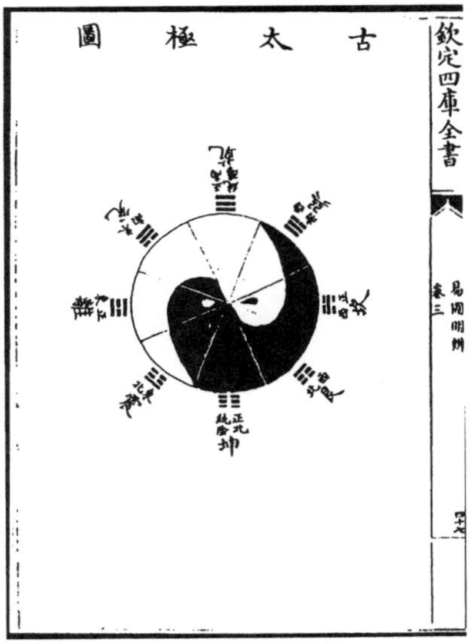

古太極圖

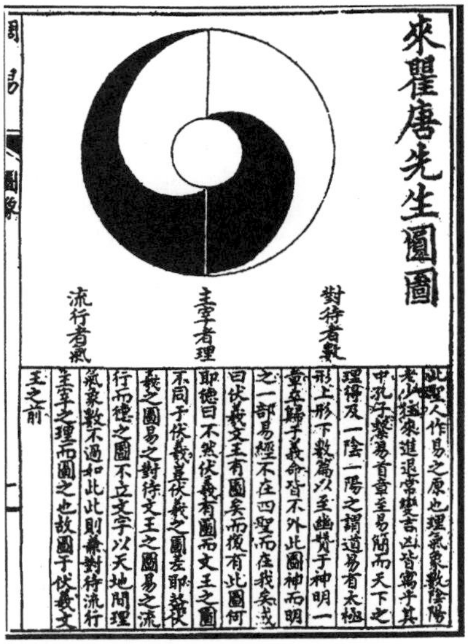

來知德太極圖——圓圖

這和上文第五章首句：「一陰一陽之謂道」所要闡釋的道理，是可以互相發明的。老子說的「道生於一。一生二，二生三，三生萬物」，和本章「易有太極，是生兩儀。兩儀生四象，四象生八卦」，也是可以互相發明的。道，就是一，一就是太極（或無極）。它是變動不居的，可以是一，是二，是三，是六，也可以是一半，是一大半、是一小半，更可以是五、十、百、千、萬，是任何的數目。它要說的，是既分立而又互補、物極必反而又循環不已的道理。

第十二章

一

《易》曰：「自天祐之，吉无不利。①」子曰：「祐者，助也。天之所助者，順也；人之所助者，信也。履信②思乎順，又以尚賢也。是以自天祐之，吉无不利也。」

二

子曰：「書不盡言，言不盡意。然則聖人之意，其不可見乎？」子曰：「聖人立象以盡意，設卦以盡情偽③，繫辭焉以盡其言，變而通之以盡利，鼓之舞之④以盡神。」

三

乾坤，其《易》之緼⑤邪？乾坤成列，而《易》立乎其中矣。乾坤毀，則无以見《易》。《易》不可

①自天祐之二句：出自〈大有卦〉上九爻辭。自天：來自天意。

②履信：守信，實踐諾言。

③情偽：即真偽、善惡。帛書本作「請」，請：問卜之意。亦通。

④鼓之舞之：鼓動它、飛揚它。它，指占卜之辭。一說：巫者娛神之動作。

⑤緼：同「蘊」，精蘊。

見，則乾坤或幾乎息⑥矣。

四

是故，形而上⑦者謂之道，形而下者謂之器。化而裁⑧之謂之變，推而行之謂之通。舉而錯⑨之天下之民，謂之事業。

五

是故，夫象⑩，聖人有以見天下之賾，而擬諸其形容，象其物宜，是故謂之象。聖人有以見天下之動，而觀其會通，以行其典禮，繫辭焉以斷其吉凶，是故謂之爻。⑪極天下之賾者存乎卦，鼓天下之動者存乎辭。化而裁之存乎變，推而行之存乎通。神而明之，存乎其人。默而成之，不言而信，存乎德行。

⑥幾：幾乎，接近。息：通「熄」，止。

⑦形而上：指沒有具體形狀的事物。

⑧裁：剪裁，判斷。

⑨錯：措，施。

⑩夫象：高亨以為當作「爻象」。

⑪「聖人有以見天下之賾」以下九句，已見第八章。

直譯

一

《易經》（〈大有卦〉上九的爻辭）說：「來自天意保祐他，吉祥，沒有不順利。」

孔子解釋說：「所謂保祐，是幫助的意思呀。上天所要幫助他的，是順應天道呀；人們所願幫助他的，是講求誠信呀。講求實踐誠信，處處想到順從天意，又能崇尚賢明呀。所以說來自天意的保祐他，吉祥，沒有不順利。」

二

孔子說：「書上所記載的文字，不能完全記載口中所說出的語言；口中所說出的語言，不能完全表達心中所有的意念。既然如此，那麼聖人心中的意念，難道它就不能明白顯示看見了吧？」

孔子又說：「聖人創立卦象來盡量表達心中的意念，設置卦爻來盡量揭示事情的真假；附繫文辭來盡量描述要說的言語；變化而且會通它們來盡量顯示占卜的妙處，鼓動它們，激揚它們，來盡量發揮神奇的功用。」

三

代表陰陽的〈乾〉、〈坤〉兩卦，應該就是《易經》的精蘊吧？乾坤既已上下陳列，那麼

《易經》的道理也就確立在那中間了。〈乾〉、〈坤〉兩卦如果毀棄了，那麼就沒有辦法看見《易經》變化的道理了。《易經》的道理不能看到，那麼乾坤陰陽的變化或許就接近熄滅終止了。

四

因此，在形體以外沒有形態的抽象部分，就稱它為「道理」；在形體以內，有固定形態的具體部分，就稱它為「器物」。把具體的器物加以適當改變，而且剪裁應用它，就稱之為「變化」；變化之後能夠推衍而且實行它的，就稱之為「會通」；會通之後能夠推舉倡導，而且施行它給天下的人民，就稱之為「事業」。

五

因此，那《易經》所說的「象」，是聖人因為有看到天下萬物的繁雜現象，而後比擬它們成為固定的形態容貌，象徵那些事物適當的功能，因此稱它為「象」。聖人因為有看到天下人的舉動，而且觀察到他們的融會貫通，用來推行他們經常遵守的典範法則，還附繫解釋的文辭於下，藉以斷定那些舉動的吉凶禍福，因此就稱之為「爻」。

窮究天下萬物的繁雜現象，就在於《易經》的卦象中；鼓動天下萬物的生機活動，就在於《易經》的爻辭中。適當改變而且加以剪裁應用，就在於卦爻的變化中；能夠推衍而且加以實行，就在於會通中。能夠神奇而且彰顯它的妙處，就在於人的如何運用；沉默卻能成就它，不必說明卻能使人信從，就在於美好德性的實踐。

新繹

本章說明《易經》（特別是〈乾〉、〈坤〉二卦）可以把語言、文字無法表達的道理，藉卦象爻辭以象徵的方法顯示出來，而其體會及運用，則有賴於人的德性。

本章各節文字多與上文相應，具有總結性質。

本章第一節，韓康伯注本併入上章，朱熹《周易本義》則以為當在上文第八章第二節「鳴鶴在陰」以下七個爻例之後。而「自天祐之，吉无不利」二句，與第二章結語相同。第二章所言重在「觀其象」「玩其辭」、「觀其變」「玩其占」，講的是象數，屬宇宙自然方面，而本章所言則重在「天助」「人助」的「履信思乎順，又以尚賢也」，講的是義理，屬社會人事方面。

第二節同樣是引用孔子的言論，前半的「然則聖人之意，其不可見乎」，是設問；後半的「聖人立象以盡意，設卦以盡情偽……」等等，是作答。這與上文第二章開頭說的「聖人設卦觀象，繫辭焉而明吉凶，剛柔相推而生變化」，立意相近，正可合看。孔子所說的「聖人」，即指伏羲與周文王。

第三節論《易》與乾坤的密切關係，所謂「乾坤成列，而《易》立乎其中矣」等等，也正好是上文第一章從開頭到結尾「天尊地卑，乾坤定矣。卑高以陳，貴賤位矣。……天下之理得，而成位乎其中矣」的縮寫。

同樣的情況。第四節的所謂「道」「器」、「變」「通」、「事業」，也可視為第五章「仁者見之謂之仁，知者見之謂之知，百姓日用而不知」，「顯諸仁，藏諸用，鼓萬物而不與聖（眾）人同憂，盛德大業至矣哉！」以及第十一章的「一闔一辟謂之變，往來不窮謂之通。見乃謂之象，形乃謂之器」等等的另一種寫法。

因此，本章第三節以下，雖然沒有標明「子曰」，但把它們都當成孔門後學闡述孔子的言論，是不成問題的。

至於第五節，從「聖人有以見天下之賾」以下的九句，與第八章開頭一節的文字完全相同，則可視為作者有意重言之以引起下文。然而，作者卻又於此總結以上各章，例如第三章的「齊小大者，存乎卦；辨吉凶者，存乎辭」，第十章的「以言者尚其辭，以動者尚其變；以制器者尚其象，以卜筮者尚其占」，最後以第九章的結語「顯道神德行，是故可與酬酢，可與祐神矣」作結。作者曾引孔子的話說：「知變化之道者，其知神之所為乎！」又說：「夫《易》，開物成務，冒天下之道，如斯而已者也。」《繫辭上傳》所要闡述的道理，似乎也「如斯而已者也」。

繫辭下傳

第一章

一 八卦成列①，象在其中矣；因②而重之，爻在其中矣；剛柔相推，變在其中矣；繫辭焉而命③之，動在其中矣。

二 吉、凶、悔、吝者，生乎動者也；剛、柔者，立本者也；變通者，趣④時者也。吉、凶者，貞勝⑤者也。天地之道，貞觀⑥者也；日月之道，貞明者也；天下之動，貞夫一⑦者也。

三 夫乾，確然⑧示人易矣；夫坤，隤然⑨示人簡矣。

注釋

①成列：排列成形。

②因：順著，依憑。

③命：告，定。一作「明」，二者互通，帛書本作「齊」，亦通。

④趣：通「趨」，快步。

⑤貞勝：以正取勝。貞：真，正。帛書本「貞」皆作「上」。

⑥貞觀：以正示人。

⑦一：一貫之道。

⑧確然：剛健之貌，明顯確切的樣子。

⑨隤然：柔弱之貌，含蓄不露的樣子。

爻也者，效此者也；象也者，像此者也。爻象動乎內，吉凶見乎外。功業見乎變，聖人之情見乎辭。

四 天地之大德曰生⑩，聖人之大寶曰位⑪。何以守位？曰仁⑫。何以聚人？曰財。理財正辭，禁民為非，曰義。

⑩生：創生萬物。

⑪位：權位。一說：「位」疑是「仁」之譌字。

⑫仁：同「人」。一說：「仁」當為「位」之譌字。

直譯

一 乾、兌、離、震、巽、坎、艮、坤八個經卦，依序排列成形，宇宙萬物的象徵就在那裡面了；憑靠八卦而依序重疊八卦成為六十四卦，六爻的奧妙就在那裡面了；陽剛和陰柔的爻畫互相推移，宇宙萬物的一切變化就在那裡面了；附繫文辭於此卦爻之下，而又加上一些說明吉凶的命辭文字，一切活動的準則就在那裡面了。

二

所謂吉祥、凶險、悔恨、吝惜，是產生在占筮活動變化之中的呀；所謂陽剛和陰柔，是確立卦象的根本呀；所謂變化會通，是因應時勢的呀。所謂吉祥凶險，是以正道取勝的呀。天地運行的道理，是以正道受人瞻仰的呀；日月運行的道理，是以正道顯現光明的呀；天下萬物的一切活動，都是以正道求其一貫的呀。

三

那乾道，明確的向人顯示它的平易喲；那坤道，含蓄的向人顯示它的簡約喲。所謂爻畫呀，就是效法這個乾坤易簡之道的呀；所謂卦象呀，就是仿效這個乾坤易簡之道的呀。爻畫、卦象在卦體之內活動變化，而吉祥、凶險的徵兆顯現在卦體之外。功績事業表現在變化過程中，而聖人的情感思想，則表現在卦爻的繫辭之中。

四

天地的最大特質，說是：創生；聖人的最大珍寶，說是：權位（一說仁道）。用什麼來守住權位（一說仁道）呢？說是：仁道（一說權位）。用什麼來團結人們呢？說是：財富。經營財富，匡正號令，禁止民眾為非作歹，說是：正義。

新譯

《繫辭傳》下篇第一章敘述八卦的生成，卦爻的變化，對於卦爻、立象的意義和繫辭的作用，雖與《上繫》略有重複，但比較側重在社會人事、人倫日用方面，特別強調仁義財位宜乎貞正的重要。

本章有些詞語，不同的傳本互有異同。略加說明如下：

第一節「繫辭焉而命之」的「命」字，《經典釋文》引一本作「明」。明即明示，與「命」可通。

第二節的「貞」字，帛書本皆作「上」。「上」可作「尚」解，亦可作「居上者」解，不知與作「正」解者何者為勝。屈萬里師據《賈子．道術篇》「反貞為偽」之語，以為「貞」即「真」，與「偽」相對，並云：「十三經無真字，蓋貞即真也。」真、正義同，此「真」可備一說。

第三節的「確然」和「隤然」，《經典釋文》引馬融曰：「確，剛貌」；「隤，柔貌也」。一剛一柔，正相對為言。又，《經典釋文》引他本「隤」或作「退」，或作「妥」，而帛書本「確」作「蒿」，「隤」作「魋」，凡此蓋皆音近形似而訛。

第四節「聖人之大寶曰位」的「寶」字，帛書本作「費」，蓋形近而誤；《經典釋文》引一本作「保」，則音同可通。又，此句「位」字，有人以為當作「仁」，而以下二句亦當改作「何以守仁？曰位」。此說備考。

第二章

一 古者包犧氏之王天下也①，仰則觀象於天，俯則觀法於地，觀鳥獸之文②與地之宜，近取諸身，遠取諸物，於是始作八卦，以通神明之德，以類③萬物之情。作結繩而為罔罟④，以佃⑤以漁，蓋取諸〈離〉⑥。

二 包犧氏沒⑦，神農氏作⑧。斲木為耜，揉木為耒。耒耨之利，以教天下，蓋取諸〈益〉⑨。日中為市⑩，致天下之民，聚天下之貨，交易而退，各得其所，蓋取諸〈噬嗑〉⑪。

三 神農氏沒，黃帝、堯、舜氏作。通其變，使民不

①包犧氏：即伏羲氏。王：讀去聲。稱王，統治。
②文：交錯的紋彩，文理。
③類：歸類。
④罔罟：網的通稱。罔：通「網」，捕獸之用。罟：捕魚之用。
⑤佃：田獵。
⑥蓋，大概是，應該是。離：指〈離卦〉，六十四卦之一。帛書本「離」作「羅」。羅、離（罹）古通。
⑦沒：通「歿」。
⑧作：興起。
⑨益：卦名。耨、耜通。
⑩日中：中午。為市：開辦市場。

倦；神而化之，使民宜之。《易》窮則變，變則通，通則久。是以「自天祐之，吉无不利」⑫。

四

黃帝、堯、舜垂衣裳而天下治⑬，蓋取諸〈乾〉、〈坤〉⑭。

刳⑮木為舟，剡⑯木為楫，舟楫之利，以濟⑰不通，致遠⑱以利天下，蓋取諸〈渙〉。

服牛⑲乘馬，引重致遠，以利天下，蓋取諸〈隨〉。

重門擊柝⑳，以待暴客㉑，蓋取諸〈豫〉。

斷木為杵，掘地為臼，臼杵之利，萬民以濟㉒，蓋取諸〈小過〉。

弦木為弧㉓，剡木為矢，弧矢之利，以威天下，蓋取諸〈睽〉。

上古穴居而野處，後世聖人易之以宮室。上棟下宇，以待風雨，蓋取諸〈大壯〉。

古之葬者，厚衣㉔之以薪，葬之中野，不封㉕不

⑪噬嗑：卦名。

⑫自天祐之二句：此〈大有卦〉上九爻辭。上傳第十二章已引。

⑬垂衣裳：縫製上衣下裳。此句為垂拱而治、無為而治的意思。

⑭乾坤：皆卦名。以下卦名不贅。

⑮刳：音「哭」，挖空，鑿木成洞。

⑯剡：音「炎」，削。

⑰濟：渡。

⑱致遠：到達遠方。

⑲服牛：役使牛駕車。服：役。

⑳柝：巡夜時所敲的木梆。

㉑暴客：強盜。

㉒濟：幫助。指舂米去殼，然後可蒸食。

㉓弦：此作動詞用。張弦弓上。弧：弓。

㉔衣：當動詞用。穿。

樹，喪期無數，後世聖人易之以棺椁，蓋取諸〈大過〉。

上古結繩而治，後世聖人易之以書契，百官以治，萬民以察，蓋取諸〈夬〉㉖。

㉕ 封：聚土為界。

㉖ 夬：卦名。帛書本作〈大有〉。

直譯

一

上古時代，伏羲氏稱王天下的時候呀，抬起頭來就觀察宇宙自然在天上的現象（天文星象），低下頭來就觀察天下萬物分布在地面的法則（地理形勢），還觀察各種飛禽走獸的紋彩，以及各地適宜生長的產物，近處取法於自己身體，遠處取法於其他事物，在這種情形下，創始發明了八卦的圖案，用來會通神明的功能，歸類萬物的情狀。於是發明了編結繩索，用來做羅網，用來田獵，用來捕魚。這大概是取法於〈離卦〉（上離下離，中虛有孔）附麗的象徵吧。

(二) 伏羲氏死後，神農氏興起。他砍削樹木來做（起土用的）耜頭，扭彎了木頭來做耜柄，並且把耜頭、耜柄這些耕田除草用具的好處，拿來教導天下人民，這大概是取法於〈益卦〉（上巽下震）增益的象徵吧。

又在日正當中的時辰，開辦市場做交易買賣，招來天下的人民，聚集天下的財貨，交換所需，互通有無，然後才散去，都各自得到了他們所需求的物品。這大概是取法於〈噬嗑卦〉（上離下震）致民聚貨的象徵吧。

(三) 神農氏死後，黃帝、堯、舜相繼興起。他們會通這些取法的變化，使人民不會感到厭倦；而且神奇的變化它們，使人民都能適應它們。《易經》之道是：遇到窮困的環境就會變化，變化了就會通達，通達了就會持久。因此說是「來自天意保祐他，吉祥，無處不順利」。

(四) 黃帝、堯、舜的時代，縫綴寬大的上衣下裳，因而天下大治，這大概是取法於〈乾〉、〈坤〉二卦天地無言而萬物自化的象徵吧。

鑿洞挖空樹木做成船，削平木棍做成槳，船和槳的功用，可以用來渡過江河通達的水路，到達遠方，因而造福了天下百姓，這大概是取法於〈渙卦〉（上巽下坎）有木動水上的象徵吧。

役使牛，駕著馬，讓牠們拉車運送重物到遠方去，因而便利了天下百姓，這大概是取法於〈隨卦〉（上兌下震）有隨從的象徵吧。

設立重重門戶，還敲打木梆巡夜，用來對付盜賊，這大概是取法於〈豫卦〉（上震下坤）有預防才放心的象徵吧。

砍斷樹木做成搗米用的木杵，挖鑿土石做成舂米用的舂臼，舂臼和木杵搗米的功用，使天下萬民因而得到改良的穀食，這大概是取法於〈小過卦〉（震上艮下）的象徵吧。

張弦在彎木之上做成弓，削尖了木頭做成箭，弓箭的功用，可以用來威震天下，這大概是取法於〈睽卦〉（離上兌下）的象徵吧。

上古的時候，人們在洞穴裡居住，又在曠野上活動，後代的聖人才改變它，用宮室來取代，上有棟樑，下有椽牆，可以用來防禦風雨的侵襲，這大概是取法於〈大壯卦〉（震上乾下）的象徵吧。

古代喪葬的人，厚厚重重的用柴草把屍體包裹起來，埋葬在荒野之中，不填土為墳，不種樹做為標記，服喪的日期也沒有一定的限度，後代的聖人才改變它，用棺槨來取代，這大概是取法於〈大過卦〉（兌上巽下）的象徵吧。

上古的時候，用打繩結做記號來處理事情，後代的聖人才改變它，用刀筆刻畫的文字來取代，百官用它來辦事，萬民用它來辨識，這大概是取法於〈夬卦〉（兌上乾下）的象徵吧。

新繹

本章說明伏羲氏、神農氏以迄黃帝、堯、舜古代的聖王，都從「觀象制器」中，得到創造文明的靈感。本章先說伏羲氏、神農氏制器尚象的部分，後則特別強調黃帝的貢獻及對後世的影響。據《周禮．春官》「太卜」鄭玄注引杜子春之說，《連山》屬伏羲，《歸藏》屬黃帝，則伏羲、黃帝之《易》，蓋有不同。《連山》以艮為首，《歸藏》以坤為首，皆與《周易》不同而異。

以上第二章談的是「制器尚象」的聖人之道。這和上篇第十章所說的「聖人之道」四項之一的「以制器者尚其象」，是相呼應的，可視為上篇該章的推闡之作。

本章所列的「制器尚象」的卦名，共十三個。依其文中所述，主要可以分成下列幾個階段：

一、包犧氏（伏羲）的時代，始作八卦，結繩記事，用網罟來獵獸捕魚，蓋取諸〈離〉。

二、神農氏的時代，斫木為耜，揉木為耒，創造農具，利教天下，蓋取諸〈益〉。耒耨之利，有益生產之後，又致天下之民，聚天下之貨，以日中為市，互為交易，各得所需，蓋取諸〈噬嗑〉。

三、神農氏死後，黃帝、堯、舜相繼而作。文中把黃帝、堯、舜稱王的時代，視為一個階段。先是總括大概的說，黃帝、堯、舜的時代，能夠窮則變，變則通，通則久，神而化之，使民宜之而不倦，合乎《易》之道，是以「自天祐之，吉无不利」。然後分別就古代民生日常所需器物列舉若干實例：

垂衣裳，定服制而天下治，蓋取諸〈乾〉、〈坤〉。

發明舟楫，以濟江河，可達遠方，以利天下，蓋取諸〈渙〉。

服牛乘馬，引重致遠，以利天下，蓋取諸〈隨〉。

重門擊柝，以防偷盜，蓋取諸〈豫〉。

發明杵臼，利濟萬民，蓋取諸〈小過〉。

發明弓箭，利威天下，蓋取諸〈睽〉。

以上所列，不但都與衣食住行民生日常有關，而且都一再強調有利天下萬民。以下更列舉三項：

上古穴居野處，後世則易之為宮室棟宇，以防風雨，蓋取諸〈大壯〉。

上古不知喪葬之禮（衣之以薪，葬之野外，不封不樹，喪期不定），後世則易之以棺槨，訂立禮制，蓋取諸〈大過〉。

上古（伏羲氏）結繩而治，而後世則易之為書契，創立文字，因此百官以治，萬民以察，蓋取諸〈夬〉。

後面這三項，拿後世（神農氏以後，黃帝、堯、舜的時代）來和上古（伏羲氏的時代）相比較，由原始而文明，由鄙陋而禮教，前後恰成強烈的對照，藉此說明時代的進步，文明的提升。而這些都與上述古代的聖王能夠尚象制器有關。

尚象，是說崇尚卦象；尚象制器，是說所制器物都能以卦象為本，以卦象為依據。尚，有崇尚、推尊之意，但也有取法、仿效的意思。後來孔穎達《周易正義》就解釋為：「造制刑（通型）器，法其爻卦之象。」並舉實例說：「若造弧矢，法〈睽〉之象；若造杵臼，法〈小過〉之象也。」意思似乎是古代聖人所製造的器物，很多是取自卦象而來。這裡要提醒讀者，孔穎達說的是六十四卦，所以他所說的卦象，指的已是黃帝、堯、舜以後，經過周文王演繹過的《周易》而言。

孔穎達的解釋，對後世的影響很大。頗有些人就因此以為古代若干器物的制作，都是（甚至說是「都得」）取法《易》象卦形而來。這是太把《周易》神化了！民國初年，顧頡剛在《古史辨》第三冊中有一篇文章〈論易繫辭傳中觀象制器的故事〉，就是因此而發的，可見這種觀念多麼根深蒂固。顧頡剛所提出的質疑，例如：古代既有上述如此重大的制作發明，為什麼在《周易》本身相關卦爻辭中卻都未曾提及？為什麼〈離卦〉中不提網罟？〈益卦〉中不提耒耜？〈隨卦〉中不提服牛乘馬？又，黃帝、堯、舜之時，既然已有那麼多利用厚生的發明制作，為什麼在商、周以迄戰國的古代文獻中，卻不曾見過有具體的記載？

顧頡剛的質疑，是有道理的。本來「盡信書，則不如無書」，但如果緊抱著「不如無書」的想法，束書而不觀，或者質疑過度，不必懷疑處也處處質疑，那就是因噎而廢食了。因此顧頡剛的論文發表的同時，胡適也曾發表〈論觀象制器的學說書〉一文作了回應，批評有些論點不是歷史學家該有的態度。

事實上，顧頡剛、胡適等談的是「觀象制器」，而《周易．繫辭傳》所談的是「制器尚象」，即「以制器者尚其象」。二者其實不是一回事。而且，《繫辭傳》在每一個聖人尚象制器之後，都曾一一注明是「蓋取諸」什麼卦。「蓋」之一字，不可輕忽。宋代學者胡瑗在《周易口義》就對它特別加以解釋：

「蓋」者，疑之辭也。言聖人創立其事，不必觀此卦而成之。蓋聖人作事立器，自然符合此之卦象也，非準擬此卦而後成之。

這是說古代聖人的制作器物，供人使用，是窮則變，變則通，依時順勢而為，並非一定存心刻意模擬某卦而成。後來元代吳澄《易纂言》說的：「蓋者，不敢決定之辭。聖人非必模仿此卦以制此器。其象相類爾。」明代來知德說的：「蓋取諸〈離〉，言繩為罔罟，有〈離〉之象，非睹〈離〉而始有此也。」都是一樣的意思。

聖人製成的器物，天下百姓人人使用它，坐享其成，利用它，卻往往不知它的來歷。其實追究起來，「可能是」某些器物在發明製造之前，人人有此需要，而聖人有鑑於此，觀察天地萬物，想盡辦法要解決它，「大概」經過往復不已的推求，窮則變，變則通，但也「可能是」一時的福至心靈，因緣湊巧，竟然就發明製造了一個新器物。以伏羲氏「作結繩而為罔罟」為例，它「未必」是伏羲氏刻意仿效〈離卦〉而作，但也「未必」不是。「未必」就是「不一定」的意思。但奇怪的是，它製成之後，卻「恰好」與〈離卦〉的卦象相似，「若有神助一般」。《周易》所說的神妙，就妙在這裡。

《繫辭傳》上篇第五章說：「生生之謂易。成象之謂乾，效法之謂坤。極數知來之謂占，通變之謂事，陰陽不測之謂神。」第十一章也說：「闔戶謂之坤，闢戶謂之乾。一闔一闢謂之變，往來不窮謂之通。見乃謂之象，形乃謂之器。制而用之謂之法，利用出入，民咸用之，謂之神。」又說：「備物致用，立成器以為天下利，莫大乎聖人。」另外，第十二章「形而上者謂之道，形而下者謂之器」以下的一大段話，更像是為此做了最詳明的注解。這些話，都可以和本章對照合看。

第三章

是故「易」者，象①也；「象」也者，像也。「彖」者，材②也。「爻」也者，效天下之動者也。是故吉凶生而悔吝著也。

①象：卦象。
②材：裁。

直譯

因此所謂「易」，就是象徵呀；而所謂象徵呀，就是摹倣宇宙萬物的情狀呀。所謂「彖」，就是裁斷呀。而所謂「爻」呀，就是效法天下萬物變動的呀。因此，吉祥或凶險的結果就產生了，而悔恨或吝惜也就顯示出來了。

新繹

本章為上文作結，並藉此申論卦象彖辭以及六爻所謂「易道象占」可以體現人事吉凶休咎的本質。

參閱上章。

第四章

陽卦多陰，陰卦多陽。①其故何也？陽卦奇，陰卦耦。②其德行何也？陽一君而二民，君子之道也；陰二君而一民，小人之道也。③

①陽卦多陰二句：正卦〈乾〉、〈坤〉為純陽、純陰之外，〈震〉、〈坎〉、〈艮〉皆一陽而二陰，稱陽卦；〈巽〉、〈離〉、〈兌〉皆一陰而二陽，稱陰卦。

②陽卦奇二句：奇，奇數。耦，偶數。陽卦皆五畫一陽，故為奇。陰卦皆四畫二陽，故為偶。

③陽一君四句：陽爻為君，陰爻為民。

直譯

（震、坎、艮）陽卦中多陰爻，（巽、離、兌）陰卦中多陽爻。

它的原因是什麼呢？因此陽卦的陽爻（筆畫皆五）是奇數，陰卦的陽爻（筆畫皆四）是偶數。

它們的德行又怎麼樣呢？陽卦一陽爻而二陰爻，象徵一個君主、兩個臣民，這是君子之道呀；陰卦二陽爻而一陰爻，象徵兩個君主、一個百姓，這是小人之道呀。

新繹

此章解釋陽卦、陰卦的不同。可與上篇第一章「乾道成男，坤道成女」二句合看。陽卦包括乾震坎艮，陰卦包括坤巽離兌。說明陽卦中多陰爻、陰卦中多陽爻的原因及其象徵的特質。茲將陽卦、陰卦圖示如下：

明顯可見陽卦皆五畫一陽，一陽為奇數；陰卦皆四畫二陽，二陽為偶數。

換言之，陽卦一陽二陰，一陽為奇，故以一陽為主；而陰卦一陰二陽，一陰為耦（偶），故以一陰為主。

第五章

一

《易》曰：「憧憧往來，朋從爾思。①」

子曰：「天下何思何慮？天下同歸而殊塗②，一致而百慮。天下何思何慮！日往則月來，月往則日來，日月相推而明生焉；寒往則暑來，暑往則寒來，寒暑相推而歲成焉。往者，屈也；來者，信③也，屈信相感而利生焉。尺蠖④之屈，以求信也；龍蛇之蟄⑤，以存身也。精義入神，以致用也；利用安身，以崇德也。過此以往，未之或知也；窮神知化，德之盛也。」

《易》曰：「困于石，據于蒺藜，入于其宮，不見其妻。凶。⑥」

子曰：「非所困而困焉，名必辱；非所據而據焉，身必危。既辱且危，死期將至，妻其可得見耶？」

①憧憧往來二句：此〈咸卦〉九四爻辭。

②塗：同「途」，道路，途徑。

③信：通「伸」。

④尺蠖：昆蟲名。行動時先屈後伸。

⑤蟄：潛藏。

⑥困于石五句：見〈困卦〉六三爻辭。據：依靠。蒺藜：一種多刺的樹叢。

《易》曰：「公用射隼于高墉之上，獲之，无不利。⑦」

子曰：「隼者，禽也。弓矢者，器也。射之者，人也。君子藏器於身，待時而動，何不利之有？動而不括⑧，是以出而有獲，語成器而動者也⑨。」

二

子曰：「小人不恥⑩不仁，不畏不義，不見利不勸⑪，不威不懲⑫。小懲而大誡，此小人之福也。《易》曰：『屨校滅趾，无咎。⑬』此之謂也。」

（子曰：）「善不積，不足以成名；惡不積，不足以滅身。小人以小善為无益而弗為也，以小惡為无傷而弗去也，故惡積而不可掩，罪大而不可解。《易》曰：『何校滅耳，凶。⑭』」

子曰：「危者，安其位者也；亡者，保其存者也；

⑦公用射隼三句：見〈解卦〉上六爻辭。隼：一種兇猛的鷹類動物。

⑧括：阻礙。一本作「栝」，通假字。帛書本作「矰」，一種繫以絲繩的箭。

⑨語成器句：帛書本作「言舉成器而動者也」。

⑩不恥：不齒。不以某某為恥。

⑪勸：勉。

⑫懲：戒。

⑬屨校二句：見〈噬嗑卦〉初九爻辭。屨：音「巨」，鞋子。此處作動詞用。校：刑具的總稱。此指桎梏。

⑭何校二句：見〈噬嗑卦〉上九爻辭。何：通「荷」，承擔。

亂者，有⑮其治者也。是故君子安而不忘危，存而不忘亡，治而不忘亂。是以身安而國家⑯可保也。《易》曰：『其亡其亡，繫于苞桑。⑰』」

子曰：「德薄而位尊，知⑱小而謀大，力小而任重，鮮不及⑲矣！《易》曰：『鼎折足，覆公餗，其形渥。凶。⑳』言不勝其任也。」

子曰：「知幾㉑，其神乎？君子上交不諂，下交不瀆。其知幾乎？幾者，動之微，吉（凶）之先見者也㉒。君子見幾而作，不俟終日㉓。《易》曰：『介于石，不終日，貞吉。㉔』介如石焉，寧用終日？斷可識矣！君子知微知彰，知柔知剛，萬夫之望。」

子曰：「顏氏之子㉕，其殆庶幾乎㉖！有不善，未嘗不知；知之，未嘗復行也。《易》曰：『不遠復，无祇悔，元吉。㉗』」

⑮有：自稱自得。
⑯國家：指君主及卿大夫。
⑰其亡二句：見〈否卦〉九五爻辭。其：將，會。苞桑：叢生的桑樹。
⑱知：同「智」。
⑲鮮不及：很少不遇到的。
⑳鼎折足四句：見〈鼎卦〉九四爻辭。餗：粥的一種。渥：沾濕。
㉑幾：機先，預兆。
㉒吉之先見者也：據高亨校，吉字下應有「凶」字。帛書本自「危者安其位者也」至此句皆缺。
㉓不俟終日：不會等到過完當天。
㉔介于石三句：見〈豫卦〉六二爻辭。
㉕顏氏之子：指顏淵。
㉖殆庶幾乎：大概很接近吧。希望的口氣。
㉗不遠復三句：見〈復卦〉

（子曰：）「天地絪縕㉘，萬物化醇。男女構㉙精，萬物化生。《易》曰：『三人行，則損一人；一人行，則得其友。㉚』言致一也。」

子曰：「君子安其身而後動，易㉛其心而後語，定其交而後求。君子修此三者，故全也。危以動，則民不與也；懼以語，則民不應也；无交而求，則民不與也。莫之與，則傷之者至矣。《易》曰：『莫益之，或擊之，立心勿恆。凶。㉜』」

㉘ 絪縕：同「氤氳」。
㉙ 構：通「媾」，交合。
㉚ 三人行四句：見〈損卦〉六三爻辭。
㉛ 易：平和。
㉜ 莫益之四句：見〈益卦〉上九爻辭。立心：居心。

初九爻辭。

直譯

一

《易經》（〈咸卦〉九四爻辭）說：「匆匆忙忙的不停來往，朋友會順從你的願望。」

孔子解釋說：「天下的事物何必多想、何必憂慮呢？天下所有的事情雖有共同的歸宿，卻可以經由走不同的途徑；雖有一樣的目標，卻可以有千百種不同的想法。天下的事物何必多想、何必憂慮呢？太陽西下就月亮東升，月亮西下就太陽東升，太陽月亮互相推移遞換，然後光明就產生了；寒冬過去就暑夏到來，暑夏過去就寒冬到來，寒冬暑夏互相推移遞換，而後年歲就形成了。過去的逐漸萎縮了呀，到來的逐漸伸展了呀，萎縮和伸展交相感應，而後利益就從此出現了。尺蠖的收縮身體，是為了求得伸展呀；龍蛇的潛伏冬眠，是為了保全生命呀。精微的道理達到神妙的境界，是為了獲得應用呀；有利於應用，能安頓自身，是為了崇尚德性呀。超過這種境界再往上發展還能怎樣，就不能知曉了呀。窮究神妙的境界，知曉變化的道理，那是道德的高度表現呀。」

《易經》（〈困卦〉六三爻辭）說：「受困在山石堆中，依靠在蒺藜刺上，進入到他自己的房子，看不到他自己的妻子。凶險。」

孔子解釋說：「不是受困的場所卻受困了，名聲必定受到侮辱；不是依靠的地方卻去依靠，身體必定危險。既然名聲受辱，而又身體危險，死亡的時間即將到來，妻子哪裡還能夠見得著呢？」

《易經》（〈解卦〉上六爻辭）說：「王公用箭射落飛隼在城樓高牆之上，擒獲了牠，沒有什麼不順利。」

孔子解釋說：「所謂飛隼，是禽鳥呀；所謂弓矢，是器具呀；而射牠的，是人呀。君子收藏器具在身上，等待適當的時機才動手，哪裡會有不順利的呢？順利動了手而又沒有阻礙，所以一出手就有收穫。說的是已經準備好現成的機器，然後才付諸行動的道理呀。」

㊁

孔子說：「小人不會對有不仁慈的事情感到羞恥，不會擔心害怕有不道義的行為；沒有看到好處就不會勤勉做事，沒有嚴厲的刑罰就不會引為警惕。受到小懲罰如果能得到大警惕，那是小人的福分呀。《易經》（〈噬嗑卦〉初九爻辭）說：『初犯者上了腳鐐，傷了腳趾，沒有禍害。』就是指這個來說的呀。」

（孔子說：）「善行不累積，就不能夠來成就名譽；惡行不累積，就不會因此而喪失生命。小人認為小的善行是沒有好處的，因而不肯去做呀；小人認為小的惡行是沒有害處的，因而不肯戒除呀，也因此惡行累積到不能掩蓋了，罪惡加大到不能開脫了。這就是《易經》（〈噬嗑卦〉上九爻辭）說的：『戴上枷具，傷了耳朵。凶險。』」

孔子說：「所謂危險，是一向安穩坐在他自己位置上的人呀；所謂滅亡，是一直保存他自己當前所擁有的人呀；所謂禍亂，是自信他自己能夠擺平所有事情的人呀。因此，在上位的君子，雖然安穩卻不敢忘記有危險的可能，雖然保存卻不敢忘記有滅亡的可能，雖然治理卻不敢忘記有變亂的可能。也因此自身安穩而邦國家族也都可以保全呀。這就是《易經》（〈否卦〉九五爻辭）說的：『會滅亡嗎？會滅亡嗎？好像綁緊在桑樹叢一樣的穩當。』」

孔子說：「才德淺薄卻地位崇高，智慧短缺卻圖謀大計，力量微弱卻肩負重任，這種人很少不遭遇危難的喲。這就是《易經》（〈鼎卦〉九四爻辭）說的：『鼎折斷了腳，打翻了王公的美食，它的形狀濕漉漉。凶險。』是說承擔不起他所肩負的重責大任呀。」

孔子說：「能夠掌握事情的先機，那大概是神妙的吧？有品德的君子，和在上位的長官交往能不諂媚，和在下位的部屬交往能不輕慢，那可以說是知曉先機的吧？所謂先機，是一切事情變動的小預兆，也是吉凶禍福的事先出現的徵兆呀。君子看到預兆先機就採取行動，不會等到第二天才處理。這就是《易經》（〈豫卦〉六二爻辭）說的：『堅定有如石頭，不必等到過完了當天。貞正吉利。』既然堅定像石頭一般，哪裡需要用一整天？這是斷然可知的喲！君子應當知曉微暗又知曉彰明，知曉柔順又知曉剛健，一切符合天下萬民的期望。」

孔子說：「顏家的這個孩子，他大概是有希望的吧？言行一旦有不好的地方，從來沒有不是自己發覺的；一旦發覺了它，從來沒有再重犯的呀。這就是《易經》（〈復卦〉初九爻辭）說的：『不遠就回來了，因此沒有悔恨。大大吉祥。』」

（孔子說：）「天地之間，一片氤氳；萬物化育，上下芳醇。男女交合，陰陽結精；萬物化育，創造生命。這就是《易經》（〈損卦〉六三爻辭）說的：『三人同行，就會排斥其中一人；一人獨行，就會得到他的友人。』說的是達成一體的道理呀。」

孔子說：「在上位的君子，先安定他自身，然後才可以付諸行動；先平靜他心情，然後才可以發表言論；先確定他交情，然後才可以求助於人。君子具備這三種德行，所以才能保全呀。如果自己危險卻先付諸行動，那麼民眾就不會幫助了；自己恐懼卻先發表言論，那麼人民就不會響應了；沒有交情卻先向人求助，那麼人民就不會贊同了。沒有人給他幫助贊同，那麼傷害他的人也就紛紛跟著來了。這就是《易經》（〈益卦〉上九爻辭）說的：『沒有人幫助他，卻有人攻擊他，所立志向不會長久。凶險。』」

新繹

本章承上文第四章所論八卦中陰陽象徵的特質，進而申論卦中六爻爻辭的意義，並引孔子的解說為例，共計九則，不但可見《易經》的「變化」之道，而且可見孔子解《易》的體例。

本章分兩大節，介紹孔子解說《易經》的兩種體例。前一大節先引《易經》後引孔子的解釋，後一大節先引孔子的言論，再引《易經》證成其說。

這些記載，大概是孔子講授《易經》時，門下弟子所記錄。至於確實的年代，已無從考證。

第六章

一

子曰：「〈乾〉、〈坤〉其《易》之門邪？」「〈乾〉，陽物①也；〈坤〉，陰物②也。陰陽合德而剛柔有體③，以體天地之撰④，以通神明之德。其稱名⑤也，雜而不越。於⑥稽其類，其衰世之意邪？」

二

「夫《易》，彰往而察來，而微顯闡幽⑦。開⑧而當名、辨物、正言、斷辭，則備矣。其稱名也小，其取類也大。其旨遠，其辭文。其言曲而中，其事肆而隱。因貳⑨以濟民行，以明失得之報⑩。」

① 陽物：天之類。
② 陰物：地之類。
③ 體：此指六子卦之體性。
④ 體：體現，劃分。撰：數，道理。一說：做為，即造化之意。
⑤ 名：卦名。
⑥ 於：嗟嘆之辭。
⑦ 微顯闡幽：比照上句，應作「顯微而闡幽」。
⑧ 開：翻開書。一說：開釋。
⑨ 因：藉。貳：指吉凶得失。一說：指上文「其言」「其事」二句。
⑩ 報：報應。

直譯

一

孔子說：「〈乾卦〉、〈坤卦〉，應該是進入《易經》的門戶吧？」「乾道，講的是陽剛一類的事物呀；坤道，講的是陰柔一類的事物呀。陰陽二者結合了彼此的德性，而後剛柔各自有了自己的形體，可以用來體現天地的造化，用來溝通神明的德行。它的卦名稱呼呀，雖然繁雜卻不超越陰陽剛柔的本份。唉！在考察它卦名同類的事物中，似乎寓有衰亂時代的意味呢？」

㈡

「這本《易經》的『易』，彰顯過去而又推知未來的事情，顯示細微而又闡發幽隱的道理。不但能開釋卦辭爻辭，而且推定名實、辨別事物、端正言論、占斷繫辭，全都具備了。它所採用的卦名呀雖然狹小，但它所可取來類比的事物卻很廣大；它所含的旨趣非常深遠，但它所附的文辭卻非常優美；它的語言婉轉而又貼切中肯，它的論述直陳而又隱曲。它藉陰陽剛柔的兩端來輔導人們的行動，並且藉以說明吉凶得失報應的緣故。」

新繹

本章藉孔子之言自設問答，說明〈乾〉、〈坤〉二卦是《易》學之門。不僅述其特色功用，並推其旨遠辭文，稱名雖小而取類卻大，似成於衰世之時。

本章雖然分為兩段，但其說明道理，卻是前後通融一貫的。

開頭先藉孔子自己提問，〈乾〉、〈坤〉是否為《周易》之門？然後再由孔子自己回答。此亦孔子教學之一法。

孔子特別推許〈乾〉、〈坤〉二卦，認為二者乃天地之代稱，亦即陰陽合德、剛柔有體之象徵。備極讚歎之餘，稱其旨遠辭文，或與《文言傳》之專為〈乾〉、〈坤〉二卦而作有關；稱「其言曲而中，其事肆而隱」，或與成於殷商末季有關。

第七章

一 《易》之興，其於中古①乎？作《易》者，其有憂患乎？

二 是故〈履〉，德之基也；〈謙〉，德之柄②也；〈復〉，德之本也；〈恆〉，德之固也；〈損〉，德之修也；〈益〉，德之裕也；〈困〉，德之辨也；〈井〉，德之地也；〈巽〉，德之制③也。

〈履〉，和④而至；〈謙〉，尊⑤而光；〈復〉，小⑥而辨於物；〈恆〉，雜而不厭；〈損〉，先難而後易；〈益〉，長裕而不設⑦；〈困〉，窮而通；〈井〉，居其所而遷；〈巽〉，稱而隱。

〈履〉以和行，〈謙〉以制禮，〈復〉以自知，〈恆〉以一德⑧，〈損〉以遠害，〈益〉以興利，〈困〉以寡怨，〈井〉以辨義⑨，〈巽〉以行權。

①中古：此指殷、周之際。
②柄：把柄，把手。指把握最持平的重要部位。
③制：裁，裁量。
④和：《論語．學而篇》：「禮之用，和為貴。」履，通「禮」。
⑤尊：王引之說，當讀為「撙」，自貶損也。撙節、謙退之意。
⑥小：卑微。指〈復卦〉一陽居下。
⑦設：虛妄，有自我誇張或揠苗助長之意。不設，即不虛妄。
⑧一德：純一其德。
⑨辨義：是說井居其所不動，卻出水流通，可以養人。

直譯

一

《易經》的成書呀，大概是在中古時代吧？創作《易經》的人，大概是有憂患的意識吧？

二

因此，〈履卦〉，說的是道德的基礎呀；〈謙卦〉，說的是道德的把柄呀；〈復卦〉，說的是道德的根本呀；〈恆卦〉，說的是道德的堅固呀；〈損卦〉，說的是道德的修養呀；〈益卦〉，說的是道德的擴充呀；〈困卦〉，說的是道德的辨識呀；〈井卦〉，說的是道德的根源呀；〈巽卦〉，說的是道德的制宜呀。

〈履卦〉，雖然教人禮讓卻能達到目標；〈謙卦〉，雖然教人謙退卻能獲得榮耀；〈復卦〉，雖然教人認識卑微卻能從中分辨事物；〈恆卦〉，雖然教人盡量周到卻能不厭倦；〈損卦〉，雖然教人先吃虧卻能後來順利；〈益卦〉，雖然教人不斷充實卻能不虛有其表；〈困卦〉，雖然教人處於窮困卻能知道變通；〈井卦〉，雖然教人在固定的地點卻能遷移流通；〈巽卦〉，雖然教人聲名顯著卻能退隱不露。

〈履卦〉可以用來協和德行；〈謙卦〉可以用來順從禮儀；〈復卦〉可以用來認識自己；〈恆卦〉可以用來同心同德；〈損卦〉可以用來遠離災害；〈益卦〉可以用來振興福利；〈困卦〉可以用來減少怨恨；〈井卦〉可以用來辨別義利；〈巽卦〉可以用來行使權宜。

新繹

本章同上章，先推測《周易》的創作時代，然後反覆三次論述〈履〉、〈謙〉、〈復〉、〈恆〉、〈損〉、〈益〉、〈困〉、〈井〉、〈巽〉等九卦的內容旨趣及其功能作用，並說明它們的使用時宜，充滿憂患意識。

此章呼應上章，暗示《易經》的編撰者似有世紀末的憂患意識。不過，所引的九卦，所說的卦義，似乎未必合乎經文大意。

第八章

《易》之為書也，不可遠；為道也，屢遷。變動不居①，周流六虛②。上下无常，剛柔相易，不可為典要③，唯變所適。其出入以度外內④，使知懼，又明於憂患與故。无有師保⑤，如臨父母。初率⑥其辭，而揆其方⑦，既有典常。苟非其人，道不虛行。

①不居：不停，不固定。
②六虛：指六爻的爻位。
③典要：常法。典：常。要：道。
④外內：外指外卦，即上卦；內指內卦，即下卦。一說：本卦為內，變卦（古人稱為「之卦」）為外。一說：出仕或隱退。
⑤師保：師長。
⑥率：順著，遵循。
⑦揆：度。方：義理。

直譯

這《易經》做為一部書來看呀，是不可以疏遠的；它所指示的道理呀，會常常變動。

變動是不停的，周轉流動在六個爻位之間。上下變動不固定，陽爻陰爻常相變換，不能做成定規常法來看待，只能跟著六爻的變化來適應它。它們的出入變化，可以用來推測外卦內卦所顯示的吉凶，使人知道戒懼，又可以明白憂患的意識和憂患的事故。

即使沒有師傅保姆的教導，也如同面對著父母的教誨一般。起先遵循那些卦爻辭的說法來推行，然後揆度它們所提示的方法道理，就可以得到它們的常法定規了。如果不是那種適合閱讀《易經》的人，《易經》的道理是不能憑空推行的。

新繹

本章論述《易》道的要旨以及閱讀、實踐的重要性。

又，本章說明《易經》的卦爻是「變動不居」的。因為變化無常，所以沒有通例可言。雖然卦辭爻辭看起來似乎義理有常，可以運用到人事上，但仍然要看如何善加體會活用。

第九章

一

《易》之為書也，原始要終①，以為質②也。六爻相雜，唯其時物也。其初③難知，其上④易知；本末⑤也。初辭擬之，卒成之終。⑥若夫雜物撰德⑦，辨是與非，則非其中爻⑧不備。噫！亦要存亡吉凶，則居⑨可知矣。知者觀其彖辭，則思過半矣。

二

二與四⑩，同功而異位，其善⑪不同。二多譽，四多懼，近⑫也。柔之為道，不利遠者，其要无咎，其用柔、中也。三與五⑬，同功而異位，三多凶，五多功，貴賤之等⑭也。其柔危，其剛勝邪？

①原：溯源。要：求，索。
②質：體性。
③初：指初爻。
④上：指上爻。
⑤本末：即初、上爻。
⑥初辭二句：初爻事物尚在擬議之中，跡象不明顯，上爻之辭已成定局。卒：終，指上爻。
⑦撰德：具備的特質。
⑧中爻：指初爻與上爻中間的第二、三、四、五爻。
⑨居：位，指中間四爻的爻位。一說：閒居觀其象。
⑩二與四：二、四皆指爻位。指第二爻與第四爻。
⑪善：妙處。一說：吉凶得失之省文。
⑫近：接近。《易》之道，在否極泰來，剝而能復，故陰陽剛柔相近互用。一說：近於君位。
⑬三與五：指第三爻與第五爻。
⑭貴賤之等：即「近」之意。一說：三多凶、五多功，是爻位有貴賤的等級造成的。

直譯

❶ 這《易經》做為一部書來看呀，是追溯根本源頭、考索結尾成果，以此來做為卦體的內容特點呀。

六爻陰陽交互錯雜，只是代表它們在交互錯雜的一定時間內不同的事物象徵而已。它們的初爻，是難以知曉象徵意義的，而它們的上爻就容易知曉了。因為它們是本末頭尾的不同象徵呀。初爻的爻辭，比擬事物的根源開頭；上爻的爻辭，則代表事物最後完成的結尾成果。

至於像那些錯雜的事物，具備什麼德性象徵，要辨別哪個對和哪個錯，那麼不看初爻、上爻中間的那四爻，就不完備了。是啊！也是同樣的道理，要考索人事上存亡吉凶的象徵，看它是在哪個爻位上，也就可以明白了。

有智慧的人，看看那解釋全卦意義的彖辭，就可以領悟一大半的道理了。

❷ 第二爻和第四爻同樣具有陰柔的功能，卻分別在上下卦的不同位置上；它們的妙處也就不同了。第二爻爻辭大多是讚美，第四爻爻辭大多是驚懼，它們其實是（接近第五爻君位）功能接近的呀。所謂陰柔的道理，不利於遠離廣大的事物，它的重點在於「无咎」，沒有災害，它的作用在於柔順和居中守正呀。

第三爻和第五爻同樣具有陽剛的功能，卻分別在上下卦的不同位置上；第三爻爻辭大多是凶險，第五爻爻辭大多是功勳，它們其實是爻位貴賤的等級不同造成的呀。難道陰柔的就危險，陽剛的就勝任嗎？

新繹

本章論述《易經》的內容特點，以及六爻各爻的位次及功能。前段先概述初爻及上爻，後段則專論中間的二、三、四、五爻。對於六爻的陰陽貴賤以及由此衍生的吉凶休咎等，有進一步的論述。

除了說明六爻的特點之外，也說明《易經》的本質是「變動不居」的。因此以上所說，不能一概視為通例。「知者觀其彖辭，則思過半矣」一語，是強調彖辭的重要。彖辭者，裁斷一卦之大義，既「參錯六爻之義以釋辭」，則與「變動不居」的六爻不可等同視之。如果有疑義，最後仍宜根據彖辭來下判斷。

第十章

一

《易》之為書也，廣大悉備。有天道焉，有人道焉，有地道焉。兼三才而兩之①，故六。六者，非它也，三才之道也。

二

道有變動，故曰爻②。爻有等③，故曰物④。物相雜，故曰文⑤。文不當⑥，故吉凶生焉。

①兼三才而兩之：是說《易》有六爻，上、五兩爻象天，四、三兩爻象人，二、初兩爻象地。三才：即天、地、人。才，一作「材」，才、材古通用。

②許慎《說文解字》：「爻，交也。」交，古通「易」，易有變動之義。

③等：類，等級。

④物：物象。指陰陽而言。

⑤文：通「紋」，文理，文彩。

⑥不當：是說爻不當位。例如陽爻居陰位，陰爻居陽位。

直譯

一

《易經》做為一部書來看呀，內容廣大，周詳齊備。包括有「天」的道理哪，有「人」的道理哪，有「地」的道理哪。同時具備了天、地、人「三才」，而各自用兩爻來代表它們，所以一卦有六爻。所謂六爻，沒有其他的意思呀，就是象徵天、地、人

「三才」的道理呀。

㈡《易經》的道理，有變化移動的情況，所以稱為「爻」。六爻所象徵的三才，有上下等級之分，所以稱為「物」；物象常上下陰陽相互錯雜，所以稱為「文」（紋）；上下陰陽兩爻文（紋）理不會完全當位，所以吉凶休咎就產生了。

新繹

本章從爻位的角度論《易》兼有三才之道，而有不同的等級類別。

本章承接上文，進一步說明六爻的爻位，各有不同的象徵，雖然能示人以吉凶，但因《易》之道「變動不居」，所以最後裁斷的吉凶亦有所不同。

第十一章

一

《易》之興也，其當殷之末世、周之盛德邪？當文王與紂之事①邪？

二

是故其辭②危。危者使平，易者使傾③；其道甚大，百物不廢。懼以終始④，其要⑤「无咎」。此之謂《易》之道也。

①當文王與紂之事：當文王事紂之時。一說：正當周興紂亡之際的記事。
②辭：卦爻辭。
③易者使傾：自以為平易者，就讓他傾覆。易：輕易，掉以輕心。
④懼以終始：自始至終都戒懼。以：於。
⑤要：要點，重點。

直譯

一

《易經》的著作呀，大概是在殷商的末年、周國正有隆盛德業的時期吧？正好是周文王與殷紂的時事吧？

因此它的卦爻辭，大多警惕危懼。所謂危懼警惕，可以使人變得平安；所謂平易輕心，可以使人顛覆。這個道理非常博大明顯，很多事物都不例外，因此不會被廢棄。危懼警惕，能夠始終保持著，它的要點就是「无咎」，沒有災禍。這就是所謂《易經》的道理呀。

新繹

本章從繫辭的憂患意識推測《周易》的著成時代，並強調「无咎」就是《周易》的要道。從第六章論〈乾〉、〈坤〉二卦，說「稽其類，其衰世之意邪」開始，第七章論〈履〉、〈謙〉、〈復〉、〈恆〉、〈損〉、〈益〉、〈困〉、〈井〉、〈巽〉等九卦，說「《易》之興，其於中古乎？作《易》者，其有憂患乎？」到本章開頭說的「其當殷之末世、周之盛德邪？當文王與紂之事邪？」都可以看出所提問的重點，是《繫辭傳》下篇的作者，認為《易經》應成於殷周之際。第八、九、十章雖未明言，但第八章說「使知懼，又明於憂患與故」，第九章說「亦要存亡吉凶，則居可知矣」，第十章說「文不當，故吉凶生焉」等等，亦皆與此不無關係。可知作者真有憂患意識。

第十二章

一

夫〈乾〉，天下之至健也，德行恆「易」以知險①；夫〈坤〉，天下之至順也，德行恆「簡」以知阻。能說諸心，能研諸侯之慮，②定天下之吉凶，成天下之亹亹③者。是故變化云為④，吉事有祥；象事知器，占事知來。

二

天地設位，聖人成能。人謀鬼謀⑤，百姓與能。八卦以象告，爻彖以情言。剛柔雜居，而吉凶可見矣。變動以利言，吉凶以情遷，是故愛惡⑥相攻而吉凶生，遠近⑦相取而悔吝生，情偽相感⑧而利害生。凡《易》之情，近而不相得則凶，或害之，悔且吝。

①易：平易。知：預測，推知。
②說：通「悅」。一說：說，通「閱」，觀察。諸侯之慮：或疑「侯之」二字為衍文。
③亹亹：勤勉的樣子。
④云為：言行。一說：即有為。云，帛書本作「具」，通「俱」，皆。
⑤人謀：諮議於眾而定得失。鬼謀：卜筮鬼神以考吉凶。
⑥愛：指陰陽相遇。惡：指陰遇陰，陽遇陽。
⑦遠：指上下卦爻位遠應。近：指爻位鄰近。
⑧情偽：真假。相感：互相感應。

三

將叛者，其辭慚；中心⑨疑者，其辭枝⑩。吉人之辭，寡；躁人之辭，多。誣善之人，其辭游⑪；失其守者，其辭屈⑫。

⑨中心：心中。
⑩枝：支離，模棱兩可。
⑪游：游移不定。
⑫屈：卑屈，低聲下氣。

直譯

一

那〈乾〉，是天下最剛健的象徵呀，它的功能作用永遠平易，可以用來推知可能發生的凶險；那〈坤〉，是天下最柔順的象徵，它的功能作用永遠簡約，可以用來預測可能發生的阻礙。

它們都是能夠愉悅人們的內心，能夠研判種種（王侯公卿）的疑慮，斷定天下萬物的吉凶，成就天下百姓的勤勉。因為這個緣故，所以因應變化一切的言行作為，吉祥的事都會有吉祥的預兆；觀察卦爻所象徵的事情，都可以推知器物具體的形狀；用它們來占卜事情，也都可以預測未來的吉凶得失。

❷ 天地一旦上下定了位置，聖人也就成全它們造化的功能。人間（王侯公卿）的謀略，加上占卜鬼神所得的智謀，連一般老百姓也都能參與其事。八個經卦用卦象來告示世人，而爻辭彖辭用事情來敘述。陽剛和陰柔二爻，間雜在一卦之中，於是吉凶悔吝的現象都可以看見了。

六爻的變化移動，用「利」或「不利」來說明，而最終的吉凶悔吝，則隨實際的狀況而改變。因為這個緣故，所以陰陽二爻之間，由於異性相吸，同性相斥，有所矛盾，因而吉凶就產生了；或者由於爻位有的遠應，有的近比，取捨不同，因而悔吝就產生了；或者由於有的真情，有的假意，互相感應，因而利害就產生了。大致上《易經》所反映的情形，陰爻陽爻二爻相近卻不相合，就多凶險，或者會傷害到它們，造成悔恨和吝惜。

❸ 即將背叛的人，他的言辭慚愧閃躲；內心疑惑的人，他的言辭支吾散漫。良善的人的言辭少，浮躁的人的言辭多。誣害好人的人，他的言辭游移不定；失去操守的人，他的言辭卑屈不直。

新繹

本章呼應第一章、第六章，闡述〈乾〉、〈坤〉易簡的特徵，進一步申論其知險知阻的功能。

本章說明《易經》能示人以吉凶，但人想避凶趨吉，須知天道、地道和人道。天道易中有險，地道簡中有阻，人道亦因人心不同，言辭不同，必須聽其言而觀其行。

說卦傳

解題

《說卦傳》簡稱《說卦》，所謂「十翼」之一。孔穎達《周易正義》云：「《說卦》者，陳說八卦之德業變化及法象所為也。」可以說是解說八卦的性質、功能及其重卦變化，也是討論《易》象的產生及其推演的一篇重要文獻。它的主要內容，是說明《周易》由八卦推演為六十四卦的原理，先天、後天八卦的方法，以及它們所象徵的種種事物。這也是研究《周易》經文以及彖辭、象辭的主要依據。有人推測《說卦》在「十翼」之中，著成年代較早，當在戰國中晚期之前。

秦始皇焚書坑儒，很多經典古籍付之一炬，《周易》雖以卜筮之書倖得保存，但似已有殘缺。據說《說卦》三篇，即曾亡佚，後來在西漢初年，因廣開獻書之路，至宣帝本始元年（西元前七三），始由「河內女子」將所得殘卷，獻與朝廷，因而得以流傳於世。《隋書・經籍志・序》即云：「秦焚書，《周易》以卜筮得存，惟失《說卦》三篇，後河內女子得之。」但是所謂「《說卦》三篇」，究竟是指《說卦》原有三篇，或者是僅舉《說卦》篇名而可包括《序卦》、《雜卦》在內，前人早已有不同的說法。核對馬王堆出土的帛書《易經》，與今日所見的《周易》傳本，文字略有差異，可以推測《周易》的流傳過程中，確實有傳錄改動的情形。至於實際的情況，尚有待於新資料的出土和研究者的新發現。

因為《說卦傳》是西漢中期以後才出土傳世的，所以迄今有些學者仍然據此懷疑它是出於漢人的偽託之作。

第一章

昔者聖人之作《易》也①，幽贊於神明而生蓍②，參天兩地而倚數③；觀變於陰陽而立卦④，發揮於剛柔而生爻⑤，和順於道德而理於義⑥，窮理盡性以至於命⑦。

直譯

古代聖人創作《易經》的時候，冥冥之中獲得神明的贊助，因而產生了用蓍草占筮的方法，用「三」的奇數代表天，用「二」的偶數代表地，因而依靠奇數、偶數的數字來推演天道；觀察陰陽的變化而確立了卦，發揮剛柔的作用而產生了爻，從容順應了道德而適當處理了事物，細推物理，窮究人性，因而達成了天道的使命。

注釋

①聖人：指伏羲、文王、周公等人。作：創作。

②幽贊：暗中幫助。蓍：草名。古人用來筮占，此指筮法。神明：指天地。生：產生，創立。幽贊於神明，是說暗中得到神明的贊助。

③倚數：依靠數字來推算。數：指大衍之數。古人有生數、成數之分。一、二、三、四、五為生數，生數逐次與五相合，即得六、七、八、九、十之成數。其中一、三、五三者皆為奇數，屬天；二、四二者為偶數，屬地；成數亦以此類推。孔穎達云：「七九為奇，天數也。六八為偶，地數也。故取奇於天，取偶於地，而立七九八六之數也。」

④觀變句：是說觀察揲蓍之後陰陽老少的具體變化，確定所得是哪一卦。

⑤發揮句：是說發明闡揚三變之後，動靜剛柔的爻位變化。陰陽老少何者為剛爻，何者為柔爻。

⑥義：事物之宜。

⑦命：天命。

新繹

本章說明聖人創作《易經》的目的，以及用蓍占而衍生卦爻的形成過程與創作原理。此即所謂揲蓍以求數，得數以定爻，累爻而成卦。

第二章

昔者聖人之作《易》也，將以順性命①之理，是以立天之道，曰陰與陽；立地之道，曰柔與剛；立人之道，曰仁與義。兼三才而兩之②，故《易》六畫而成卦；分陰分陽③，迭用柔剛④，故《易》六位而成章⑤。

①性命：人性與天命。承上章末句「窮理盡性以至於命」而言。

②三才：指天地人的三種功用。兩之：把它分成兩個。指天地人三才由三畫衍為六畫，各自佔了六爻中的兩個爻位。初爻二爻代表地，三爻四爻代表人，五爻上爻代表天。

③分陰分陽：分別排列陰位和陽位。陰位指二、四、上三爻，陽位指初、三、五三爻。

④柔剛：此指爻之陰陽而言。

⑤章：文理，文彩。

直譯

古代聖人創作《易經》的時候呀，是預期能夠用來順應人性和天命的道理，所以樹立了天道的法則，稱為「陰」和「陽」；樹立了地道的法則，稱為「柔」和「剛」；樹之了人道的法則，稱為「仁」和「義」。

同時具備了天道、地道、人道三者所謂「三才」的功用，卻又各自兩兩重疊它們，所以《易經》總共由六個爻畫組合而成為一個經卦；又分別排列陰位和陽位，更迭運用柔爻和剛爻，所以《易經》是由六個爻位推演而成一個有條理的體系。

新繹

本章進一步說明六爻爻位建立卦象的法則，以及三才重疊成為一卦六爻的道理。「兼三才而兩之」，請參閱《繫辭傳》下篇第十章。

此章有些句子講求修辭叶韻，雖出於作者刻意的經營，卻顯得生動自然。

第三章

天地定位，山澤通氣；雷風相薄①，水火不相射②。八卦相錯③。

數④往者，順；知來者，逆。是故《易》，逆數⑤也。

①薄：迫近，摩蕩。此「雷風相薄」，下文第七章卻說是「雷風不相悖」。

②水火不相射：帛書《易之義》無「不」字。一說：「不」同「丕」。射：沖射，衝突，接觸。一說：射，厭惡。下文第七章說「水火相逮」。

③八卦：指上文的天、地（乾、坤）、山、澤（艮、兌）、雷、風（震、巽）、水、火（坎、離）。錯：交錯。指矛盾而又統一。

④數：計算，點檢。

⑤逆數：逆著時間推算未來；由下往上逆向推算。

直譯

天與地確定了上尊下卑的位置，山與澤溝通了高丘低窪的氣息。雷與風在空中互相摩蕩追迫，水與火在地上（不）互相沖射消溶。八卦的陰陽就這樣的相對交錯。

回顧過去的事情，可以順著時空先後的次序去檢省；但預測未來的事情，卻要逆向去推算。因此《易經》是逆向推算的術數。

新繹

「天地定位」這一章，是邵雍畫先天圖的依據，說已見前，並請參閱以下三章「新繹」附圖。不贅述。

本章說明八卦的卦象是對立的組合，也是逆算的術數。前人曾以圓圖和直圖說明之。

一、圓圖

二、直圖

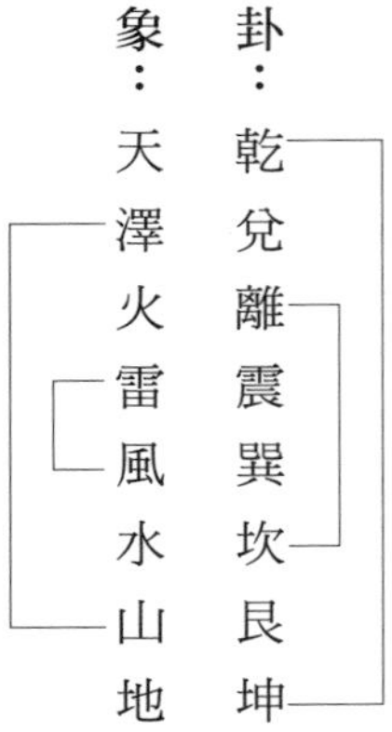

天地定位
水火不相射
雷風相薄
山澤通氣

第四章

雷以動之①，風以散之。雨以潤之，日以烜②之。〈艮〉以止之，〈兌〉以說③之。〈乾〉以君④之，〈坤〉以藏⑤之。

①雷：指〈震卦〉。下文風雨日，用法相同。之：代名詞。指宇宙萬物。
②烜：音「宣」，晒，乾。
③說：同「悅」。一說：同「脫」。
④君：當動詞用。主宰。一本作「居」。
⑤藏：儲存，承載。

直譯

對宇宙萬物而言，雷（震卦）是用來象徵震動它，風（巽卦）是用來象徵散布它。雨（坎卦）是用來象徵滋潤它，日（離卦）是用來象徵烘乾它。

〈艮卦〉（山）是用來象徵阻止它，〈兌卦〉（澤）是用來象徵取悅它。〈乾卦〉（天）是用來象徵主宰它，〈坤卦〉（地）是用來象徵儲藏它。

新繹

本章進一步說明八卦兩兩相對的性質及其各自的功能。

前四句雷風、雨日，用的是卦象；後四句艮兌、乾坤，用的是卦名。正是「八卦相錯」的另一種面貌。

以上兩章，宋代學者邵雍根據它的敘述，畫成先天八卦圖，用來說明八卦在宇宙萬物的生成過程中，各有其作用。

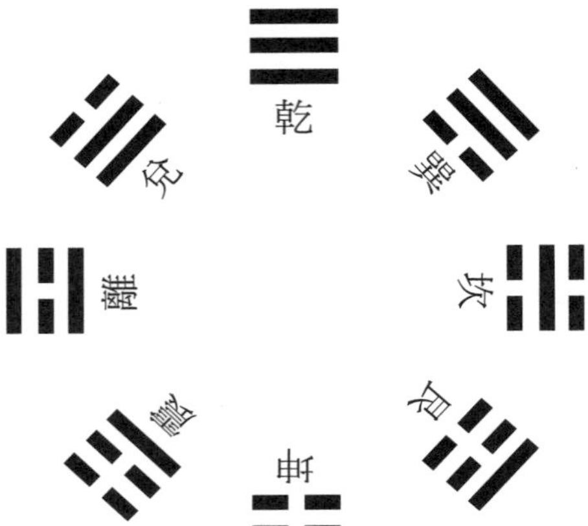

先天八卦圖

第五章

帝①出乎〈震〉，齊②乎〈巽〉，相見③乎〈離〉，致役④乎〈坤〉。說言⑤乎〈兌〉，戰⑥乎〈乾〉，勞⑦乎〈坎〉，成⑧言乎〈艮〉。

①帝：造物主，創造萬物的主宰。
②齊：齊整，一起成長。
③相見：互相顯現，繁茂之意。
④致役：致力養成萬物。
⑤說：同「悅」。言：語助詞。下同。
⑥戰：交接。指陰陽相逼。一說：鼓舞。
⑦勞：辛勤勞累，也有慰勞休息之義。
⑧成：成就，完成。

直譯

上帝造物開始產生於象徵春分的〈震卦〉，一齊成長於象徵立夏的〈巽卦〉，互相輝映於象徵夏至的〈離卦〉，獲得養成於象徵立秋的〈坤卦〉。

喜悅成熟於象徵秋分的〈兌卦〉，陰陽交接於象徵立冬的〈乾卦〉，勤勞收成於象徵冬至的〈坎卦〉，完成化育於象徵立春的〈艮卦〉。

新繹

本章配合四時節令、萬物生成的過程，說明八卦的空間方位。

本章配合四時節令，依順時針的方向，列出震、巽、離、坤、兌、乾、坎、艮後天八卦的次序和方位，說明八卦在萬物周而復始的生長過程中，有必然的作用。本章說的是綱目，下一章則是進一步的闡述。

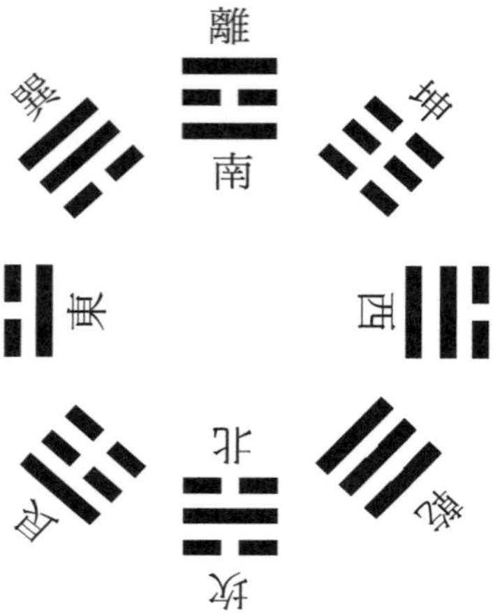

後天八卦圖

卦氣六日七分圖

——引自惠棟《易漢學》

宏一按，此漢《易》卦氣圖之一。據說孟喜首傳其學，其後京房、揚雄等，皆依以為說。圖內坎、離、震、兌分居四正，所謂四卦主四時，爻主二十四氣；外六十卦分屬十二月，卦有六爻，爻別主一日，凡主三百六十日。餘五日四分日之一，每日分為八十分，五日分為四百分，四分日之一，又為二十分，是四百二十分，六十卦分之，六七四十二，卦別各得七分，是每卦得六日七分。

惠棟此圖乃據「六日七分」之學畫成圓圖，自內至外分三層，表裡皆相對應。內層列坎離震兌四正卦，卦各六爻，中層為二十四節氣。外層十二月建之下，列六十卦，分辟、公、侯、卿、大夫五等，每卦主六日七分。

第六章

萬物出乎〈震〉。〈震〉，東方也。

齊乎〈巽〉。〈巽〉，東南也。齊也者，言萬物之絜①齊也。

〈離〉也者，明也。萬物皆相見，南方之卦也。聖人南面而聽天下②，嚮③明而治，蓋④取諸此也。

〈坤〉也者，地也。萬物皆致養⑤焉，故曰「致役⑥乎〈坤〉」。

〈兌〉，正秋⑦也。萬物之所說⑧也，故曰「說言乎〈兌〉」。

「戰乎〈乾〉」，〈乾〉，西北之卦也。言陰陽相薄⑨也。

〈坎〉者，水也，正北方之卦也。勞卦也，萬物之所歸⑩也，故曰「勞乎〈坎〉」。

〈艮〉，東北之卦也。萬物之所成終而所成始也⑪，故曰「成言乎〈艮〉」。

①絜：同「潔」，齊整清新之意。
②聖人南面句：古代君王坐北朝南，統治天下。
③嚮：同「向」，有嚮往之意。
④蓋：大概，應該。推測之詞。
⑤致養：獲得養成。
⑥致役：已見上章。
⑦正秋：仲秋。
⑧說：同「悅」。
⑨薄：通「迫」，有交接、交替之意。
⑩歸：歸宿。
⑪萬物之所成終句：指艮位東北，古人配以四時節令，為立春，居坎（冬至）震（春分）之間，正舊歲新年交替之際。

直譯

萬物的產生，出於〈震卦〉。〈震卦〉，卦位在東方呀。

一齊成長於〈巽卦〉。〈巽卦〉，卦位在東南方呀。所謂「齊」的意義呀，是說萬物的清新整齊呀。

所謂〈離〉呀，象徵光明呀。萬物都互相輝映非常繁茂，這是南方的卦位呀。聖人面向南方來聽取天下政事，嚮往光明來治理百姓，應該是採取這個意義的吧。

所謂〈坤〉呀，象徵大地呀。萬物都獲得它的養育哪，所以說：「致役乎〈坤〉」。

〈兌卦〉，正是秋天涼爽的時節呀。是萬物所喜愛的季節呀，所以說：「說言乎〈兌〉」。

「戰乎〈乾〉」這句話，〈乾卦〉，是西北方的卦位呀，是說陰陽之氣此時互相迫近交替呀。

所謂〈坎〉，是水的象徵呀，象徵正北方的卦位呀。也是象徵辛勤勞動的卦象呀，萬物所當歸去休息的時節呀，所以說：「勞乎〈坎〉」。

〈艮卦〉，是東北方的卦位呀。萬物就在此終結，也在此開始呀，所以說：「成言乎〈艮〉」。

新繹

本章承接上章，進一步說明八卦所象徵的空間方位與季節時令。故前人多合此二章為一。

宋代學者據上文第三章畫成《先天八卦圖》，邵雍說是乃「伏羲之位，乾南坤北，離東地西，兌居東南，震居東北，巽居西南，艮居西北，自震至乾為順，自巽至坤為逆，於是八卦相交而成六十四卦，所謂先天之學也。」又據此章畫成《後天八卦圖》，謂「此卦位乃文王所定，所謂後天之學也」。二者八卦方位有所不同，請參閱下面附圖。

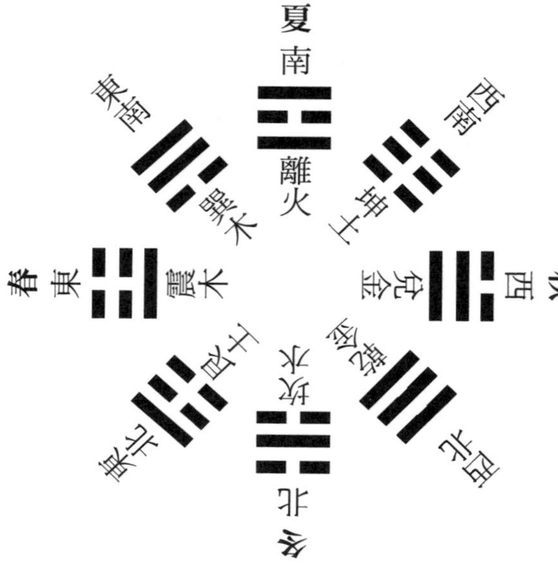

先天圖

一、伏羲先天八卦圖

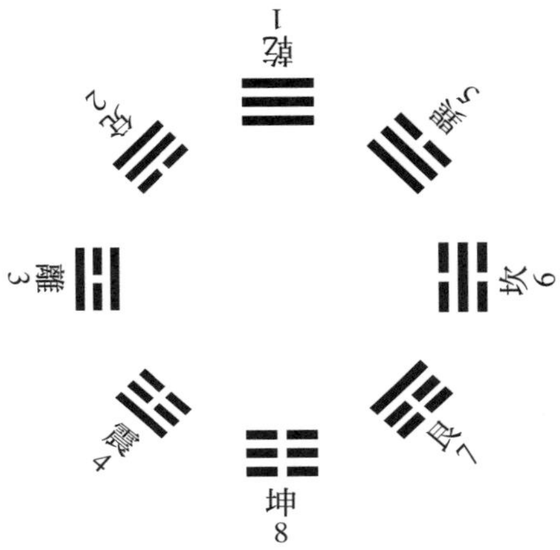

二、先天八卦圓形排法

後天圖

4	9	2
3	5	7
8	1	6

一、九宮圖排法

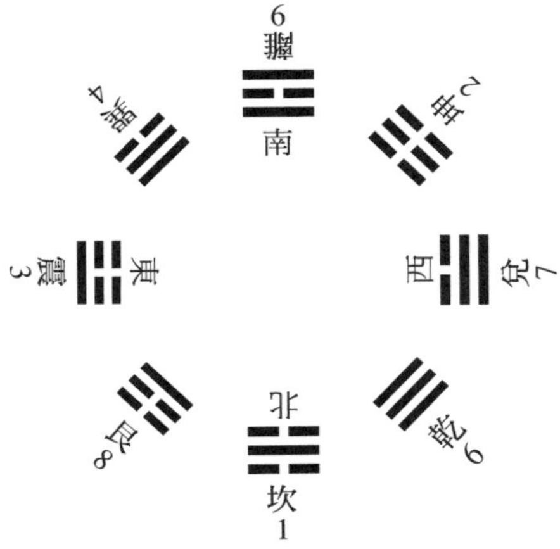

二、文王後天八卦圖排法

第七章

「神」也者，妙萬物而為言者也。動萬物者，莫疾乎雷①；橈②萬物者，莫疾乎風；燥萬物者，莫熯③乎火；說④萬物者，莫說乎澤；潤萬物者，莫潤乎水；終萬物始萬物者，莫盛乎艮。故水火相逮⑤，雷風不相悖⑥，山澤通氣，然後能變化，既⑦成萬物也。

①莫疾乎雷：沒有比雷更快更厲害的。下文的句法同此。譯文用直譯。
②橈：同「撓」，屈折之意。
③熯：同「暵」，燥熱。
④說：同「悅」。
⑤「水火」下一本有「不」字。逮：及，牴觸。
⑥悖：違背，反。
⑦既：終於，最後。

直譯

所謂「神」呀，是指那能使萬物奇妙生成而說的作用呀。震動萬物的作用，沒有更急切於雷的；吹散萬物的作用，沒有更快速於風的；烘乾萬物的作用，沒有更強烈於火的；取悅萬物的作用，沒有更欣悅於澤的；滋潤萬物的作用，沒有更濕潤於水的；終結萬物又開創萬物的作用，沒有更強盛於艮（山）的。所以水與火互相牴觸，雷與風（不）互相對抗，山與澤溝通氣息，然後能產生變化，終於成就萬物呀。

新繹

本章說明水火、雷風、山澤，即坎離、震巽、艮兌六子卦卦象的功能作用。此章呼應第三、四章，說明「先天」「後天」八卦方位之中，除了〈乾〉、〈坤〉二卦以外，其他六子卦的功能作用。綜而言之，具有既對立而又統一的辯證思想。這也暗示所謂神而明之的「神」，指〈乾〉、〈坤〉二卦而言。

第八章

乾，健也。坤，順也。
震，動也。巽，入也。
坎，陷也。離，麗①也。
艮，止也。兌，說②也。

①麗：附麗。
②說：同「悅」。

直譯

乾，就是剛健呀。坤，就是柔順呀。
震，就是震動呀。巽，就是滲入呀。
坎，就是陷落呀。離，就是依附呀。
艮，就是靜止呀。兌，就是喜悅呀。

新繹

本章說明八卦的屬性。
此即所謂卦德。都只用一字訣。

第九章

乾為馬，坤為牛。震為龍，巽為雞。坎為豕①，離為雉②。艮為狗，兑為羊。

直譯

乾是象徵馬，坤是象徵牛。震是象徵龍，巽是象徵雞。坎是象徵豬，離是象徵雉。艮是象徵狗，兌是象徵羊。

新繹

本章說明八卦所象徵的常見動物。

此即《繫辭傳》下篇所說的「遠取諸物」。

①豕：豬。

②雉：野雞。

第十章

乾為首，坤為腹。

震為足①，巽為股②。

坎為耳，離為目。

艮為手，兌為口。

直譯

乾是象徵頭部，坤是象徵腹部。

震是象徵足部，巽是象徵大腿。

坎是象徵耳朵，離是象徵眼睛。

艮是象徵手部，兌是象徵口部。

新繹

本章說明八卦所象徵的人類身體器官。

此即《繫辭傳》下篇所說的「近取諸身」。

①足：腳部。

②股：大腿的部分。

第十一章

乾，天也，故稱乎父；坤，地也，故稱乎母。

震，一索①而得男，故謂之長男；巽，一索而得女，故謂之長女。

坎，再索而得男，故謂之中男；離，再索而得女，故謂之中女。

艮，三索②而得男，故謂之少男③；兌，三索而得女，故謂之少女。

①索：求取。指乾坤（父母）相交相求而生子女。

②三索：配合初中上三爻陰陽之消長而言。

③少男：今稱小兒子。下文少女即小女兒。

直譯

乾，就是天呀，所以稱呼為父；坤，就是地呀，所以稱呼為母。

震，是乾坤（父母）第一次交合索求而得到的男孩，所以稱他為長男；巽，是第一次交合索求而得到的女孩，所以稱她為長女。

坎，是再一次交合索求而得到的男孩，所以稱他為中男；

離，是再一次交合索求而得到的女孩，所以稱她為中女。艮，是第三次交合索求而得到的男孩，所以稱他為少男；兌，是第三次交合索求而得到的女孩，所以稱她為少女。

新繹

本章說明八卦所象徵的父母子女的家庭人倫關係。

此由乾坤天地而推及人事，即所謂三才。上文《繫辭傳》所說的「乾道成男，坤道成女」，亦可與此合看。

乾坤為父母，其餘為六子。三爻之陰陽由下往上看，分別代表長、中、少。

	父		長男	中男	少男
陽卦：	☰（乾）	＝	☳（震）	☵（坎）	☶（艮）
陰卦：	☷（坤）	＝	☴（巽）	☲（離）	☱（兌）
	母		長女	中女	少女

第十二章

〈乾〉，為天，為圜①；為君，為父；為玉，為金；為寒，為冰；為大赤；為良馬，為老馬，為瘠馬②，為駁③馬；為木果。

〈坤〉，為地，為母；為布，為釜④；為吝嗇，為均⑤；為子母牛⑥，為大輿⑦；為文，為眾，為柄⑧。其於地⑨也，為黑。

〈震〉，為雷，為龍，為玄黃⑩；為旉⑪，為大涂⑫；為長子，為決躁⑬；為蒼筤竹⑭，為萑葦⑮。其於馬也，為善鳴，為馵⑯足，為作足⑰，為的顙⑱。其於稼也，為反生⑲。其究為健，為蕃鮮⑳。

〈巽〉，為木，為風；為長女；為繩直㉑，為工；為白；為長，為高；為進退，為不果；為臭㉒。其於人也，為寡髮，為廣顙㉓，為多白眼；為近利市三倍㉔。其究為躁卦。

〈坎〉，為水，為溝瀆；為隱伏，為矯輮㉕，為

①圜：圓、團的形狀。
②瘠馬：瘦馬。
③駁：此指雜色、間色。
④釜：鍋子。
⑤均：指秤。均衡。
⑥子母牛：幼牛及母牛。一說：懷孕的母牛。
⑦大輿：大車。
⑧柄：把柄，把手。
⑨地：或疑當作「色」。
⑩玄黃：天玄地黃。此指顏色。
⑪旉：同「敷」，遍布。一說：花朵。
⑫涂：同「途」，路。
⑬決躁：果斷急躁。
⑭蒼筤竹：青翠的嫩竹。筍類。
⑮萑葦：蘆葦類的植物。
⑯馵：音「住」，後面左腳白色的馬。
⑰作足：舉足奔跑的馬。

弓輪。其於人也，為加憂，為心病，為耳痛；為血卦，為赤。其於馬也，為美脊㉖，為亟心㉗，為下首㉘，為薄蹄㉙，為曳㉚。其於輿也，為多眚㉛。為通，為月，為盜。其於木也，為堅多心㉜。

〈離〉，為火，為日，為電；為中女；為甲冑，為戈兵。其於人也，為大腹。為乾卦㉝。為鱉，為蟹，為蠃㉞，為蚌，為龜。其於木也，為科上槁㉟。

〈艮〉，為山，為徑路，為小石，為門闕；為果蓏㊱，為閽寺㊲，為指；為狗，為鼠；為黔喙㊳之屬。其於木也，為堅多節㊴。

〈兌〉，為澤，為少女；為巫，為口舌，為毀折，為附決㊵。其於地也，為剛鹵㊶。為妾，為羊㊷。

直譯

〈乾卦〉的象徵，是上天，是圓形；是君王，是父親；

⑱的顙：白色額頭。
⑲反生：向下生長的植物。如花生、豆麻。
⑳蕃鮮：繁盛新鮮。
㉑繩直：木工畫直線的墨繩。
㉒臭：氣味。
㉓廣顙：額頭寬大。
㉔利市三倍：做生意賺三倍錢。
㉕矯輮：矯正曲直的工具。
㉖美脊：脊背好看。
㉗亟心：性情急躁。
㉘下首：低頭。
㉙薄蹄：馬蹄輕。一說：以蹄踢地。
㉚曳：拖拉。
㉛多眚：多事故。眚：眼病。
㉜堅多心：堅實木心多紋刺。刺棗之類。
㉝乾（音「甘」）卦：乾燥的卦。
㉞蠃：螺。
㉟科：木心中空。上槁：樹梢枯槁。

是玉石，是金屬；是寒冷，是冰雪；是大紅色；是良馬，是老馬，是瘦馬，是毛色斑駁的馬；是樹木的果實。

〈坤卦〉的象徵，是大地，是母親；是布帛，是鍋鼎；是吝嗇，是均衡；是懷孕的母牛，是大車；是文采，是群眾，是把柄。它在地上呀，是暗黑色。

〈震卦〉的象徵，是雷，是龍，是玄黃混雜的色彩；是布施，是大道路；是長子，是果斷急躁的行動；是蒼翠茂盛的嫩竹，是蘆荻之類。它對於馬的象徵呀，是會嘶叫，是白色的左後腳，是腳程快捷，是白色額頭。它對於農稼的象徵呀，是相當於反生植物的萌芽階段。它的總結，是剛健，是繁茂新鮮。

〈巽卦〉的象徵，是木，是風；是長女；是準繩，是工匠；是白色；是長遠，是高大；是進退不定，是不果斷；是氣味。它對於人的象徵呀，是稀少的頭髮（一說寡髮即宣髮，灰白的枯髮），是寬大的額頭，是眼睛比較多眼白的部分；是做買賣接近賺三倍的錢。它總結來說，是急躁的卦象。

㊱蓏：瓜類的果實。

㊲閽：守門人。寺：內侍，太監。

㊳黔喙：黑色的尖嘴。多猛禽。

㊴多節：節目段落多。

㊵附決：附和別人而後決定，盲從。

㊶剛鹵：堅硬的鹽分地帶。

㊷羊：以羊喻其馴服。一作「恙」或「陽」。女使也，賤於妾。

〈坎卦〉的象徵，是水，是溝渠；是隱藏埋伏，是矯揉善變，是彎弓、車輪。它對於人的象徵呀，是增加煩憂，是產生心病，是耳朵發痛；是血卦，是紅色。它對於馬的象徵呀，是好看的背部，是煩躁的內心，是垂頭喪氣，是輕薄的馬蹄，是洩氣。它對於車子的象徵呀，是常有故障。是流通，是月亮，是盜賊。它對於樹木來說呀，是象徵堅實中間多刺。

〈離卦〉的象徵，是火，是太陽，是閃電；是次女；是盔甲，是戈矛兵器。它對於人的象徵呀，是大肚子。是乾燥的卦象。是鱉，是蟹，是螺，是蚌，是龜。它對於樹木來說呀，是象徵枝幹中空，上端卻枯槁了。

〈艮卦〉的象徵，是山，是小路徑，是小碎石，是城門樓闕，是長在樹上和地上的果實，是門卒和宦官，是手指；是狗，是老鼠；是黑色嘴巴的猛獸之類。它對於樹木來說呀，是象徵堅硬多枝節。

〈兌卦〉的象徵，是澤，是小女兒；是巫師，是惹是生非的口舌，是毀損折辱，是附和盲從。它對於大地來說呀，是堅硬的鹽土。是侍妾，是羊。

新繹

此即所謂卦象所象徵的「萬物」。其中有些象徵不易理解，有學者以為是後人所竄入增加的。

本章說明八卦所象徵的種種事物。

序卦傳

解題

《序卦傳》，原稱《序卦》，也是「十翼」之一，旨在析論六十四卦的編排次序，和前後卦之間相承接的關係及其意義。

全文依照《周易》的上經下經，分為上下兩篇。據孔穎達的《周易正義》云：

《序卦》者，文王既繇六十四卦，分為上下二篇。其先後之次，其理不見。故孔子就上下二經，各序其相次之義，故謂之《序卦》焉。

可見所談的是有關六十四卦卦序相次的道理。就其內容組織看，因為上篇開頭說：「有天地，然後萬物生焉」，下篇開頭又說：「有天地，然後有萬物；有萬物，然後有男女；有男女，然後有夫婦。……然後禮義有所錯。」所以其編排次序顯然是依照天地萬物生成及其發展的先後而定，以前後相鄰的兩卦為一組；又因性質的不同，依其上下卦體的移動和陰陽六爻的變化，前人認為可以分為「覆卦」和「變卦」兩種。「覆卦」是指兩卦之間的上下卦體，正好顛倒過來，例如〈屯卦〉和〈蒙卦〉；「變卦」是指兩卦之間，六爻陰陽正好對立，例如〈乾卦〉和〈坤卦〉。孔穎達即云：「今驗六十四卦，二二相偶，非覆即變。」因此了解「覆卦」和「變卦」的組成及其變化，是研究《序卦傳》的基礎。關於這些，請見下文「新繹」進一步的說明。

孔穎達的《周易正義》，曾在下經〈咸卦〉的開頭說：「先儒皆以上經明天道，下經明人事」，又說：「六十四卦，舊分上下。〈乾〉〈坤〉象天地，〈咸〉〈恆〉明夫婦。〈乾〉〈坤〉乃造化之本，夫婦實人倫之原。」這是說上經從〈乾〉、〈坤〉二卦開始，此為天地之始，說的是天道；下經從〈咸〉、〈恆〉二卦開始，此為夫婦之始，說的是人倫。最後是〈既濟〉、〈未濟〉二卦，「既」是過去，「未」是將來，「既」後又「未」，表示六十四卦是終而復始的，也顯示出《易》之道是周流而不息的，自有其一貫的思想體系。

上篇

有天地，然後萬物生焉①。

盈②天地之間者唯萬物，故受之③以〈屯〉。屯者，盈也；屯者，物之始生也。物生必蒙④，故受之以〈蒙〉。蒙者，蒙也，物之穉⑤也。

物穉，不可不養也，故受之以〈需〉。需者，飲食之道也。飲食必有訟⑥，故受之以〈訟〉。

訟者，必有眾起，故受之以〈師〉。師⑦者，眾也。眾必有所比⑧，故受之以〈比〉。比者，比也。

比，必有所畜⑨，故受之以〈小畜〉。物畜，然後有禮，故受之以〈履〉。

履而泰⑩，然後安，故受之以〈泰〉。泰者，通也。

物不可以終通，故受之以〈否〉。

物不可以終否⑪，故受之以〈同人〉。與人同者，物必歸焉⑫，故受之以〈大有〉。

有大者不可以盈⑬，故受之以〈謙〉。有大而能謙必

注釋

① 萬物：此指充塞生存在天地之間各式各樣的事物。焉：助詞。此，亦作「於此」解。

② 盈：充滿。

③ 受：承接，接續。之：代名詞。此指萬物。以下仿此。

④ 蒙：蒙昧。

⑤ 穉：同「稚」，幼小。

⑥ 訟：爭論，爭辯。飲食為生活所必需，難免競爭。

⑦ 師：指群眾，例如軍隊。

⑧ 比：親近，比附。

⑨ 畜：同「蓄」，蓄養。

⑩ 履：音義同「禮」，實踐。有循禮而行的意思。而：則。泰：安，達。古本無「而泰」二字。

⑪ 否：音「痞」，壞，閉塞。

豫⑭，故受之以〈豫〉。

豫必有隨⑮，故受之以〈隨〉。以喜隨人者必有事，故受之以〈蠱〉。蠱者，事也。

有事而後可大⑯，故受之以〈臨〉。臨者，大也。物大然後可觀，故受之以〈觀〉。

可觀而後有所合⑰，故受之以〈噬嗑〉⑱。嗑者，合也。物不可以苟合而已，故受之以〈賁〉。賁者，飾也。

致飾然後亨⑲，則盡矣，故受之以〈剝〉。剝者，剝⑳也。物不可以終盡，剝，窮上反下，故受之以〈復〉。

復則不妄㉑矣，故受之以〈无妄〉。有无妄，然後可畜㉒，故受之以〈大畜〉。

物畜然後可養，故受之以〈頤〉。頤者，養也。不養則不可動㉓，故受之以〈大過〉。

物不可以終過，故受之以〈坎〉。坎者，陷㉔也。陷必有所麗㉕，故受之以〈離〉。離者，麗也。

⑫物：此指人，眾人。焉：語助詞。但有「於此」的意思。

⑬一本「者」作「有」。盈：此作自滿自得解。

⑭豫：愉悅，和樂。

⑮隨：跟從，順從。

⑯大：擴大。

⑰合：會合，響應。

⑱噬嗑：卦名。參閱該卦。

⑲致：用力達到。亨：通，此作美解。

⑳剝：剝落。

㉑妄：虛妄。

㉒畜：蓄養。已見前。

㉓動：起，作，興起。

㉔陷：衰落，陷入。

㉕所麗：附著物。麗：附著，依附。

直譯

先有了〈乾〉、〈坤〉二卦所象徵的天地，然後萬物才產生（在天地之間）哪。充滿天地之間的東西，都是萬物，所以接續它們用〈屯卦〉。所謂「屯」，就是「充滿」的意思呀；所謂「屯」，就是指萬物的開始產生呀。各種事物剛開始時，必然蒙昧無知，所以接續它用〈蒙卦〉。所謂「蒙」，就是蒙昧無知呀，指事物的幼稚時期呀。

事物在幼稚時期，不能不加以培植養育呀，所以接續它用〈需卦〉。所謂「需」，是指供需飲食的事項呀。供需飲食，必然會有所不足而引起爭執，所以接續它用〈訟卦〉。

所謂「訟」，必然是有群眾成群結隊，起了爭執，所以接續它用〈師卦〉。所謂「師」，就是成群結隊呀。成群結隊必然是有人親近歸附，所以接續它用〈比卦〉。所謂「比」，就是朋比結黨的意思呀。

朋比結黨，必然在人力物力上要有所儲備積蓄，所以接續它用〈小畜卦〉。事物積蓄到一定的程度，然後就要有禮儀來規範節制，所以接續它用〈履卦〉。

履行禮儀規範才能通泰，然後才得平安，所以接續它用〈泰卦〉。所謂「泰」，就是暢通無阻的意思呀。但事物不可能始終暢通無阻，所以接續它用閉塞否定的〈否卦〉。

事物不可能永久閉塞否定，所以接續它用〈同人卦〉。所謂「同人」，即能夠與人和睦相處，很多事物必然歸附於此，所以接續它用〈大有卦〉。

所謂「大有」，即擁有事業而又能盛大，不可以自滿，所以接續它用〈謙卦〉。擁有、盛大而又謙虛的人，必然和樂，所以接續它用〈豫卦〉。

能夠和樂愉悅必然有追隨者，所以接續它用〈隨卦〉。因為喜歡追隨別人的人，必然會發生什麼事端，所以接續它用〈蠱卦〉。所謂「蠱」，就是有什麼事情（受了誘導鼓舞）要做呀。

有了什麼事情要做的想法，然後才可以擴大規模，所以接續它用〈臨卦〉。所謂「臨」，就是面對廣大群眾的意思呀。事物廣大，然後值得觀摩，所以接續它用〈觀卦〉。

值得觀摩，然後才會與人有分工合作的事情，所以接續它用〈噬嗑卦〉。所謂「噬嗑」，就是分工合作呀。事物不可能隨隨便便分工合作就算了，所以接續它用〈賁卦〉。所謂「賁」，就是美化裝飾呀。

致力於美化裝飾然後亨通的，就已達到極致了，所以接續它用〈剝卦〉。所謂「剝」，就是剝落窮盡呀。事物不可能始終剝落窮盡，剝落、剝盡了上頭就又會回復到下頭，所以接續它用〈復卦〉。

重新回復是不虛妄的，所以接續它用〈无妄卦〉。能夠不虛妄，然後可以大量積累儲蓄，所以接續它用〈大畜卦〉。

事物積蓄多了，然後可以談保養，所以接續它用〈頤卦〉。所謂「頤」，就是保養的意思呀。不好好保養就會操作過度，不能再動用了，所以接續它用〈大過卦〉。

事物不可能始終動用太過，所以接續它用〈坎卦〉。所謂「坎」，就是陷落呀。事物陷落時，必然有所附麗，所以接續它用〈離卦〉。所謂「離」，就是附麗呀。

新繹

說上經講天道，下經講人倫，古代作這樣主張的，在孔穎達之前或之後，都不乏其人。例如晉朝干寶的《周易注》就說：

上經始於〈乾〉〈坤〉，有生之本也；下經始於〈咸〉〈恆〉，人道之首也。

宋代程頤的《伊川易傳》也說：

天地，萬物之本；夫婦，人倫之始。所以上經為〈乾〉〈坤〉，下經有〈咸〉，繼以〈恆〉也。

又，項安世《周易玩辭》：

上經言天地生萬物，以氣而流行，故始於〈乾〉〈坤〉，終於〈坎〉〈離〉，言氣化之本也。下經言萬物之相生，以形而傳氣，故始於〈咸〉〈恆〉，終於〈既濟〉〈未濟〉，夫婦之道也。

他們的意見主張大抵相同，不同者只是說明的方式有所差異而已，可見頗多古人認同《易經》之分為上下兩篇，與其內容思想有關。

不過，也有人認為《易》分上下經，非關天道人道，而是與其形式上之卷帙繁複有關。例如南宋經學家李心傳的《丙子學易編》就說：

先儒謂上經天道，下經人道，晉韓康伯非之，當矣。程子復論上下經之故，其說甚詳。晦庵則以為簡帙重大而已。……

這是表示他不贊同先儒「上經天道，下經人道」的說法，但他也似乎不贊同朱熹「簡帙重大」的說法。顯然他以為《周易》在卦序上，自有其形式上的規律。所以他接著又說：

愚嘗考之，上下篇之卦數雖不齊，而反覆觀之，皆為十有八，故《繫辭傳》亦言二篇之策，則其來蓋遠，未為無意也。

這是說《易經》上篇三十卦，下篇三十四卦，看起來「上下篇之卦數」是不相等的，但他「反覆觀之」，卻發現上篇和下篇都同樣可以畫出十八個卦象。他所說的「《繫辭傳》亦言二篇之策」，係指《繫辭傳》上篇第九章的以下一段文字：

二篇之策，萬有一千五百二十，當萬物之數也。
是故四營而成易，十有八變而成卦。
八卦而小成，引而伸之，觸類而長之，天下之能事畢矣。

只不知道他所說的「其來蓋遠，未為無意也」，是不是指「十有八變而成卦」這一句。有了這一句，才能「引而伸之，觸類而長之」。這一句，牽涉到卦象組合的問題。

《序卦傳》解說《周易》六十四卦的前後卦之間的關係，大都以卦名為依據。六十四卦的卦名，大多從卦象而得，所以《序卦傳》排列的次序，應該說是以卦象為依據。韓康伯的《周易注》說的就是：

《序卦》之所明，非《易》之蘊也。蓋因卦之次，托象以明義。

韓康伯以為《序卦》雖與《易經》的內容思想無關，但是卻藉六十四卦先後次序的編列，「托象以明義」。這一段話，後來的孔穎達《周易正義》曾經加以闡釋：

今驗六十四卦，二二相偶，非覆即變。

覆者，表裡視之，遂成兩卦。屯、蒙、需、訟、師、比之類是也。
變者，反覆惟成一卦，則變以對之。乾、坤、坎、離、大過、頤、中孚、小過之類是也。

所謂「二二相偶，非覆即變」，是說六十四卦按所編列的先後次序，每兩卦為一組合，依其性質的不同，可以分為「覆卦」和「變卦」兩種。「覆卦」和「變卦」是唐代孔穎達所用的名稱，到了明代的來知德，改稱為「綜卦」和「錯卦」，反而通行於世。另外，也有人稱「覆卦」為「反復卦」或「反對卦」，稱「變卦」為「旁通卦」。

在六十四卦中，〈乾〉與〈坤〉、〈坎〉與〈離〉、〈頤〉與〈大過〉、〈小過〉與〈中孚〉，這八個卦四個組合都是「變卦」（「錯卦」），其餘的五十六個卦二十八個組合，都是「覆卦」（「綜卦」）。在「覆卦」之中，〈隨卦〉與〈蠱卦〉、〈否卦〉與〈泰卦〉這兩個組合，既是「覆卦」，又是「變卦」。

如果用孔穎達「二二相偶，非覆即變」的說法來看《序卦》，那麼按六十四卦先後秩序的排列和卦象組合的變化，《周易》的上下二經排列起來，正好都可以畫出十八個卦象。這可以證明南宋李心傳所謂「反覆觀之，皆為十有八」是有道理的，並非無的放矢。但這道理的發現，並非李心傳所創始，而是唐代的孔穎達早已有之；也並非孔穎達所創始，而是在唐代之前，漢魏甚至先秦之時早已有之。只是宋代以前沒有人用圖表來說明，沒有引起讀者大眾的注意而已。

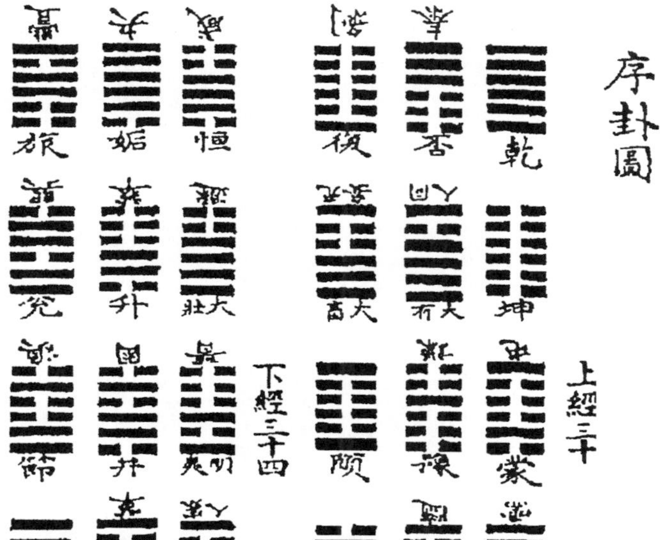

關於卦序的形式規律，除了上引的「二二相偶，非覆即變」之外，筆者台大中文系的另一位同事，也就是屈萬里師的另一位及門弟子黃沛榮先生，他在《易學乾坤》一書中，曾有〈周易卦序探微〉一文，談到上下經六十四卦係以其中的十六卦作為骨幹。他引用邵雍《擊壤集》的〈大易吟〉：

天地定位，〈否〉〈泰〉反類。
山澤通氣，〈損〉〈咸〉見義。
風雷相薄，〈恆〉〈益〉起意。
水火相射，〈既濟〉〈未濟〉。
四象相交，成十六事。
八卦相盪，為六十四。

以及清人崔述的〈易卦次圖說〉：

蓋《易》有「純卦」，有「交卦」，而卦有「平對」，有「反對」。……何謂「純卦」？兩卦同體，六爻皆不相應者也。乾、坤、震、巽、坎、離、艮、兑是也。何謂「交對」？兩卦敵體，六爻皆相應者也。泰、否、咸、恆、損、益、既濟、未濟是也。此十六卦者，《易》之綱領也。

認為上經的乾、坤、泰、否、坎、離六卦，和下經的咸、恆、震、艮、巽、兌、損、益、既濟、未濟十卦，加起來這十六卦，都是由乾、兌、離、震、巽、坎、艮、坤八個經卦「自重」和「換體（對體互重）」而產生的。其實這也就是《繫辭傳》所謂「八卦而小成，引而伸之，觸類而長之」的結果。他這樣下結論說：

由形式言之，此十六卦在上下經中，其距離皆為「四」的倍數，此一現象絕非巧合，……當是古人刻意之所為，稱之為卦序中之「骨幹」，殆不為過。

或許這可以說是研究卦序者的一新發現。上文「解題」曾引孔穎達《周易正義・序》之言六十四卦：「其先後之次，其理不見」，雖然古人說是「其理不見」，但我們相信一切事在人為，只要肯用心，不但其理「可」見，而且還可以發現其他新的道理。

下篇

有天地，然後有萬物；有萬物，然後有男女；有男女，然後有夫婦。①有夫婦，然後有父子；有父子，然後有君臣；有君臣，然後有上下；有上下，然後禮義有所錯②。

夫婦之道，不可以不久也，故受之以〈恆〉。恆者，久也。

物，不可以久居其所③，故受之以〈遯〉。遯者，退也。物不可以終遯，故受之以〈大壯〉。物不可以終壯，故受之以〈晉〉。晉者，進也。進必有所傷，故受之以〈明夷〉。夷者，傷也。傷於外者，必反其家④，故受之以〈家人〉。家道窮必乖⑤，故受之以〈睽〉。睽者，乖也。乖必有難，故受之以〈蹇〉。蹇者，難也。物不可以終難，故受之以〈解〉。解者，緩也。緩必有所失，故受之以〈損〉。損而不已，必益，

①有男女二句：宏一按，有男女然後有夫婦，指〈咸卦〉而言。
②錯：通「措」，安置。
③居：通「凥」，處，止。久居其所，一作「終久於其所」。
④反其家：回到自己家裡。反：同「返」。一說：反應給他的家人。
⑤乖：違背。

故受之以〈益〉。

益而不已，必決，故受之以〈夬〉。夬者，決也。

決必有所遇，故受之以〈姤〉。姤⑥者，遇也。

物相遇而後聚，故受之以〈萃〉。萃者，聚也。聚而上者謂之升，故受之以〈升〉。

升而不已，必困，故受之以〈困〉。困乎上者，必反下，故受之以〈井〉。

井道不可不革⑦，故受之以〈革〉。革物者莫若鼎，故受之以〈鼎〉。

主器⑧者，莫若長子，故受之以〈震〉。震者，動也。物不可以終動，止之。故受之以〈艮〉。艮者，止也。

物不可以終止，故受之以〈漸〉。漸者，進也。進必有所歸⑨，故受之以〈歸妹〉。

得其所歸者，必大，故受之以〈豐〉。豐者，大也。窮大者必失其居，故受之以〈旅〉。

旅而无所容，故受之以〈巽〉。巽⑩者，入也。入而

⑥姤：遇合，不期而遇。今作「邂逅」。

⑦井道不可不革：井水久了，總會污濁，必須革新去污。

⑧器：此指祭祀用的禮器。鼎為其中之一。主器：猶言主持國政。

⑨歸：歸宿，目的地。

⑩巽：兼有謙遜、進入二義。

後說之，故受之以〈兌〉。兌者，說⑪也。說而後散⑫之，故受之以〈渙〉。渙者，離也。物不可以終離，故受之以〈節〉。節⑬而信之，故受之以〈中孚〉。有其信者必行之，故受之以〈小過〉。有過物⑭者，必濟，故受之以〈既濟〉。物不可窮也，故受之以〈未濟〉終焉。

⑪說：同「悅」。
⑫散：散開，舒散。
⑬節：此指瑞信。有信物表示誠信，則出入通行自有節制。
⑭物：此指人。

直譯

有了天地，然後才有萬物；有了萬物，然後才有男女；有了男女，然後才有夫婦。這就是〈咸卦〉。有了夫婦，然後才有父子；有了父子，然後才有君臣；有了君臣，然後才有上下高低、尊卑貴賤之分；有了上下尊卑之分，然後禮儀規範才有所安置。夫婦之間的感情，不能夠不長久呀，所以在〈咸卦〉之後，接續它用〈恆卦〉。所謂「恆」，就是永恆長久呀。

事物不可能長久保持原狀，所以接續它用〈遯卦〉。所謂「遯」，就是退隱逃避呀。事物不可能總是退隱逃避，所以接續它用〈大壯卦〉。

事物不可能始終強壯，所以接續它用〈晉卦〉。所謂「晉」，就是上進呀。但一直上進必然受到傷害，所以接續它用〈明夷卦〉。所謂「夷」，就是受損的意思呀。

在外面受了損傷的人，必然會返回自己的家裡尋求安慰，所以接續它用〈家人卦〉。家庭環境窮困不濟的，必然違背常情沒理會，所以接續它用〈睽卦〉。所謂「睽」，就是乖離違背呀。

乖離違背必然會有危害災難，所以接續它用〈蹇卦〉。所謂「蹇」，就是危難呀。事物不可能始終危難，所以接續它用〈解卦〉。所謂「解」，就是解除、緩和呀。

緩和之後必然會有損失，所以接續它用〈損卦〉。一直損失卻不停止，到不能再損失時必然有所增益，所以接續它用〈益卦〉。

一直增益而不停止，必然會崩潰、決裂，所以接續它用〈夬卦〉。所謂「夬」，就是崩潰、決裂呀。決裂必然會有所遇合，所以接續它用〈姤卦〉。所謂「姤」，就是遇合呀。

事物相遇合而後聚集，所以接續它用〈萃卦〉。所謂「萃」，就是聚集呀。聚集而且向上的，就稱它為「升」，所以接續它用〈升卦〉。

一直上升卻不停止，必然受困，進退不得，所以接續它用〈困卦〉。受困於上升的，必然會回到下方，所以接續它用〈井卦〉。

井水使用的原則，有經久必濁的道理，不可以不清理革除，所以接續它用〈革卦〉。能革新食物的東西，都不如鼎器，所以接續它用〈鼎卦〉。

主持祭祀動用鼎器的人，都不如長子合適，所以接續它用〈震卦〉。所謂「震」，就是震動呀。事物不可能始終震動，要阻止它，所以接續它用〈艮卦〉。所謂「艮」，就是靜止呀。事物不可以始終靜止，所以接續它用〈漸卦〉。所謂「漸」，就是逐漸前進呀。逐漸前進必然有所歸宿，所以接續它用〈歸妹卦〉。

遇到自己所願歸宿的人，必然大有成就，所以接續它用〈豐卦〉。所謂「豐」，就是盛大呀。極其盛大成就的人，必然不安於自己原來所在的地位，所以接續它用〈旅卦〉。

旅行在外，卻無處可以容身，所以接續它用〈巽卦〉。所謂「巽」，就是謙遜進入呀。進入而後會喜歡它，所以接續它用〈兌卦〉。所謂「兌」，就是喜悅呀。

喜悅而後心情就容易渙散了，所以接續它用〈渙卦〉。所謂「渙」，就是渙散呀。事物不可能始終渙散，所以接續它用〈節卦〉。

能夠節制而又誠信待人，所以接續它用〈中孚卦〉。有其誠信的人，必然會實踐它，而有所成就，所以接續它用〈小過卦〉。

有過人之處的人，必然獲得成就，所以接續它用〈既濟卦〉。但事物又不可能無窮無盡呀，所以接續它用〈未濟卦〉，並且以此做為終結（沒有終結就是終結）。

新繹

《序卦傳》的解題，曾說上經從〈乾〉、〈坤〉二卦開始，講的是天道；下經從〈咸〉、

〈恆〉二卦開始，講的是人倫，這是從六十四卦的內容思想來析論的，而所謂「二二相偶，非覆即變」，則是「因卦之次，托象以明義」，不但與內容思想有關，而且也與形式規律有關。可見談卦序，不能拋開卦象不管，而談卦象，也不能拋開六十四卦中的「二二相偶」的組合不管。「二二相偶」的組合，在形式方面，既相對立而又統一。可以找出「非覆即變」的規律，也可以找出「四象相交，成十六事」的《易》學綱領。我們相信只要肯用心，或許還可以有其他的新發現。

馬王堆帛書本《易經》的卦序，與歷史的傳本有所不同。它是依照八卦相重的原則，把六十四卦分為八組，有人說這與漢代京房的八宮之說比較類似。為了提供給研究者比較，筆者在上篇「新繹」之外，參考近人之說，對《序卦傳》重作一番析論如下。

《序卦傳》序列六十四卦的順序，值得注意的，首先是強調前後卦之間，有承接的必然性和變化的必然性。承接的必然性，前人稱為「相因」；變化的必然性，前人稱為「相反」。清代李光地《周易折中》引述明人蔡清之語就說：

《序卦》之意，有相因者，有相反者。相反者，極而變者也；相因者，其未至於極者也。總不出此二例。

陳夢雷的《周易淺述》說得更清楚：

《序卦》之意，有以相因為序，〈乾〉〈坤〉、〈屯〉〈蒙〉是也。有以相反為序，〈泰〉〈否〉、〈剝〉〈復〉是也。天地間不出相因、相反二者，始則相因，極必相反也。

這是說六十四卦的前後順序，是明確的，是固定的，不可以隨意改變。上文說過，《周易》對宇宙生成的觀念是：有了太極，才生兩儀，兩儀即陰陽，即乾坤，即天地。有了天地，然後才有萬物。《繫辭傳》下篇即云：「天地之大德曰生」，就因為天地有好生之德，所以才孕育化生了萬物。萬物的品類雖然繁雜，但古代聖王伏羲氏卻根據陰陽既對立又統一的特性，將千千萬萬的繁雜品類，歸納成天、地、水、火、山、澤、雷、風八種基本元素，畫成乾、坤、坎、離、艮、兌、震、巽八卦圖象。這八種基本圖象之中，每兩個為一組，而且前後組之間，可以各自代表宇宙萬物生成發展的過程，也各自代表它們有既對立又統一的特質，以及既「變易」又「不易」的規律。後來古代聖王發覺八卦不足以曲盡形容宇宙萬物的種種變化，所以又由八卦兩兩重疊，推衍為六十四卦。在推衍變化的過程中，它們仍然保持著既對立又統一和既統一又對立的特性與規律。前人所說的「相因」和「相反」，指的就是這些。

這種明確固定的規律，也表現在《序卦傳》的語言結構之中。例如：

盈天地之間者唯萬物，故受之以〈屯〉。屯者，盈也；屯者，物之始也。物生必蒙，故受之以〈蒙〉。蒙者，蒙也，物之稺也。物稺，不可不養也，故受之以〈需〉。需者，飲食之道也。飲食必有訟，故受之以〈訟〉。……

物不可終通，故受之以〈否〉。物不可以終否，故受之以〈同人〉。

從上面所引的例句來看，都可以明顯看出六十四卦的前後卦之間，當上一卦轉變為下一卦時，都固定使用「（物）必」或「必有」，「不可不」或「不可以」……「故受之以」……這樣的語言模式。它們說明了這些前後卦之間的發展與轉變，是自然的趨勢，也是必然的結果。而且，這些轉變，無論是「相因」或「相反」，它們都和宇宙萬物的生成發展，互為因緣，有其一定的順序，也有其一定的極限。上文所引蔡清說的「相反者，極而變者也；相因者，其未至於極者也。」就明確的為此規律下一注腳。底下即據李光地和陳夢雷的引述，作進一步的解說。

《序卦傳》一開頭就說，天地化生萬物，生生不息，所以萬物「盈天地之間」。「盈」即滿，應是天地化生的最終結果，所以卦名為〈屯〉。「屯」原有屯積盈滿之意，但《序卦傳》卻在「屯者，盈也」之後，隨之又說：「屯者，物之始生也。」這是把「屯」解為物之始生。它既是結果，又是開始，表面上看，這是矛盾的。這就是所謂「相反」。天地間的萬物，因為太盈滿，到了極限，所以不能不轉變，又須從頭「物之始生也」談起。用蔡清的話來說，就是「相反者，極而變者也」。這和上文所說的「終則復始，極則復反」，也是同樣的意思。

然而，下文由〈屯〉轉變為〈蒙〉時，可以說，是由物之「始生」變成物之「初稚」。這種轉變，是自然的發展，此即所謂「相因」。同樣的道理，物之「初稚」，「不可不養」，所以才由〈蒙〉轉變為〈需〉，這種轉變也是自然的發展，也是「相因」。

這種「相因」的轉變，表示前後二卦所象徵的事物，是往同樣成長的方向繼續發展，但還沒有到達極限。用蔡清的話來說，就是「其未至於極者也」。一旦到達或超越極限，就會由「相因」轉為「相反」。而一旦往「相反」的方向轉變時，六十四卦的卦序，就會反映出兩種不同的狀態。一種狀態是好的，叫做「善變」，另一種狀態是不好的，叫做「不善變」。

像由〈蒙〉而〈需〉，表示物之「初稚」，自然需要供養，但一旦供養不足或有失均衡，就會由〈需〉轉變為〈訟〉，引起爭訟。這種情形，就稱為「不善變」。

同樣的道理，〈泰卦〉是由〈履卦〉循禮實踐而來，是「相因」，是自然的發展，但「泰者，通也。物不可終通，故受之以〈否〉。」天地之間，真的沒有始終泰順、永遠亨通的事物，所以一旦遇到挫折或發生意外，就會由〈泰〉轉變為〈否〉，發生閉塞不通的情形。這種轉變當然也是不好的，是不利於人的。這同樣叫做「不善變」。

相反的，另一種轉變的狀態，卻是好的，是有利於人的，因為它「善變」，可以逢凶化吉，轉危為安。像反〈剝〉為〈復〉、反〈損〉為〈益〉等等就是。「剝」是剝落衰敗，「復」是恢復舊觀，這當然是好的轉變，是「善變」。「損」是受損減少，「益」是得益增加，這當然也是好的，也是「善變」。

「善變」與「不善變」，反映出六十四卦的前後卦之間轉變時的兩種不同的狀態，也反映出《序卦傳》所蘊含的一種明確必然的規律。陳夢雷《周易淺述》引呂氏《要旨》說得好：

《易》，變易也。天下有可變之理，聖人有能變之道。

聖人正是藉《序卦傳》來教人認識這種明確必然的規律，如何「善變」，如何反〈剝〉為〈復〉，反〈損〉為〈益〉，如何逢凶化吉，轉危為安，如何推天道以明人事。這也正是《易經》成為經書的關鍵所在。

雜卦傳

解題

《雜卦傳》和《序卦傳》都同樣以《周易》六十四卦中的兩卦為一組合，用簡練的詞句來說明各卦的特色，但二者組合的方式有所不同。

孔穎達說：「《序卦》，依文王上下而次序之。此《雜卦》，孔子更以錯雜而對，辨其次第，不與《序卦》同。」意思是：《序卦》是依照周文王所推演的六十四卦的先後順序，說明上下經每個組合裡，前後二卦之間必有相承接的關係，而《雜卦》則是孔子不依《序卦》而另作「錯雜而對」的解釋文字。《雜卦》以〈乾〉為首，而終之以〈夬〉，也與《序卦》的以〈乾〉〈坤〉為首，而終之以〈既濟〉〈未濟〉，有所不同。依照韓康伯的解釋，《雜卦》就是「雜揉眾卦，錯綜其數，或以同相類，或以異相明」的意思。有人以為《雜卦》的「雜」，就是由此而來。

《雜卦傳》的解釋文字，修辭極為簡練，不僅大多數用一二字即已概括各卦的卦義以及兩兩相對的特色，而且全篇押韻，顯然是經過編撰者精心刻意的安排。它不僅將「非覆即變」、「錯雜而對」的兩卦，用押韻的形式組合起來，而且在「參互以見義」之餘，又把矛盾對立統一起來，用以解釋「物極必反」和「周而復始」的道理。所以前人說《雜卦傳》「例皆反對、協韻為序」。

可惜〈大過卦〉以下，可能有錯簡，似乎不能用「非覆即變」來解釋，協韻方面也有問題。因此，從宋代開始，有人依據反覆錯綜的原則，來改訂《雜卦傳》中〈大過卦〉以下的次序。讀者如有興趣，請參閱本篇「新繹」部分。

一

〈乾〉剛〈坤〉柔，〈比〉樂〈師〉憂①。
〈臨〉、〈觀〉之義②，或與或求③。
〈屯〉見而不失其居④；〈蒙〉雜而著⑤。

二

〈震〉，起也；⑥〈艮〉，止也。⑦
〈損〉、〈益〉，盛衰之始也。⑧
〈大畜〉，時⑨也；〈无妄〉，災也。
〈萃〉聚而〈升〉不來也⑩；〈謙〉輕而〈豫〉怠也。

三

〈噬嗑〉，食也；⑪〈賁〉，无色也。
〈兌〉見而〈巽〉伏也⑫。〈隨〉，无故也；〈蠱〉則飭也。⑬

注釋

①比：親近。師：軍隊。比喻戰爭。
②臨：由上臨下。觀：由下仰上。
③與：賜給別人。求：向人請求。
④見：同「現」，指物之始生。居：處，原處。指〈屯卦〉二陽當位。初九為卦主，而九五與六二正應，居尊位。
⑤雜：指〈蒙卦〉陰陽雜居。四庫本作「稚」。此句是說〈蒙卦〉二陽失位，但九二以陽剛為內卦之主，上九以剛禦寇，蓋得其道。
⑥〈震卦〉由陽爻開始，故曰起。
⑦〈艮卦〉以陽爻結束，故曰止。
⑧損益：損極而益，益極而損。〈損卦〉自〈泰卦〉來，泰為盛，〈益卦〉自〈否卦〉來，否為衰。
⑨時：是說蓄積雖大，卻要把握時機。
⑩〈萃卦〉三陰聚於下，〈升卦〉三陰聚於上。由內到外曰往，即不來。
⑪噬嗑：噬，咬。嗑：合。咬合有食物之義。
⑫兌見句：是說〈兌〉喜形於色，而〈巽〉是藏之於內。

四

〈剝〉，爛也；〈復〉，反也。⑭

〈晉〉，晝也；〈明夷〉，誅也。⑮〈井〉通，而〈困〉相遇也。

〈咸〉，速也；〈恆〉，久也。⑯

〈渙〉，離也；〈節〉，止也。

五

〈解〉，緩也；〈蹇〉，難也。

〈睽〉，外也；〈家人〉，內⑰也。

〈否〉、〈泰〉，反其類也。⑱〈大壯〉則止；〈遯〉則退也。

六

〈大有〉，眾也；〈同人〉，親也。

〈革〉，去故也；〈鼎〉，取新也。〈小過〉，過也；〈中孚〉，信⑲也。

⑬無故：無緣無故，沒有事故。飭：修飾，整頓。一般而言，整飭都有目的。

⑭爛：腐爛。果實掉落自然腐爛。反：同「返」，指果實落地又重新萌芽。

⑮晝：〈晉卦〉的上卦離是日，下卦坤是地。地上有陽光，指白天。誅：滅亡，一說：應作「昧」。與〈晉卦〉正好相反，太陽在地下，故指夜晚。

⑯咸速也：是說感應快。速：倏忽。恆：常也，是說恆常就是長久。

⑰內：同「納」，引入。

⑱反其類也：是說上下卦雖是同類的陰陽爻，但彼此上下相反，故一否一泰。

⑲信：誠。一說：通「伸」。

〈豐〉，多故也；親寡，〈旅〉。⑳也

七

〈離〉上而〈坎〉下也。〈小畜〉，寡也；〈履〉，不處㉑也。

〈需〉，不進也；〈訟〉，不親也。

八

〈大過〉，顛也。〈姤〉，遇也；柔遇剛也。〈漸〉，女歸待男行也。

〈頤〉，養正也；〈既濟〉，定也。

〈歸妹〉，女之終也；〈未濟〉，男之窮也。㉒

〈夬〉，決也；㉓剛決柔也。君子道長，小人道憂也。㉔

⑳ 多故：多故舊，多親屬老友。韓康伯注：「豐大多舊故，親寡故旅寄。」「親寡，旅也」，依例應作「旅，親寡也」，但為了「故」「旅」二字押韻，故句倒裝。崔述以為當作「旅，寡親也。」「親」與上文「信」「新」二字叶韻。可從。

㉑ 不處：不停留。依禮而行。

㉒ 大過以下至男之窮也各句：下文不以錯綜並列，所以有學者懷疑或有錯簡，認為宜加改定。但像朱子，卻以為依押韻又似無誤，不可解。俟考。顛：傾，倒。〈姤卦〉一陰五陽。養正：教以正道。養：教養。

㉓ 決也：對決，決斷。〈夬卦〉一陰在五陽之上，五陽將一陰決斷了。此與〈姤卦〉之一陰在五陽之下，一陰五陽之象，正好相反。

㉔ 君子道長二句：即剛決柔，呼應首句「乾剛坤柔」。憂：一本作「消」。

直譯

一

〈乾〉陽剛，〈坤〉陰柔；〈比〉快樂，〈師〉憂愁。〈臨〉與〈觀〉的意義，一是給與，一是追求。

〈屯〉是雖然新出萌芽，卻不曾失去自己的長處；〈蒙〉是雖然混沌幼稚，但成果卻非常顯著。

二

〈震〉，是開始奮起呀；〈艮〉，是終於停止呀。〈損〉和〈益〉，分別是興盛和衰敗的開始呀。

〈大畜〉，說的是要把握意外所得的時機呀；〈无妄〉，說的是要預防意外的無妄之災呀。

〈萃〉說的是聚集向上，但〈升〉說的是一直想上升就不下來呀；〈謙〉說的是自己謙卑，而〈豫〉說的是自己鬆懈呀。

三

〈噬嗑〉，是說咬合如同飲食呀；〈賁〉，是說塗飾本無顏色呀。

〈兌〉是說喜悅向外顯露，而〈巽〉是說溫順向內潛伏呀。〈隨〉是說事先無緣無故呀；〈蠱〉則是說事後需要整飭呀。

四

〈剝〉，說的是剝落腐爛呀；〈復〉，說的是恢復重返呀。

〈晉〉，說的是如同白天陽光燦爛呀；〈明夷〉，說的是如同夜晚光明滅亡呀。〈井〉說的是如井中汲水，自然通暢，而〈困〉說的是陰陽相遇，互相阻擋呀。

〈咸〉，是說感應相通，所以迅速呀；〈恆〉，是說持平常心，所以長久呀。

〈渙〉，是說渙散，意思是分離呀；〈節〉，是說節制，意思是休息呀。

五

〈解〉，是說解除困難，意思是和緩呀；〈蹇〉，是說遇到困境，意思是艱難呀。

〈睽〉，是乖違在外呀；〈家人〉，是相聚於內呀。〈否〉和〈泰〉，一阻塞一通暢，是彼此相反的類別呀。〈大壯〉則是在於知道適可而止；〈遁〉則是在於知道隱退要及時呀。

六

〈大有〉，是說懷柔得眾呀；〈同人〉，是說與人親近呀。〈革〉，是說重點在除舊呀；〈鼎〉，是說重點在換新呀。〈小過〉，是說稍為過度呀；〈中孚〉，是說虛心誠實呀。

〈豐〉，是說豐盛之極，因而多故舊親屬呀；〈旅〉說親友少，原來是旅寄在外的緣故呀。

七

〈離〉是火向上燃燒，而〈坎〉是水往下灌注呀。〈小畜〉，是力量儲蓄不足呀；〈履〉，是循禮不移位置呀。

〈需〉，是說不再前進呀；〈訟〉，是說不再親近呀。

八

〈大過〉，是說達到頭頂將要顛覆倒傾呀。〈姤〉，說的是男女相遇投奔呀；柔弱的女子遇到了剛強的男人呀。〈漸〉，說的是女子將要出嫁，正在等待男方來行禮結婚呀。〈頤〉，說的是保養正當的身心呀；〈既濟〉，說的是一切都已安定呀。

〈歸妹〉，是說女子的最終歸宿呀；〈未濟〉，是說男子的窮途末路呀。

〈夬〉，是說決斷呀；五個陽爻對決一個陰爻呀。一旦君子之道伸張，小人之道就會被取消呀。

新繹

《朱子語類》對於《雜卦傳》的卦序排列，看法如下：

《雜》為首，不終之他卦，而必終之以〈夬〉者，蓋〈夬〉以五陽決一陰，決去一陰則復為純陽〈乾〉矣。

可見朱熹仍然以「周而復始」的道理，來看待《雜卦傳》。這也表示他對於〈大過卦〉以下是否有錯簡的問題，避而不談。他在《雜卦傳》的跋語中就說：

自〈大過〉以下，卦不反對，或疑其錯簡。今以韻協之，又似非誤。未詳何義。

這表示他在「以韻協之」之後，認為〈大過卦〉以下的諸卦，雖然不符合覆卦（綜卦、反對卦）和變卦（錯卦、旁通卦）組合的規律，但按照古韻通協的情形看，又似乎沒有什麼問題。他說「未詳何義」，是表示他不知道問題在哪裡。

問題可能是出在：朱熹不懂古韻。就像他的《詩集傳》談《詩經》的音韻一樣。他受到吳棫「叶韻」說的影響，認為「古人音韻寬」，「只要音韻相叶，好吟哦諷誦」即可，重要的是談義理。他對《周易》應也如此。

其實在朱熹之前，對於〈大過卦〉以下的八卦錯簡，朱震、蘇軾都曾試加改正。據翟均廉《周易章句證異》和陳夢雷《周易淺述》的引述，朱震、蘇東坡他們都曾同樣改正先後的順序為下列的形式：

〈頤〉，養正也；〈大過〉，顛也。〈姤〉，遇也，柔遇剛也；〈夬〉，決也，剛決柔也。君子道長，小人道憂也。〈漸〉，女歸待男行也；〈歸妹〉，女之終也。〈既濟〉，定也；〈未濟〉，男之窮也。

據翟均廉說，《雜卦傳》從開頭的〈乾〉、〈坤〉二卦，到〈需〉、〈訟〉二卦，都是「兩兩相從，明相反之義，〈大過〉以下，非相從之次，傳者失之也」，經過東坡等人改正之後，「凡八卦，今改正，而相從之次，相反之義，煥然若合符節。」

經過東坡等人的改正，確實在「相從之次，相反之義」方面，「煥然若合符節」，但前面說過，《雜卦傳》皆以「反對、協韻為序」，在協韻方面，這種改正還是有缺憾的。

朱熹對於蘇軾等人改正的意見，從他的跋語「今以韻協之，又似非誤」看來，似不排斥。到了蔡元定父子，才略有改變。蔡元定愛好象數之學，與朱熹誼在師友之間，相傳朱氏的《易學啟蒙》一書，即由他起稿。他的兩個兒子蔡淵和蔡沈，也都曾從學於朱子。蔡淵對於東坡所改訂的，認為於韻未協，畢竟不妥，所以他主張改正為：

〈大過〉，顛也。〈頤〉，養正也；〈既濟〉，定也。〈未濟〉，男之窮也；〈歸妹〉，女之終也。〈漸〉，女歸待男行也；〈姤〉，遇也；柔遇剛也。〈夬〉，決也；剛決柔也。君子道長，小人道憂也。

蔡淵改正後，贏得不少讀者普遍的認同。熊朋來就說：「自〈姤〉遇也以下，後儒多以意改定。或違對卦之例，或失古韻之音。惟蔡氏所改定者為可通。」

筆者以為熊朋來把歷來學者所說的「自〈大過〉以下」，改為「自〈姤〉遇也以下」，是有其道理的。因為原文「〈大過〉，顛也」一句，緊接在「〈需〉，不進也；〈訟〉，不親也」之後，就協韻的觀點看，「顛」和上文「進」「親」三韻字，皆屬古韻第六部。它們因協韻是可以視為一組的。清代陳夢雷的《周易淺述》比較前人之說，還是這樣認定：「蘇氏、蔡氏皆有改正之文，而蔡氏所改，類從而韻亦協。」顯然也認同蔡淵的改定。

其實，除了宋代的朱震、蘇軾、蔡淵等人有所改訂之外，宋元之際的俞琰，和清代的毛奇齡，也都曾提出修訂的意見，但都不像蔡淵那樣得到後人的信從。因此筆者在此也就不再一一引述了。

最後要補充說明的是，筆者對《雜卦傳》的「直譯」譯文，都依照「以韻協之」的方式，力求協韻。用意無他，只在於盡量忠實於原作的表達方式而已。

貳

上經

（第一～三十卦）

一、乾卦

解題

乾，即健，象徵日出陽氣舒展的形態；將兩個〈乾卦〉重疊，仍然稱「乾」，表示最為剛健中正。卦體以天為象，充滿陽剛之氣；爻辭則以龍為象，藉其升降，來說明不同階級的吉凶。

此卦以九五爻為主爻。

經

一、卦形、卦體

䷀①乾下乾上

【卦形淺說】

就卦體而言，下卦、上卦皆為〈乾〉。孔穎達《周易正義》云：「乾卦本以象天。天乃積諸陽氣而成。」

二、卦名、卦辭

乾：元亨利貞。②

三、爻辭

初九③，潛龍，勿用。④

九二⑤，見龍在田，利見大人。⑥

九三⑦，君子終日乾乾⑧，夕惕若，厲无咎。⑨

九四⑩：或躍在淵⑪，无咎。

九五⑫：飛龍在天，利見大人。⑬

上九⑭：亢龍，有悔。⑮

用九⑯：見群龍无首，吉。⑰

注釋

① ䷀：這是此卦〈乾卦〉的卦形。乾下乾上：這是此卦的上下二體。《易經》六十四卦，每卦都是由八卦兩兩重疊而成的，所以每卦都包含兩個單卦，稱為上下體，或外內體。像《易經》六十四卦中的〈乾卦〉，就是由兩個〈乾卦〉重疊而成。

② 乾：此卦卦名。以下文字為此卦卦辭，是判斷吉凶的結論。卦名包括在卦辭之內。元：有原始、博大的意思。亨：有祭享先祖、通達神明的意思。利：適宜，和諧。貞：誠正，恆常。一說：此句應讀作「元亨，利貞」，意思是舉行大享之祭，占得此卦，有利於固守正道。《朱子語類》卷六十八：

「四德之元，猶五常之仁，偏言則一事，專言則包四者。」又，「以天道言之，為元亨利貞；以四時言之，為春夏秋冬；以人道言之，為仁義禮智；以氣候言之，為溫涼燥濕；以方位言之，為東西南北。」又按，近日有學者將此「利貞」譯解為「利於占問」，筆者不取。

③初九：指〈乾卦〉中的第一爻，也就是最居下位的那一爻。《易經》像甲骨卜辭一樣，《易經》的卦體，由下而上來排列。《說卦傳》就說：「易，逆數也。」六十四卦中的每一卦，都由六爻組成，自下而上，自內而外，稱為初、二、三、四、五、上。九指陽爻，就是「⚊」；六指陰爻，就是「⚋」。因為〈乾卦〉都是陽爻，所以下文由下而上，分別稱這六爻為初九、九二、九三、九四、九五、上九。以下為爻辭。

④潛龍：隱藏未見的龍。龍是中國先民理想中一種神奇三棲的動物，牠能騰空、潛水和行地，變化莫測，可以用來象徵天地與人事所謂「三才」的作用。勿用：還不能有所用；無所取用，但也有不可預測的意思。「潛龍」是「象」，「勿用」是「占」。

⑤九二：指下卦中位的那一陽爻。

⑥見：同「現」。田：地面上。大人：偉大的人物，往往借指在上位者或德業高尚的人。

⑦九三：指下卦上位的那一陽爻。

⑧君子：通常指有地位或有修養的人。乾乾：矻矻，健而又健，自強不息的意思。此爻在下乾之終、上乾之首，有「乾乾」相繼不息之象。

⑨惕：警戒，激勵。若：同「然」，樣子。「惕若」就是惕然。厲：危困。一說：「厲」應作「夤」，警惕的意思。无：「無」的古文，下同。无咎：沒有過錯災禍。「厲无咎」是厲則无咎的意思。「夕惕若」是「象」，「厲无咎」則是「占」。此二句有人斷作「夕惕若厲，无咎」。王弼《周易略例》云：「凡言无咎者，本皆有咎者也。防得其道，故得无咎也。」

⑩九四：指上卦下位的那一陽爻。

⑪或：也許。一說：或，一作「惑」，遲疑的意思。淵：水深的地方。

⑫九五：指上卦中位的那一陽爻。

⑬飛龍在天：飛龍飛到天上了，象徵偉大人物已經出現了。見：有人讀為「現」，出現的意思。大人：指九二爻而言。通常指帝王諸侯。有人以為這是象徵周武王討伐殷紂，平定天下。

⑭上九：指上卦上位的那一陽爻。

⑮亢：極，高。有悔：有物極必反的悔悶之意。

⑯用九：同用〈乾卦〉的陽數。上面省略了「乾元」二字。在六十四卦中，只有〈乾〉、〈坤〉二卦，附有「用九」、「用六」的斷語。《左傳・昭公二十九年》曾有引用「用九」的紀事。用：帛書本作「迵」。迵，是更迭輪換的意思，也有通、同的意思。

⑰无首：沒有首領，和平相處。《易經》有變易一義，〈乾卦〉六爻純陽，陽極陰生，一變而為純陰，即成〈坤卦〉。因為能以陽剛為體，陰柔為用，所以說是吉象。

按，本節以上屬於《易經》古本「經」的部分。以下全屬於「傳」。

直譯（包括卦形及卦體、卦名及卦辭、爻辭）

☰☰上體下體都是乾卦

乾，就是原始、亨通、合宜、貞正的意思。

居最下位的陽爻（初九），有如隱藏的龍，還不能有所作用。

在下卦中位的陽爻（九二），有如龍出現在田地上一樣，象徵有利於見到偉大的人物。

在下卦上位的陽爻（九三），有如在上位的男子，一天到晚自強不息，即使到了夜晚，還要警惕自己，好像處於困危之中，象徵不會有災禍。

在上卦下位的陽爻（九四），有如潛伏在深淵裡的游龍，也許會躍出深淵，象徵不會有災禍。

在上卦中位的第五個陽爻（九五），有如飛龍飛上天空，象徵出現了偉大的人物。

在上卦最上位的陽爻（上九），有如處在顛峰頂點的龍，必有盛極而衰的悔意。

應用乾卦整體純陽的六爻，有如出現了一群龍，沒有首領，這才是吉祥的現象。

【傳】

一、彖傳

《彖》①曰：大哉乾元②。萬物資始，乃統天。③

雲行雨施，品物④流行；大明⑤終始，六位時成⑥；時乘六龍⑦，以御天。

乾道變化，各正性命。保合太和⑧，乃利貞。

首出庶物，萬國咸寧。⑨

①彖：原指行走的豬，《易經》中〈乾卦〉借指卦、爻辭斷語的專有名稱。有人以為彖辭專指卦辭而言，所謂《彖傳》一名《彖辭傳》，基本上就是斷一卦之吉凶。前人大多以為孔子所作，為「十翼」之一。

②乾元：指〈乾卦〉卦辭「元亨利貞」的「元」，它是天地萬物的本源。

③資始：依靠它才開始的。統：本，貫穿，統攝。以上解釋卦辭的「元」。

④品物：各種品類的物質。

⑤大明：偉大光明。指乾象，即太陽。

⑥六位時成：六個爻位，因時而成。例如位在「初」時是「潛」，位在「上」時是「亢」。

⑦六龍：指〈乾卦〉的六爻。以上解釋卦辭的「亨」。

⑧太和：陰陽調和的意思。太：一作「大」。大，古通「太」。以上解釋卦辭的「利貞」。

⑨首：指乾道而言。庶物：眾物，萬物。萬國咸寧：天下安定。上句講「元亨」，下句講「利貞」。

直譯

《彖傳》說：真是偉大啊！乾元是一切的根源。萬物都靠它才有原始的生命，它乃是統貫天道的根本。

雲氣流行，雨澤普施，各種品類的形體，都因之交流運行；它使宇宙光明終始循環，運轉不停，它使六個爻位因時佈列成形；一切順應時勢，駕馭六條龍，來控制天體的往復運行。

乾道的變化，就是使宇宙萬物各自成就它們的知能和功用，永遠保持凝結陰陽調和的狀態，這才是真正有利於正道的堅定。

它首先創造萬物，天下都因之昇平安寧。

二、象傳

（一）大象傳

《象》①曰：天行健②，君子以自彊③不息。

①象：原是獸名，《易經》借作卦形及卦爻辭的象徵與現象的專有名詞。這裡的「象」，係指用以解釋經義的《象傳》而言，亦為「十翼」之一。它有《大象傳》和《小象傳》之分。前者用以解釋上下卦體，後者用以解釋六爻。因此前者只有一則，後者都有六則。不過，〈乾〉、〈坤〉二卦比其他各卦各別多了「用九」和「用六」。

②天行健：天道運行不休。天行：天道。健：永久堅定；帛書本作「鍵」。

③以：因，因此。彊：「強」的古字。

（二）小象傳

「潛龍勿用」，陽在下也；「見龍在田」，德施普也；「終日乾乾」，反復道也；「或躍在淵」，進无咎也；「飛龍在天」，大人造①也；「亢龍有悔」，盈不可久也；「用九」，天德不可為首也②。

①造：至，就，成就。
②天德：天道。不可為首：不能居功的意思。

直譯（包括《大象傳》和《小象傳》）

《大象傳》說：〈乾卦〉像天道一樣，運行不停，君子效法它，因而自己堅強起來，不斷的求進步。

《小象傳》說：隱藏的龍不能有所作用，這是說明陽氣深藏地下，還沒有萌芽呀；見到龍在田地上顯現，這是說明偉大人物的德業，已經施展出來了呀；一天到晚自強不息，這是說明循環終始，天道必然的作用呀；也許從深淵跳躍出來，這是說明求進步時，也不會有災禍的呀；龍飛在天上，這是說明偉大人物的成就呀；飛到極高的龍會遭遇困難而反悔，這是說明太過盈滿的東西，不能長久保全呀；應用陽九，這是說明不肯居功領先的德性呀。

三、文言傳

㊀釋卦辭

《文言》①曰：元者，善之長也；亨者，嘉之會也；利者，義之和也；貞者，事之幹也。君子，體仁足以長人，嘉會足以合禮，利物足以合義，貞固足以幹事。君子，行此四德者。故曰：乾，元、亨、利、貞。

㊁釋爻辭

初九曰：「潛龍，勿用。」何謂也？子曰：龍德而隱者也。不易乎世，不成乎名。②遯世无悶，不見是而无悶③。樂則行之，憂則違④之，確乎其不可拔，潛龍也。

九二曰：「見龍在田，利見大人。」何謂也？

①文言：《易經》在卦辭、爻辭、彖辭、象辭以外，另一種解釋卦爻辭的文字。相傳是孔子所作，亦為「十翼」之一，但是恐出於偽託。按，此段文字亦見於《左傳・襄公九年》的紀事中，朱熹以為這應是古人常引用的古語。

②不易乎世：不因世俗而改變。不成乎名：不為聲名而行事。易、成二字都有改變的意思。

③遯世：遠離塵世。不見是：不被肯定；沒有人看到自己的這種德業。

④違：離開。

子曰：龍德而正中者也。庸⑤言之信，庸行之謹，閑邪⑥存其誠，善世而不伐⑦，德博而化。《易》曰：「見龍在田，利見大人。」君德也。

九三曰：「君子終日乾乾，夕惕若，厲无咎。」何謂也？子曰：君子進德修業。忠信，所以進德也；修辭立其誠，所以居業⑧也。知至至之，可與言幾也；⑨知終終之，可與存義也。是故居上位而不驕，在下位而不憂。故乾乾，因其時而惕。雖危，无咎矣！

九四曰：「或躍在淵，无咎。」何謂也？子曰：上下无常。非為邪也；進退无恆，非離群也。君子進德修業，欲及時也，故无咎。

九五曰：「飛龍在天，利見大人。」何謂也？子曰：同聲相應，同氣相求；水流濕，火就燥；雲從龍，風從虎。聖人作而萬物覩⑩，本乎天者親⑪上，本乎地者親下，則各從其類也。

⑤庸：平常，中正。

⑥閑邪：防止邪念。

⑦善世而不伐：造福世界卻不自誇。

⑧居業：修業。

⑨至至：上至字，名詞，下至字，動詞。有人把「至」解釋為時機到了，也有人解釋為道理的極致。幾：幾微，先機。這兩句一作「知至至之可與言幾也」，連讀，則上至字動詞，下至字名詞。似以前說為是。又，一本無「言」字。

⑩聖人作而萬物覩：是說聖人出現了，萬物都仰望跟從。《史記．伯夷列傳》曾引用此語暗示顏回因追隨孔子而聲名傳世，似乎也同意《文言》為孔子所作。

⑪親：近。

上九曰：「亢龍，有悔。」何謂也？子曰：貴而无位，高而无民，賢人在下位而无輔，是以動而有悔也。

三 重釋爻辭

「潛龍勿用」，下也；「見龍在田」，時舍⑫也；「終日乾乾」，行事也；「或躍在淵」，自試⑬也；「飛龍在天」，上治也；「亢龍有悔」，窮⑭之災也；「乾元用九」，天下治也。

四 重釋爻辭

「潛龍勿用」，陽氣潛藏；「見龍在田」，天下文明；「終日乾乾」，與時偕行；「或躍在淵」，乾道乃革⑮；「飛龍在天」，乃位乎天德；「亢龍有悔」，與時偕極；「乾元用九」，乃見天則。

⑫舍：安置。一說：同「捨」，捨棄。是說尚未為時所用。二者都講得通。
⑬自試：自己試著該進該退。
⑭窮：達到極點。
⑮革：除舊更新。

直譯

一

《文言》說：「元」是百善的首要呀；「亨」是眾美的會合呀；「利」是事宜的和諧呀；「貞」是處事的主幹呀。

所以在上位的君子，能夠體會仁德，才可以領導人民；能夠會合眾美，才可以合於禮儀；能夠愛護外物，才可以均衡和諧；能夠貞正堅定，才可以處理事物。君子就是實踐這四種德行的人，所以《周易》〈乾卦〉卦辭說：「乾，元、亨、利、貞」。

二

初九爻的爻辭說：隱藏的龍不能有所作用，何以這樣說呢？夫子說：潛龍象徵有德性而隱藏不見的君子呀。不會因世俗而改變初志，不會為成名而不擇手段。避開世俗，雖然默默無聞，自己卻不感煩悶；未被世人發現自己的才能，也不煩悶。假使事有可為，就樂於出來行道；如果事不可為，就抱著憂傷的心情，避隱起來。堅定貞固啊，他的意志不可搖撼，這就是潛龍的象徵呀。

九二爻的爻辭說：就像龍出現在地面上一樣，有利於見到偉大的人物了。何以這樣說呢？夫子說：龍是象徵具有正大中庸德性的君子呀。平常的話語，卻這樣信實；平常的行為，卻這樣謹慎；隨時防止邪念，保持他真誠的心；雖然有益於世人，卻不自誇自滿；德業偉大廣博，足以感化一切。所以《易經》九二的爻辭說：「見龍在田，利見大人。」是指領袖人物應當具備的德性呀。

九三爻的爻辭說：在上位的君子，一天到晚乾乾從事，自強不息，到了夜晚，還要警惕自己，好像處於困危之中，象徵沒有災禍。何以這樣說呢？夫子說：這是說明君子進德修業的道理。忠誠信實，是用來進德的呀；修習言辭，確立他的誠心，是用來立業的呀。知道時機到了，就把握時機，這種人才可以跟他談論先機的道理呀；知道應該終結了，就立刻終止它，這種人才能夠跟他保持道義呀。所以君子雖然處在高位，卻不驕傲，處在下位，卻不憂悶。因此君子終日乾乾，就因為他隨時警惕自己進德修業，所以雖然遭遇危急，也就沒有什麼災禍了。

九四爻的爻辭說：或者要跳出深淵，沒有災禍。何以這樣說呢？夫子說：或者會在上位，也許會在下位，沒有一定，但行為並不邪惡呀；有時候進取，有時候退守，並不固定，但都不離開人群呀。這是說明君子進德修業，都要把握時機，及時努力呀，所以就沒有什麼災禍了。

九五爻的爻辭說：飛龍升在天空，象徵有利於見到偉大的人物。何以這樣說呢？夫子說：凡是聲音相同的，自然容易彼此共鳴；氣息相同的，自然容易互相吸引。就像水流向低濕的地方，火燒著乾燥的東西；雲跟著龍而起，風跟著虎在動。聖人興起了，然後萬物瞻仰效法；本來是天空輕、清的東西，就自然會上升；本來是地上重、濁的東西，就自然會下墜，都各自依循它的同類呀。

上九爻的爻辭：處在過於顛峰頂點的龍，必有悔悶。何以這樣說呢？夫子說：太高貴就再沒有位置可以安身了，太崇高就再沒有群眾可以接近了。這是說明賢人如果處在下位，雖然自己高高在上，卻輔佐無人，所以便動輒有悔悶了。

三

「潛龍勿用」，是說在最下面的位置不起作用呀；「見龍在田」，是說已得時位呀；「終日乾乾」，是說努力從事；「或躍在淵」，是說自己嘗試進退。「飛龍在天」，是說在上位治道清明；「亢龍有悔」，是說已經達到頂點，難免有物極必反的災禍；「乾元用九」，是說善於運用乾卦陽九的變化，便是天下治平的象徵呀。

四

「潛龍勿用」，是說陽氣還潛伏隱藏著；「見龍在田」，是說天下的人已能看到他的文采光明了；「終日乾乾」，是說跟著時機一齊向前行進；「或躍在淵」，是說乾道規則已有革新的現象；「飛龍在天」，是說它的爻位已經高居天德的極品；「亢龍有悔」，是說隨著時機已經到了極限；「乾元用九」，是說隨機應變可以了解自然的法則。

五 重釋卦辭

乾元①者，始而亨者也；利貞者，性情也。乾始能以美利利天下，不言所利，大矣哉！大哉乾乎！剛健中正，純粹精也②。六爻發揮③，旁通情也；時乘六龍，以御天也；雲行雨施，天下平也。

六 重釋爻辭

君子以成德為行，日可見之行也④。潛之為言也，隱而未見，行而未成，是以君子弗用也。君子學以聚之⑤，問以辨之，寬以居之，仁以行之。《易》曰：「見龍在田，利見大人。」君德也。九三，重剛而不中，上不在天，下不在田。⑥故乾乾，因其時而惕，雖危無咎矣。九四，重剛而不中，上不在天，下不在田，中不在人。故或之。或之者，疑之也，故无咎。夫大人者⑦，與天地合其德，與日月合其明，與四時合其序，與鬼神合其吉凶。先天而天弗違，後天而奉天時。⑧天且弗違，而況於人乎？況於鬼神乎？

①乾元：是「乾元亨」的省文。見王引之《經義述聞》。

②純粹精也：是說乾道大中至正，至剛至健，純而不雜，粹而無瑕，真是精妙之至。

③爻：交的意思。六爻：指每卦的六畫序位而言。發揮：發動。屈萬里師《先秦漢魏易例述評》云：「六爻發揮，即變動不居，周流六虛之義。旁通情者，即以類萬物之情之義。」

④日可見之行也：日常可以看見的行為。上句「君子以成德為行」前，應有「初九」二字。此二句據王夫之《船山周易內傳》，乃《大象傳》之解說「乾」者，故屬上讀，錄此備考。

亢之為言也⑨，知進而不知退，知存而不知亡，知得而不知喪。

其唯聖人乎？知進退存亡而不失其正者。其唯聖人乎！

直譯

五

所謂「乾元」，是原始廣大而且亨通無阻的呀；所謂利貞，是指〈乾卦〉的性情呀。

乾道開始運行，能夠以最美好適宜的作用而有益天下，但卻不自誇它有利天下的功績，真是偉大極了！乾道是偉大的吧！它至剛至健、至中至正，是純粹無瑕的精誠所在呀。〈乾卦〉的六爻，發揮它的作用，便可以旁通所有的情態呀；這就好像隨時乘著六條變化不測的龍，來控制天體的運行呀；雲氣流行，雨澤普施，使得天下萬物自然清平呀。

六

⑤此句前，應有「九二」二字。

⑥此四句是說：九三之爻介於上下兩個〈乾卦〉重重剛健之間，爻位不居中，上不在天位，下不在地位，故有危險不安的現象。在天，指九五；在田，指九二。

⑦此句前，應有「九五」二字。

⑧此二句是說：不管是出於先天的機宜和後天的事理，總與天道不相違背。

⑨此句前，應有「上九」二字。

君子以成就德業來做為行為的目的，這是平日可以見到的行為呀。乾卦初爻所說「潛」字的意義，是說還隱藏著沒有表現出來，還在進行著沒有成功，所以君子有所不取呀。

君子的德業成就，要靠學習去累積它，要靠問難去辯證它，要靠寬宏的心胸去保存它，要靠仁厚的胸懷去實踐它。《易經》〈乾卦〉九二爻的爻辭說：「看見龍出現在地面上，象徵有利於見到偉大的人物。」這是專指人君必須具備的德行呀。

〈乾卦〉的九三爻，陽剛過重而不適中，所以便有「上不在天，下不在田」的情況。因此說健而又健，自強不息，隨時警惕自己，即使遇到危險也可以沒有災禍了。

〈乾卦〉的九四爻，陽剛過重而不適中，所以便有「上不在天，下不在田，中不在人」的情況。因此說「或之」。所謂「或之」者，就是遲疑不定的意思呀，可好可壞，所以沒有災禍。

（〈乾卦〉九五爻的爻辭）所謂「利見大人」的「大人」，是說能與天地配合他們的功德，能與日月配合他們的光明，能與春、夏、秋、冬四時配合他們的次序，能與鬼神配合他們的吉凶。就先天而言，天道的運行變化也不能違背；就後天而言，他必須奉行天道運行的法則。不管是先天或後天的天道，尚且不會違背，更何況是人呢？更何況是鬼神呢？

（〈乾卦〉上九爻的爻辭）所謂「亢龍有悔」的「亢」字的意義，是說只知道進取而不知退讓，只知道存在而不知滅亡，只知道獲得而不知喪失。

那應該只有聖人吧？知道進取存亡，而又始終不違背它正道的人，那應該只有聖人吧！

新繹

〈乾卦〉和〈坤卦〉是八卦中最重要的兩個卦。乾（⚊）是陽性的象徵，坤（⚋）是陰性的象徵。它們是宇宙萬物形成和變化的根源。古人說，〈乾〉〈坤〉為《易》之門，是其餘各卦的父母。因為特別重要，所以我們在編排形式上，也作了特別的處理，以醒眉目。

八卦兩兩重疊，可以推演而成六十四卦。六十四卦中的〈乾卦〉，就是由八卦中的兩個〈乾卦〉重疊而成的。所以，〈乾卦〉的上體（外體）和下體（內體）都是純陽的乾。而《易經》的每一卦，都有六個爻，於是〈乾卦〉的卦形就寫成䷀。通常稱「乾下乾上」。

乾，可以解釋為「健」。它取象於天，象徵大中至正，至剛至健。蓋天為大氣的本體，其運行永不停止，晝夜寒暑，循環往復，這也就是《象傳》中所說的「天行健」。天是指大氣的本體，乾是指天體運行的作用。乾解作「健」，蓋取其有常軌，有定律，恆久而不間歇。卦辭說：「乾，元亨利貞。」《子夏易傳》解釋為：「元，始也。亨，通也。利，和也。貞，正也。」正是說明乾之為用，是新新不已、生生不息、通達無礙、適宜正確的。易有簡易、變易、不易三義，乾正是該簡則簡、該變則變、該正則正的作用，一切都以適中為準。所以，要討論〈乾卦〉六爻的爻辭，也應當從這個角度來理解。

「初九，潛龍勿用」，這是象徵時機未到，該隱則隱，還不能有所作用，故以潛藏不用為宜；「九二，見龍在田」，這是象徵龍已出現地面之上，擬之人事，已是該現則現的時機；「九三」一爻，是說出現地面的游龍，要自強不息，又要謹慎戒懼，不可掉以輕心，因時而動，因時而止。這樣才是得其時宜，得其中道。其他像「九四，或躍在淵」以慎於進退為宜，「九五，飛龍在天」以適時飛昇為宜，「上九，亢龍有悔」以守常知變為宜，這些都是說明凡事要把握中心，因時制宜。《彖傳》說：「大明終始，六位時成；時乘六龍，以御天」，《文言》說：「君子，體仁足以長人，嘉會足以合禮，利物足以合義，貞固足以幹事」，也都是說明乾之為用，一切以適中為度。

一般而言，〈乾卦〉的卦辭和爻辭，言簡而意賅，《彖傳》和《文言》，則分別從不同的角度來解釋經文。《彖傳》，重在說明卦爻的原理，其中像：「大哉乾元，萬物資始，乃統天」，顯然是解釋「元亨利貞」的「元」。「雲行雨施，品物流行；大明終始，六位時成；時乘六龍，以御天」是解釋「亨」。「乾道變化，各正性命」以下，是解釋「利貞」。

《象傳》類似卦爻辭的斷語，《象傳》則大抵是說明卦象及其象徵的意義。它對卦辭、爻辭作了進一步的說明。像初九〈爻辭〉說「潛龍勿用」，《象傳》則在引用之餘，加上說明：「陽在下也」。但它和下面《文言》的解釋卻有所不同。《象傳》說得比較簡要樸實，《文言》則說明比較詳盡明白；《象傳》多就卦象立論，《文言》所說的，則已往往從人文思想和德業修養來闡述了。這是它們不同的地方。

在晉朝王弼以前，《文言》是「十翼」之一，並不附於〈乾〉、〈坤〉二卦之後。從王弼注《周易》開始，他才特別把「十翼」中講〈乾〉、〈坤〉兩卦的「文言」拿出來，放在〈乾〉、〈坤〉之後，做為〈乾〉、〈坤〉二卦的結論。後代像宋朝的程頤等人，也都採用這種編法。後世或取或捨，不過，由於宋儒在元、明以後有一定的學術地位，所以把《文言》附在〈乾〉、〈坤〉二卦後面的比較多。

《象傳》之中，古人又以為有《大象傳》、《小象傳》之分。「天行健，君子以自強不息」推闡一卦之義，專從人事來說，叫做《大象傳》，簡稱《大象》。「潛龍勿用，陽在下也」以下，主要是闡釋爻辭的意義，叫做《小象傳》，簡稱《小象》。這裡要特別補充說明：現在通行的《周易》，經傳早已相混了，而且〈乾卦〉和〈坤卦〉以下六十二卦的編排秩序也不相同。今本〈乾卦〉的《彖》、《象》，各自分列，但總附在卦辭和爻辭之後，而〈坤卦〉以下的六十二卦，則《彖》及《大象》已分別移在各卦卦辭之後、六爻爻辭之前；《小象》更逐條分附於各爻之後。為何如此？起於何人何時，都已不能考究，清人顧炎武推測是前人藉此「以見舊本之樣式」，或許有它的道理。

《文言》對於〈乾〉、〈坤〉二卦的卦辭、爻辭重複解說，可謂不厭其煩。這和〈屯卦〉以下的各卦，在詮釋方面頗有不同。對於〈乾卦〉，卦辭解說總共兩次，爻辭則更分別從不同角度、不同層面總共解說四次。分開來看，《文言傳》的第一節，主要是闡釋「元、亨、利、貞」的四種德行；第二節採用師生問答的方式，詳細說明六爻各爻辭的意義；第三節以人事上的「時」與「位」為重點，重新解說爻辭的現象；第四節再以「天道」為重點，從不同的角度解說爻辭。到了第五節，又一次推衍《彖傳》，重解卦辭，提出「六爻發揮，旁通於情」的主張。到了第六節，更從倫理的角度來闡釋六爻，顯示出儒家論學的本色。第五、六節的著成年代，似乎較晚。

《文言》究竟何人所作，歷來眾說紛紜，莫衷一是。除了孔子所作一說以外，也有人以為是周文王所作，所以叫做「文言」；也有人以為「文言」就是「依文而言其理」。附在〈乾卦〉後面的「文言」，概括闡釋〈乾〉卦辭爻辭的意義，或就理以論變，或就象以說理，和《彖傳》、《象傳》的本義，似乎已有出入。有人說，《文言》所論，多從人文思想來發揮義理，已開後世以儒學說《易》之先河。這種看法，實在說，也有它一定的道理。

二、坤卦

解題

坤，即伸、順。帛書本作「巛」，即「川」字。川字形容流水貫穿相通，有「順」之義。王引之《經義述聞》以為坤從土從申，為本字，川為借字。《說卦傳》：「坤，為地」，又：「坤，順也。」都是說坤象徵地氣的舒展。將兩個〈坤卦〉重疊，仍然稱坤，表示它最純粹，最柔順。

坤卦以六二為主爻。因坤屬陰，象地，而六二處下卦之中，居臣位，故為卦主。

經

一、卦形、卦體

䷁坤下坤上

【卦形淺說】

就卦體而言，乾為陽，象天為龍；坤為陰，象地為馬。龍在天，馬在地，皆健行者。乾主動，坤主順。坤又極柔順，遂以牝馬喻坤。

二、卦名、卦辭

元，亨，利牝馬之貞①。君子有攸往②。先迷，後得主。③利。西南得朋，東北喪朋。④安貞，吉。

直譯

坤卦，象徵好的開始，順利通達，有利於母馬之類的固守常道。

君子有了前往的目標。先是迷路，後來找到了要找的主人。吉利。

往西南走，得到朋友；往東北走，失去朋友。安於固守常道。吉祥。

注釋

①牝馬：雌馬，母馬。貞：正、常，固守常道。此句為〈坤卦〉的「占」。

②攸往：所往，前往的方向。攸：所。此句以下為占者之辭。

③先迷後得主：一說：坤在乾前，則迷失，在乾後，則得主宰，得人助。主：明主。一說：「主」為「炷」的初文。「先迷」下數句，或斷作「先迷，後得主利……」，或斷作「先迷後得，主利……」，或斷作「先迷後得主，利西南得朋……」。都講得通。這也是《易經》的一大特色。

④西南得朋二句：據文王八卦，東南、南、西南、西四個方位，即巽、離、坤、兌，俱屬陰。故曰得朋。而西北至東四方位，即乾、坎、艮、震，俱屬陽，故曰失朋。朋：朋友，同道。一說：十貝為朋，龜貝之類。古代錢幣名，亦作占卜用。

傳

（一）彖傳

《彖》①曰：至哉坤「元」！萬物資②生，乃順承天。

坤厚載物，德合③无疆。含弘光大，品物咸「亨」。④

牝馬地類，行地无疆。柔順利貞。

君子攸行，「先迷失道」，後順得常⑤。

「西南得朋」，乃與類⑥行；「東北喪朋」，乃終有慶。

「安貞」之「吉」，應⑦地无疆。

①彖：詮釋卦辭的傳文，闡述卦辭原有的含義。已見上。
②資：取。
③合：應該。
④含弘光大二句：包容，恢宏，昭明，遠大。一說：含、光，動詞；弘、大，名詞。崔憬說：「含育萬物為弘，光華萬物為大。動植物各遂其性，曰品物咸亨。」
⑤常：恆常，正常。
⑥類：同類。指志同道合的朋友。
⑦應：反應，呼應。

直譯

《彖傳》說：到達極致了啊！坤道美好的開始。萬物都依賴它生存，這是順從承應天道的運行。

坤體厚實，承載萬物，恩德合該無窮無盡。包容的品類寬宏，發展的事物廣大，使各種品類事物都順利通達。

母馬和大地同一類型，奔馳在大地上時，似乎無窮無盡。它的溫柔順從，有利於固守常道。君子所前往的地方，先是迷失了方向，找不到大道；後來才順利找到了平常該走的指標。往西南方，找到了朋友，終於和同類型的人一道走；往東北方，找不到朋友，竟然最後還是有好的結果。

安於常道的結果，是吉利，呼應大地無邊無際。

補注

牝馬，是坤德的象徵。它和〈乾卦〉的象徵飛龍，正好成一對照。乾性屬陽，充滿剛健之氣，就像飛在空中的龍，而坤則性屬陰，同樣能健行，龍飛在天，馬則能健行於地而供人乘騎。純粹屬陰的牝馬，更兼有溫馴柔順之德，因此古人以牝馬做為〈坤卦〉的象徵。乾又代表天，坤又代表地，它們既相對，卻又相成。《序卦傳》就說：「有天地，然後萬物生焉。」

「先迷，後得主」，更進一步說明坤德在於配合乾道，不願爭先，甘心居後。爭先易「迷」，居後則「利」。

「西南得朋，東北喪朋」二句，尚秉和《周易尚氏學》認為陰得陽為朋，自西而南，陽氣日增；自東而北，則陽氣遞減。增則得朋，減則喪朋。又說：《易》凡言「有慶」者皆謂陰遇陽。對於「西南」「東北」，他也有不同的說法。他說：「夫曰『行』曰『終』，乃自西而南；自東而北而逆行也，非以西南東北相對待也。」其說可供讀者參考。

又，唐代李鼎祚《周易集解》引崔憬之言，認為西方坤、兌；南方巽、離，都是屬於陰的方位，坤卦為陰，同類相聚，故云「西南得朋」；相對而言，往東、北則是失其類。

筆者核對《文王後天八卦圖》，往東北得艮，即遇山險之阻，往西南則得坤，即遇同類之助。所謂「西南得朋，東北喪朋」，其意當亦如此。

可見〈坤卦〉的卦體以「地」為象，德性（即特質）為陰柔、溫馴、謙遜，配合〈乾卦〉的陽剛之氣，既相對立，又相依存，充分體現陰陽和合、天尊地卑的自然法則。

(二) 大象傳

《象》①曰：地勢，坤。②君子以厚德載物③。

直譯

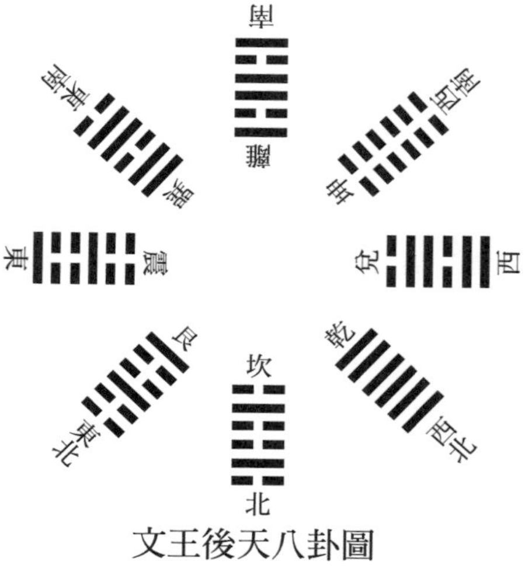

文王後天八卦圖

①象：此指解釋上下卦體的《大象傳》而言。下各卦同。

②地勢坤：與「天行健」辭意相對。坤，即順。王弼本原作「順」。馬王堆帛書本作「川」。尚秉和說坤古文作「巛」，即順之古字。順因巛而得聲。又說巛即川字，即水字，古文皆同。

③厚德載物：此與《彖傳》所謂「坤厚載物，德合無疆」相應。

《大象傳》說：大地的形勢溫馴，是〈坤卦〉的象徵。君子因此效法它來厚積美德，承載萬物。

補注

這是解釋〈坤卦〉的上下卦體，都是大地溫順敦厚的象徵，值得君子效法。

三、爻辭及小象傳

經

❶初六①：履②霜，堅冰至。

傳

《象》③曰：「履霜堅冰」，陰始凝④也；馴⑤致其道，至堅冰也。

①初六：卦位居下第一，故稱初。六：指陰爻。
②履：踩，踏。
③象：此指解釋六爻之《小象傳》而言。各附於所當爻之下。下同。
④凝：聚結。
⑤馴：順沿，漸趨。

直譯

初六爻辭（〈坤卦〉最底下的初爻是陰爻）：腳

鞋踩踏到地上的微霜，就知道堅冰的季節快到了。

《小象傳》說：所謂「履霜堅冰」，是指陰氣開始集結凝固了，逐漸地按照它的時間軌道走，就到了堅冰的季節了呀。

補注

六爻之爻辭為經；解釋各爻爻義之《小象傳》為傳。下同。經傳合編，自漢、魏學者始。「履霜」是「象」，「堅冰至」則是「占」。

經

二 六二：直、方，大不習①，无不利。

傳

《象》曰：六二之動②，「直」以「方」也。「不習，无不利」，地道光③也。

① 直方：形容大地的德性。方：古人以為天圓地方。習：學習，熟悉。有矯揉做作之意。

② 動：活動，變動。六二之動，即六二動之時。六二以陰爻居下卦之中，居中得位。

③ 光：光大。《朱子語類》：「〈坤卦〉中唯這一爻最純粹。蓋五雖尊位，卻是陽爻，破了體了；四重陰而不中，三又不正。」

直譯

六二爻辭：平直、方正，即使非常不熟悉，也沒有什麼不吉利。《小象傳》說：六二爻體變動的時候，平直而且方正呀。所謂「不習，无不利」，是指大地溫馴之道發光呀。

補注

有人以「直方大」斷句，恐怕不對，應斷作「直、方，大不習」。「大」字屬下讀。因坤卦前五爻都是前二句斷句，而且與上下各句的霜、方、章、囊、裳等字押韻。宏一按，《小象傳》亦以「直以方」為句，故其說可從。又按，「大」疑為衍字。王夫之《易內傳》：「九五，乾之盛也；六二，坤之盛也，位皆中。而乾五得天之正位而不過，坤二出於地上而陰不匱。故飛龍者，大人合天之極致；直方者，君子行地之至善也。」聞一多云：「直方疑即省方」，猶如後世之巡狩天下四方。亦以「直方」為句。

李光地《周易折中》案語：「習者，重習也。乃增加造設之意。不習无不利，即所謂坤以簡能者是也。」

又，「直、方」為「象」，象其物宜；「大不習」以下二句，則為「占」，占其吉凶。

【經】

三 六三：含章，可貞。①或從王事，无成，有終。②

【傳】

《象》曰：「含章，可貞」，以時③發也；「或從王事……」，知光大也。④

① 章：文（紋）章，光彩。《考工記》：「青與赤，謂之文。赤與白，謂之章。」可貞：可以固守常道。

② 无成有終：是說不以成功自居，則可善終。終：指六三居下卦之終。三爻多稱「終」。一說：无成即不圓滿。是說雖不圓滿，卻有好結果。

③ 時：時機。

④ 或：或許，如果。三四爻常用之辭。知：一說同「智」。

【直譯】

六三爻辭：蘊含豐美的光彩，可以固守正道。如果有機會跟從君王做事，不會自己居功，就會有好的結局。

《小象傳》說：所謂「含章，可貞」，是指把握適當的時機發揮作用呀；所謂「或從王事……」，是指知道發揚光大（坤道的美德）呀。

【補注】

李鼎祚《周易集解》引虞翻之說：「以陰包陽，故含章；三失位，發得正，故可貞也。」可知「含章可貞」句，「含章」為象，「可貞」為占。故宜分句加逗號。含章藏美，待時而發。

又，《集解》引崔憬云：「陽命則發，非時則含。」

【經】

四 六四：括囊①，无咎，无譽。

【傳】

《象》曰：「括囊，无咎……」②，慎不害③也。

①括：結，束緊。囊：口袋。閉口的象徵。

②括囊无咎：此為爻辭「括囊，无咎无譽」之省文。

③慎不害：慎即無害。

直譯

六四爻辭：束緊囊袋口，沒有禍害，也沒有關愛。

《小象傳》說：所謂「括囊，无咎」云云，是表示必須謹慎，才不會遭遇禍害呀。

補注

「括囊」是「象」，是閉口結舌的象徵。多言惹禍，古有明訓。此則妙在「无咎」之後又有「无譽」。「无咎无譽」是「占」，正是強調四爻多懼、閉口無言，亦即謹言慎行的重要。

孔廣森《周易史論》云：「所以得无咎者，正以其无譽。勿若漢之黨人，標榜於桓、靈之朝，竟以譽殺身也。」

經

五 六五：黃裳①，元吉②。

傳

《象》曰：「黃裳，元吉」，文在中③也。

直譯

六五爻辭：黃色的下裙，最為吉祥。

《小象傳》說：所謂「黃裳元吉」，是表示華美的文彩在裡面不顯露呀。

補注

王夫之《周易稗疏》云：「黃裳者，玄端服之裳，自人君至命士皆服之。」

① 黃裳：古人重視服色。黃在五行之中，代表中央、大地和君王的服色。裳：古人上衣下裳。此指下裙。

② 元吉：大吉。吉中之最。

③ 文：紋彩。中：裡面。指上衣之內。一說：心中。此指六五居上卦中央的君位，故服黃裳有文彩。王夫之《周易稗疏》：「衣著於外，裳藏於內」，可見黃裳是內藏的。

五爻居上體之中，地位尊貴；黃，象徵中央最普遍的正色，這是表示尊貴卻能平和。古時以五色配五行，東方青色、西方白色、南方赤色、北方黑色、中央黃色。黃居中，代表尊貴。又古人上衣下裳，男女皆然。「裳」指下半身所穿的長裙，上面再罩上外「衣」。裳為下飾，象徵臣下。「黃裳」的象徵意義，即：雖居上位，卻外表謙和；雖居下位，卻內有文彩。

《左傳・昭公十二年》記載：南蒯謀反，占筮得此爻，以為「元吉」，頗為高興。子服惠伯在規勸時，曾對「黃裳元吉」解釋如下：「黃，中之色也；裳，下之飾也；元，善之長也。」認為「忠信之事則可，不然，必敗」，如果不忠不信，則中不得其色，下不得其飾。所謂「事不善，不得其極」。因此「筮雖言，未也。」意思是說：即使卜筮得到吉兆，也未必能有好結果。古人說：「《易》不可以占險」，於此見之。

經

六 上六：龍戰於野①，其血玄黃②。

①於：一作「于」。古今字。經多作「于」，傳多作「於」。戰：接，交接。一說：交合。

②玄：青黑色。玄黃：玄黃二色的混合。以上二句皆〈坤卦〉上六之象。

傳

《象》曰：「龍戰於野……」，其道窮③也。

直譯

上六爻辭：陰陽二龍交戰在原野上，牠們流的血是玄色和黃色的混合色彩。

《小象傳》說：所謂「龍戰於野……」，是指純陰的坤道已經發展到了盡頭了呀。

補注

玄黃：《詩經．卷耳》：「我馬玄黃」，《爾雅》：「玄黃，病也。」俞琰《大易集說》：「玄者，天之色；黃者，地之色。血言玄黃，則天地雜類，而陰陽無別矣。」

經

七 用六①：利永貞。

③窮：盡。指上六居〈坤卦〉之極。陰極即將陽生。

①用六：用，帛書本作「迵」，有重複、輪換、全同之意。已見〈乾卦〉注。

【傳】

《象》曰：用六「永貞」，以大終②也。

②以：用，因。大終：陽者大，陰者小。卜筮所得六爻皆為「六」時，陰變為陽，以陽為歸宿，故稱大終。

【直譯】

用六爻辭：用六有利於永遠堅守正道。

《小象傳》說：所謂「用六」、「永貞」，是指用來發揚光大乾元陽剛的成果呀。

【補注】

〈乾卦〉「用九」，〈坤卦〉「用六」，這是《周易》筮法以變為主的一個特點。筆者在《周易新繹．通論編》第十四章談筮占的程序及方法中已經說過，在占筮過程中，凡是筮得的陽爻數字最後不外是「七」或「九」，原則上用「九」不用「七」；凡是筮得的陰爻數字最後不外是「六」或「八」，原則上用「六」不用「八」。因為「九」可變而「七」不可變，「六」可變而「八」不可變。所以筮得六爻都是「九」時，由乾變坤，即以「用九」之辭為占；筮得六爻都是「六」時，由坤變乾，即以「用六」之辭為占。此即所謂〈坤卦〉「用九」，陽極而陰生，乾可變為坤；〈坤卦〉「用六」，則陰極陽生，坤可變為乾。六陽皆變，剛而能柔，吉之道也。而陰柔不能自守，以陽為歸宿，變而為陽，才能「永貞」。

同樣是占辭，〈坤卦〉卦辭說是「安貞」，而「用六」則說是「永貞」。二者意義有所不同。胡炳文《周易本義通釋》就說：「坤安貞，變而為乾，則為永貞。安者，順而不動；永者，健而不息。」至於〈乾卦〉「用九」稱「无首」，〈坤卦〉「用六」稱「永貞」，王弼《周易注》則如此解釋：「夫以剛健而居人之首，則物之所不與也；以柔順而為不正，則佞邪之道也。故乾吉在元首，坤利在永貞。」

【傳】

四、文言傳

㈠ 坤卦卦辭

《文言》曰：坤至柔而動也剛①，至靜而德方②，後得主而有常，含萬物而化光③。

① 動也剛：指爻變時，陰柔變為陽剛。《繫辭上傳》：「夫坤，其靜也翕，其動也闢，是以廣生焉。」

② 方：流布四方。古人以為天圓地方。

③ 含：養育。化光：德化光大。一說：生光。

坤道其順乎！承天而時行④。積善之家，必有餘慶；積不善之家，必有餘殃。

二 初六爻辭

臣弒其君，子弒其父，非一朝一夕之故。其所由來者，漸⑤矣；由辯之不早辯⑥也。《易》曰：「履霜，堅冰至。」蓋⑦言順也。

三 六二爻辭

「直」，其正也；「方」，其義也。君子敬以直內，⑧義以方外，敬義立而德不孤。「直、方，大不習，无不利」，則不疑其所行也。

四 六三爻辭

陰雖有美，含之以從王事，弗敢成也。⑨地道也，妻道也，臣道也。地道无成而代有終也⑩。

④時行：隨四季而運行。時：時令。一說：順、承連字，二句應合讀。

⑤漸：逐漸形成。

⑥辯：同「辨」，明辨，分別。一作「變」。

⑦蓋：大概，其實。

⑧敬以直內以上數句：直、方：此作動詞用。「正」字當作「敬」字。程頤《伊川易傳》：「敬立而內直，義形而外方。義形於外，非在外也。」

⑨含：蘊藏。成：居功。成就自己的美名。

⑩代：代理，替。終：善終。一說：有始有終。

五 六四爻辭

天地變化，草木蕃；天地閉，賢人隱。⑪《易》曰：「括囊，无咎，无譽。」蓋言謹也。

六 六五爻辭

君子黃中通理，正位居體。⑫美在其中，而暢於四支，發於事業。⑬美之至也。

七 上六爻辭

陰疑於陽，必戰。⑭為其嫌於无陽也，故稱龍焉；猶未離其類也，⑮故稱血焉。夫玄黃者，天地之雜⑯也。天玄而地黃。

直譯

一 《文言》說：坤極為柔順，但變動起來呀卻很剛健；極為安靜，但德行卻流布四方；跟隨在後，得到君主的賞識，但行動卻

⑪天地變化四句：是說天地萬物互相感應。蕃：茂盛。閉：不通。

⑫黃中通理：黃色乃中土之色。又居上卦中位，故稱黃中。是說黃裳在內，合乎坤道。正位：在中央的位置。

⑬四支：四肢。發：表現，發揮。

⑭疑：同「凝」。一說：通「擬」。戰：交戰。一說：交合。

⑮嫌：疑。一作「兼」。類：同類。指陽氣而言。

⑯雜：間雜混合，非正色。

有一定遵循的方向；包容養育了萬物，而且德化更為光大發揚。

坤的道理，它應該就是柔順吧！承應上天的規律，而且依照時令來運轉得當。累積良善行為的人家，一定有享受不盡的吉祥；累積不善行為的人家，一定有避免不了的禍殃。

補注

此與《彖傳》相呼應，而且一樣都有押韻。後面四句，乃釋「西南得朋」「東北喪朋」，即《彖傳》所謂「西南得朋，乃與類行」、「東北喪朋，乃終有慶」之意。

直譯

二

臣下殺死他的君主，兒子殺死他的父親，都不是由於一朝一夕短時間內導致的事故。它所發生的緣由，是逐漸累積形成的，是由於可以明辨卻不早日明辨呀。《周易》說的：「履霜，堅冰至」，大概說的就是一切事情都是順著時勢逐漸發展形成的吧。

補注

此則進一步闡釋「履霜堅冰至」和「地勢坤」坤即順的關係。

直譯

❸

六二爻辭所說的「直」，是形容它思想純正呀；所說的「方」，是形容它行為適當呀。君子恭敬的用「思想純正」來端正內心，合理的用「行為適當」來應接外物，恭敬、合理的形象能夠樹立起來，那麼美德廣布，也就不會被孤立了。所謂「直、方，大不習，无不利」，就是說不會有人懷疑他的所作所為了呀。

補注

本則主要是闡釋爻辭中「直」、「方」的意義。

直譯

❹

陰柔在下者即使有美德，也要蘊藏他的美德來跟隨君王做事，不敢自己居功呀。這就是地順天的道理呀，妻從夫的道理呀，臣忠君的道理呀。地順天的道理，沒有成就自己，卻替天效勞，始終如一呀。

補注

此則闡釋六三爻辭「无成」的意義。末句「无成而代有終也」，有人解作不居功而代天行道，最後有好結局。亦通。

直譯

五 天地運轉時化育萬物，連無情的草木都繁茂了；天地閉塞時陰陽不通，連賢明的人都退隱了。《周易》說的：「括囊，无咎，无譽」，大概說的就是要言行謹慎呀。

補注

天地閉，比喻時代昏暗，自須言行謹慎，以免遭受無妄之災。括囊比喻閉嘴，妙。

直譯

六 在上位的君子，穿的黃裳藏在外衣裡面，表示通曉道理，象徵在正中央的位置上，適合自己的身分。美麗的紋彩就在那黃裳之中，而且舒展到手腳四肢之上，發揮到所做的事業之上。是美的極致呀。

補注

春秋戰國時代，陰陽五行學說盛行一時，此則即其反映之一例。古人上衣下裳，衣在上在外，裳在下在內，而黃為中央之正色，美在其中，故用以喻謙下之德。「正位居體」，猶言體居正位。

直譯

七

陰氣凝結盛極，可以比擬陽氣時，陰陽一定交戰。因為陰氣盛極，懷疑已無陽氣了呀，所以稱它為「龍戰於野」的「龍」哪；但還是沒有離開它的同類呀，所以稱它為「其血玄黃」的「血」哪。所謂「玄黃」的意思，是指天地混雜的顏色呀。本來天是玄色，而地是黃色。

補注

此則闡釋上六爻辭「龍戰於野，其血玄黃」的意義，有人（例如尚秉和《周易尚氏學》，後來黃壽祺、張善文、郭建勛等，皆承其說）主張「疑」通「凝」，猶言「凝情」，而把「戰」解作「交合」。他們認為上六處〈坤〉之極，陰極陽生，此猶凝情於陽，故二者必致交合。以「龍」喻陽，以「血」明交合，以「玄黃」言天地交合時天玄地黃血色之混雜。《繫辭上傳》所謂「一陰一陽之謂道」，其意正在說明二者雖有上下尊卑之分，但同時有既相對立、又相依存的關係。

新繹

如同地配合天，坤必須配合乾，才能成就萬物。雖然同樣具備「元亨利貞」四種德行，但二者有所不同。坤必須配合天，才會有「利」，它只有固守正道、順應常法，才能配合天道的運行。正者，所謂正道常法。《文言傳》對〈坤卦〉的卦辭爻辭雖曾各自解說一次，但已闡明以柔順和包容為原則，柔而能剛、外圓而內方的道理。

細心的讀者，或許已經發現本書〈乾〉、〈坤〉二卦經文傳文的排列組合，並不一致。本書參照孔穎達《周易正義》、朱熹《周易本義》的編列次序，〈乾卦〉和〈坤卦〉以後的各卦，對於經、傳分合的編法，確實有所不同。傳統的編法，從〈坤卦〉以下，《周易》經、傳的編次，和〈乾卦〉有所不同。〈乾卦〉是先列經文（包括卦形、卦名、卦辭和爻辭），然後再列《彖傳》、《象傳》及《文言》，但從〈坤卦〉以下的六十三卦，則將《彖傳》、《象傳》分別條列，附於各卦的卦辭、爻辭之後。有學者根據《三國志．魏志．高貴鄉公傳》，認為這種分法，是從東漢的鄭玄開始的，但也有人認為是從王弼或費直開始的。至今沒有定論。

為了便於對照，茲將〈乾〉、〈坤〉二卦的經、傳（—經；‖傳）順序，並列如下：

一、（乾）卦形、卦體─卦名、卦辭─爻辭‖彖傳‖大、小象傳‖文言傳。

二、（坤）卦形、卦體─卦名、卦辭‖彖傳‖大象傳─爻辭‖小象傳‖文言傳。

兩相對照，可以看出：雖然同樣經、傳合編，但〈乾卦〉的經與傳是涇渭分明的：「爻辭」以上屬於經；「彖傳」以下屬於傳。而〈坤卦〉則將大、小《象傳》分開，把《大象傳》附在《彖傳》之後，《小象傳》附在爻辭之後，因而顯得經、傳混雜了。

事實上，從第三卦〈屯卦〉以後的各卦，其編列方法悉同〈坤卦〉，唯獨〈乾卦〉與眾不同。這或許是前人有意的安排，讓讀者在比較對照之餘，知道《易經》可能本來就有不同的編法和讀法。也因此，除了〈坤卦〉還逐一標題以為示例之外，從〈屯卦〉開始，我們為求簡便，對於各卦經、傳的分合，將不再一一標題說明。

三、屯卦

解題

屯，即囤積、困難。原指草木萌芽於地，充滿生機，有「開始」的意思；又因初生叢聚，易受摧折，所以又有「囤積」、「困難」的意義。〈屯卦〉主要談天地草創，萬物初生，充滿危機，也充滿生機，重要的是要知道取捨，把握時機。

此卦以初九、九五為主爻。初九陽居陰下，禮賢下士，有安民為侯之象；九五則居上位，能建侯以安民。

一、卦形、卦體

䷂震下坎上

【卦形淺說】

就卦體言，坎上震下，坎為雨為險，震為雷為動。動而有險，故有「屯」之象。

二、卦辭

屯：元，亨，利貞。勿用有攸往①，利建侯②。

注釋

① 勿用：不可施用。一說：不宜。有攸往：是說向外發展。往：往往指活動而言，不一定指方向。
② 建侯：建立諸侯。分封諸侯，共治國家。

直譯

〈屯卦〉：象徵初生和囤積，順利通達，有利於固守正道。不可用在對外有所發展的地方，卻有利於建立邦國，分封諸侯。

補注

《序卦傳》云：「有天地，然後萬物生焉。盈天地之間者唯萬物，故受之以〈屯〉。屯者，盈也；屯者，物之始生也。」許慎《說文解字》也說屯「象屮木之初生，屯然而難」。上句說它萌芽叢聚而生，下句說它初生於地，易受摧折。因此它有二義：一是盈滿，一是困難。從卦象看，上坎下震，雷在水下，動於險中，必有艱難。從卦序看，它在〈乾〉、〈坤〉二卦之後，象徵天地陰陽交合之後，萬物開始生長。也因為陰陽初交，才開始成長，所以不宜急進。「勿用有攸往」，是說先求內部安定，不宜對外發展。

（一）彖傳

《彖》曰：屯，剛柔始交而難生①。動乎險中②，大亨，貞。

雷雨③之動，滿盈，天造草昧④。宜建侯而不寧⑤。

直譯

《彖傳》說：屯的意思是初生，〈乾卦〉的陽剛、〈坤卦〉的陰柔二氣開始交戰，因而困難隨著產生。〈震卦〉運轉在〈坎卦〉的危險之中，可以非常順利通達，但要固守正道。

雷（震）、雨（坎）交加發動的時候，雷聲雨聲充斥天地之間，就像天地剛在創造萬物的草創蒙昧時期。這時候，統治者適合建立邦國、分封諸侯，一起治理天下，而不可偷安逸樂，無所作為。

① 剛柔：即陽爻（指乾）與陰爻（指坤）。

② 動乎險中：〈屯卦〉上坎下震。震者，動也；坎者，險也。故云。

③ 雷：指下卦震；雨：指上卦坎。合而言之，有「雷雨」之象。

④ 造：作，生。天造：天地造化。草昧：取象於二、三、四爻互卦為坤（見附圖），有晦暗之象。

〈屯卦〉
二三四爻互卦為坤

⑤ 不寧：不可安寧無事。一說：丕寧。「不」古通「丕」。

補注

從〈屯卦〉開始，以剛（陽爻）柔（陰爻）來指乾坤，都出現在《彖傳》之中。《彖傳》解釋卦義，斷一卦之吉凶，所說的剛柔，多指某特定的爻辭而言，有時也指卦象（大象傳）或某一類的爻象（小象傳）。像〈屯卦〉的「剛柔始交」，即指初九、九五兩爻而言。

（二）大象傳

《象》曰：雲雷①，屯②。君子以經綸③。

直譯

《大象傳》說：雲起雷動，是〈屯卦〉初始的象徵。君子取法它，用來治理國家大事。

①雲雷：雲指〈屯卦〉的上卦坎，雷指下卦震。雲在雷上，象徵將雨未雨。
②屯：古通「純」。本義為絲。
③經綸：以治理絲線，比喻治理國家。

補注

古人常以風起雲湧來比喻朝代政權更替之前，英雄豪傑的競起。「雲雷」的雲，與「雷雨」的雨，都是指〈坎卦〉。「雲」

即雷雨交加前密布的烏雲。雲雷是雷雨的起始，接著就是雷雨交加的階段了。這個階段，時勢造英雄，英雄造時勢，正是有志天下者遭遇艱難的時機，卻也是君子經綸天下的契機。

初九陽爻在諸陰爻的下方，表示勇於前進，就有希望。所以是主爻。

三、爻辭及小象傳

一

初九，磐桓①。利居貞②；利建侯。

《象》曰：雖「磐桓」，志行正③也；以貴下賤④，大得民⑤也。

直譯

初九爻辭：〈屯卦〉象徵猶豫躊躇、徘徊流連的樣子。有利於固守正道；有利於建國封侯。

《小象傳》說：初九爻辭雖然說是「徘徊躊躇」，但志向德行卻要端正呀；以尊貴的身分卻謙遜禮讓於卑賤的人，因此大得民心呀。

①磐桓：今作「盤桓」。徘徊不前的樣子。
②利居貞：宜於居正，得位自固。指初九以陽爻居陽位，並與六四陰爻正應。
③志行正：見上文「利居貞」注。坎為心為志，震為足為行，合有志行（心想事成）之象。
④下：當動詞用。自居賤者之下。陽稱貴，陰稱賤。初九以一陽而居數陰之下，故稱以貴下賤。
⑤大得民：指初九以一陽爻而居數陰爻之下。

補注

「居貞」的「貞」，有時解作「固守正道」，有時解作「趨向守正」。如果陽爻在初、三、五陽位，陰爻在二、四、上陰位，這叫「正位」，爻辭稱「貞」宜解作前者；反之，陽爻居陰位，陰爻居陽位，這叫「失正」，此時「貞」宜解作後者。

二 六二，屯如，邅如；①乘馬班如②。匪寇，婚媾③。女子貞不字④，十年乃字。

《象》曰：六二之難，乘剛⑤也。「十年乃字」，反常⑥也。

直譯

六二爻辭：象徵猶豫難定的樣子，徘徊不前的樣

①屯如：前進困難的樣子。同「迍如」。邅如：迴轉難行的樣子。初二和九五正應，九五與六三、六四三爻互卦為艮，艮為止，有難進之象。

②乘馬：古代一車四馬。初九陽爻，可象馬，二爻在初九之上，有乘馬之象。班如：排列成行卻互相牽制的樣子。《周易正義》引《子夏易傳》：「班如者，謂相牽不進也。」宏一按，下卦為震，震象足，錯卦為巽，巽象風，合有進退不定之象。

附說「錯卦」：錯卦是明代來知德《周易集注》提出來的《易》學概念。它和虞翻所謂的旁通卦意義不同。來氏認為「錯」是指兩卦陰陽相互對立。八卦相錯，即乾與坤錯，震與巽錯，坎與離錯，艮與兌錯。六十四卦皆然。並且認為相錯者，象即寓於其中。例如乾錯坤，乾為馬，故〈坤卦〉言「利牝馬之貞」；履下卦兌錯艮，艮為虎，故〈履卦〉言「履虎尾」。以此類推。

③匪：非，不是。此爻與九五正應，坎為盜，有「寇」之象。六二變爻，則下卦

子；拉車的四匹馬，排成行列卻互相牽制不能前進的樣子。他們不是強盜，是迎親的隊伍。

女子堅持正道，不肯出嫁，等了十年才許配於人。

《小象傳》說：六二爻的困難，是它以陰爻卻凌駕於陽剛的初九爻之上呀。所謂「十年乃字」，是指過了十年才又回到正常情況呀。

補注

「匪寇，婚媾」一語，在〈屯卦〉、〈賁卦〉、〈睽卦〉中都曾經出現，在不同的位次上，有不同的意義。讀者不妨自行試作比較。

三 六三：即鹿无虞①，惟入於林中②。君子幾，不如舍；③往吝④。

為兌，兌為少女，上卦坎為中男，合有「婚媾」之象，婚媾即婚姻嫁娶之意。

④字：女子許配於人，出嫁。一說：懷孕。六二以陰爻居陰位，和九五正應，卻居初九之上，是以柔乘剛，不和初九親比，故有「女子貞不字」之象。

⑤乘剛：指六二陰爻居於初九陽爻之上。難，指遇到三、四爻。三、四爻與九五互卦為艮，艮為止，有難進之象。見注①。

⑥反常：返歸常態。一說：違反常態。

①即：就近追逐。鹿：同「麓」，山麓。一說：指所獵之鹿獸。虞：古代掌管苑囿山林禽獸的官員。三、四、五爻互卦為艮，艮象山。三爻在下，有山麓之象，又，三爻在人位，可指「虞」。因與上六不能相應，故有「無」之象。

《象》曰：「即鹿无虞」，以從禽⑤也。君子舍之，「往吝」，窮⑥也。

直譯

六三爻辭：接近山麓追逐鹿群，沒有虞人陪伴圍獵，只追到林中就算了。在上位的君子要見機行事，不如到此放棄；繼續追，會後悔。

《小象傳》說：所謂「即鹿无虞」，是由於打獵時要虞人幫忙圍獵才追逐禽獸呀。君子放棄不再追牠們，所謂「往吝」，是由於遇到困境呀。

補注

古代帝王出獵時，虞人按例前驅圍集禽獸，供帝王射殺，並保護其安全。

四 六四：乘馬班如①，求婚媾。往吉②，无

② 是說只能追到林中，不能再深入。下卦震錯卦為巽，巽為入。又，震為竹，巽為木，竹木所在，有「林中」之象。

③ 幾：同「機」，先兆。一說：張弩射箭。舍：同「捨」。三、四、五爻互卦為艮，艮象山，有止捨之象。

④ 往吝：往則吝。吝：小疵，小過失。

⑤ 從：跟隨，有追逐的意思。禽，鳥獸之總名。

⑥ 窮：找不到出路。

不利。

《象》曰：「求」而「往」③，明也。

直譯

六四爻辭：駕車騎馬，隊伍看來很整齊，是為了求婚去。前往吉祥，沒有什麼不吉利。

《小象傳》說：為了求婚而前往，是光明正大的呀。

補注

古人雖然重男輕女，但在求婚、結婚的儀式方面，卻主張男下於女。這就好像君尊臣卑，但在求才訪賢時，君王要自下於臣一樣。程頤《伊川易傳》所謂：「知己不足，求賢自輔，可謂明矣。」就是這個意思。張載《正蒙》說的：「《易》為君子謀」，當然也有這個意思。

①乘馬：下卦震，震象馬，四爻在〈震卦〉之上，有「乘馬」之象。班如：已見六二爻。排列整齊的樣子。一說：不整齊。

②往吉：往則吉。指六四當位，又與初九正應。原有婚配之象，但因二、三兩個陰爻從中作梗，故須往而求之。

③求而往：是六四爻辭「求婚媾」、「往吉」等句的省文。

五 九五：屯其膏。①小，貞吉②；大，貞凶③。

《象》曰：「屯其膏」，施未光④也。

直譯

九五爻辭：囤積了那些油脂膏澤。小事，守正就吉祥；大事，守正也不吉祥。

《小象傳》說：所謂「屯其膏」，是指施展的能力不夠弘大，布施恩澤未廣呀。

補注

屯有「盈滿」的意思，但也有「困難」的意思。前者引申有「囤積」之意，後者引申有「艱困難處」之意。膏，指油脂，用於人事，指恩惠德澤。施恩太廣，恐傷根本；施恩未廣，恐招民怨。這是難處的原因所在。小、大，指小事、大事。《周禮・春官》有大貞、小貞；大貞卜問大事，小貞占問小事。大事如遷國

①屯：同「囤」，聚，盈。膏：澤，脂，恩澤。上卦坎象雨象水，九五居其中位，有屯其膏澤之象。

②貞吉：貞則吉。守常道就吉祥。指九五與六二皆居中位正。

③貞凶：占問，不吉祥。一說：貞則凶，守常道反而不吉祥。指九五雖與六二相應，但被困在重重陰爻之中，孤立無援，因而能力無法施展。「小貞吉，大貞凶」二句，或斷作「小貞，吉；大貞，凶」。小貞作守常講。小事守常，是儉以養廉，故吉；大事守常，則近於吝嗇，難成大器。

④施未光：雲行雨施未廣。光：廣。指九五陷於坎險之中。

立君之事，小事如婚娶飲宴之類。

六上六：乘馬班如，泣血漣如①。

《象》曰：「泣血漣如」，何可長也？

直譯

上六爻辭：騎馬駕車的迎親隊伍整整齊齊，新娘出嫁時哭個不停，像流下血淚似的。

《小象傳》說：所謂「泣血漣如」，是說要如何才可以長久呀？

補注

尚秉和《周易尚氏學》云：「上六居卦之極，故曰不長。」意思是說：此爻居〈屯卦〉最上一爻，〈屯卦〉的困難已發展到極點，難極而易，即將出現轉機。猶如古代新婚女子出嫁，男方騎馬駕車來迎親，新婦上車辭親時，都哭得像淚人兒一般。

①泣血：流出血淚。形容悲傷之極。漣如：淚水連續不斷的樣子。上卦坎，象血，錯卦為離，象目，有「泣血」之象。

新繹

從〈屯卦〉以後，各卦經傳的分合、卦爻的體例，基本上是相同的，因此不再逐一標題加注。為了讓讀者明白，卦辭、爻辭多由古聖觀物取象推演而來，並非憑空臆造，故略採前人時賢之說，做為補注，提供讀者參考。

四、蒙卦

解題

蒙，即童蒙幼稚，有遮蔽、蒙昧之意，但也有啟蒙、教育的意義。本卦主要談啟蒙之道。此卦以九二為主爻，故稱「我」。與六五相應，六五象童蒙。九二之外，又有上九陽剛合作，俱有啟蒙之象。

一、卦形、卦體

䷃坎下艮上

【卦形淺說】

就卦體言，坎下艮上，坎為水為險，艮為山為止。水流於下，山阻於上，皆有蒙昧之象。〈蒙卦〉和〈屯卦〉是綜卦，上下卦形正好相反，見「新繹」說明。

二、卦名、卦辭

蒙：亨。匪我求童蒙，童蒙求我。①初筮，告；②再三，瀆，瀆則不告。③利貞。

注釋

①匪：非。童蒙：像兒童一樣幼稚無知。蒙：昧。此指六五而言。我：啟蒙師自稱。此指九二而言。

②筮：以蓍草占卜。二、三、四爻互卦為震，有筮問之象。告：帛書本作「吉」。震錯卦為巽，巽象風，有「告」之象，故以「告」為是。

③瀆：古「黷」字。怠慢。再三告知，仍然不懂，所以就不告知了。

直譯

〈蒙卦〉象徵童稚和啟蒙：順利通達。不是我去請求幼稚孩童，是幼稚孩童來請求我。

起先第一次占筮，（神祇）會告知；再三占筮告知的話，就是褻瀆了。褻瀆了，（神祇）就不告知了。有利於固守正道。

補注

《禮記・學記》說：「玉不琢，不成器；人不學，不知道。是故古之王者，建國君民，教學為先。」教者師長，學者子弟，為體現尊師重道之宗旨，故《禮記・曲禮上》篇又說：「禮聞來學，不聞往教。」此即本卦所說的「匪我求童蒙，童蒙求我。」

(一)彖傳

《彖》曰：蒙，山下有險①，險而止，蒙。蒙，亨，以亨行時中也②。「匪我求童蒙，童蒙求我」，志應③也。「初筮告」，以剛中④也。「再三瀆，瀆則不告」，瀆，蒙也。蒙以養正，聖功也。

直譯

《彖傳》說：〈蒙卦〉象徵幼稚，山下有危險，有危險卻還停止在那裡，這就是像童蒙一樣幼稚。

「蒙，亨」是說童蒙幼稚卻能順利通達，這是因為順利通達的行動，進行的時機適當呀。「匪我求童蒙，童蒙求我」，這是心意感應呀。「初筮告」，是因為剛正適中呀。「再三瀆，瀆則不告」，這是因為褻瀆了，就是童蒙幼稚呀。童蒙幼稚，可以用來保持培養天真純正，這是成為聖人的功夫呀。

① 山下有險：〈蒙卦〉上卦是艮，艮為山，為止，下卦是坎，坎為水為險，故云。

② 行：施行，進行。二、三、四爻互卦為震，震為足，有「行」之象。時中：合時而適中，時機恰當。

③ 志應：指九二與六五正應。九二居下卦之中，下卦坎為心，故有「志」之象。

④ 剛中：六爻的二、五爻，分別居於上下卦的中位。此指下卦的九二陽爻。

（二）大象傳

《象》曰：山下出泉①，蒙。君子以果行育德②。

直譯

《大象傳》說：山下湧出泉水，象徵〈蒙卦〉。君子效法它，用果敢剛決的行動來培養德行。

補注

「山下出泉」和《彖傳》所說的「山下有險」，「出泉」和「有險」都是指〈坎卦〉而言。二者似有矛盾，但事實上這正是《易經》所要揭示的相反相成的道理。

〈蒙卦〉的卦形，和〈屯卦〉正好倒轉過來，這種互相對稱的卦形，古人稱為「綜卦」或「相綜」，也可稱為「反卦」或「覆卦」。它們的形象雖然相反，但彼此之間卻又有相輔相成的性質和作用。讀者應該二者互相參照。

①山下出泉：上卦艮是山，下卦坎是水，水即泉，故云。

②君子：九二以陽居中，有君子之象。果：剛決。果、育二字都當動詞，有成就的意思。就卦象言，上卦艮為山為果，錯卦為震，震為足為行，合有「果行」之象。

三、爻辭及小象傳

一 初六：發①蒙，利用刑人②，用說桎梏③，以往，吝。

《象》曰：「利用刑人」，以正法也。

直譯

初六爻辭：啟發幼稚的童蒙，適合利用處罰、規範的方式，用來解開刑具、釋放他身心的枷鎖，但一直以這樣方式做，會遇到困難。

《小象傳》說：所謂「利用刑人」，是用來貫徹端正教育法令呀。

補注

「以往吝」句，吝，《說文》引作「遴」，意為「行難」。又，帛書本「吝」皆作「閵」，係同音通假。

二 九二：包①蒙，吉。

①發：開，放。

②利用：利於。刑人：處罰人。刑：處罰。一說：同「型」，模型，規範。

③說：同「脫」，解開，釋放。桎梏：腳鐐手銬。泛指刑具，也指心靈的蒙蔽。就卦象言，下卦兌，有「脫」之象。二、三、四爻互卦為震，震為足，上卦艮為手，合有桎梏之象。

①包：包容，關懷。一說：環繞。指九二被多陰所包。

納婦，吉。子克家②。

《象》曰：「子克家」，剛柔接③也。

直譯

九二爻辭：包容童蒙幼稚，吉祥。迎娶媳婦進門，吉祥。生的兒子能夠接管家業。

《小象傳》說：所謂「子克家」，是說九二陽爻的剛健，和六五陰爻的柔順互相結合呀。

補注

「包蒙」之「包」，據《經典釋文》等書所引，或作「苞」，或作「彪」，帛書本則作「枹」。蓋皆同音通用字。下文類此者，不一一注明。

三 六三：勿用取①女。見金夫，不有躬。②无攸利③。

② 克：能。克家：能當家。一說：能娶婦成家。

③ 接：接觸，結合。一本作「節」，即接通。剛柔接：指九二陽爻與六五陰爻正應，有交接之象。比喻上下一心。

① 勿用：不要，不宜。取：通「娶」。

《象》曰：「勿用取女」，行不順④也。

直譯

六三爻辭：不用娶（那個）女人了。她看見有金錢的男人，就失身不再有自己了。沒有什麼好處。

《小象傳》說：所謂「勿用取女」，是指她行為不順眼呀。

補注

朱熹《周易本義》注解此爻云：「六三陰柔，不中不正。女之見金夫而不能有其身之象也。」又說：「金夫，蓋以金賂己而挑之，若魯秋胡之為者。」故主張「行不順」之順，當作「慎」。

聞一多《周易義證類纂》則說：「金夫」、「不有躬」有錯字：「語皆無義。疑『夫』當為『矢』，『躬』當為『弓』，並字之誤也。」他認為此句當作「見金矢，不有弓」，整句的意思是：好像只看到金矢（鐵箭），卻沒有看

②金夫：有錢的男人。此指上九而言。六三與上九正應，上九為乾爻，象金象夫，故曰金夫。或解為美男、武夫。一說：金夫當作「金矢」。躬：自身。

③无攸利：無益處。

④不順：不慎，不從，不守規矩。指六三以陰而乘於九二陽爻之上。

到弓。沒有弓，箭怎麼射呢？當然「無所利」了。

四 六四：困蒙①，吝。

《象》曰：「困蒙」之「吝」，獨遠實也②。

直譯

六四爻辭：獨困於蒙昧之中，會有憾恨。

《小象傳》說：所謂「困蒙」的「吝」，是指它獨自遠離了九二、上九兩個陽爻的剛健之氣呀。

補注

王弼《周易注》：「獨遠於陽，處兩陰之中，闇莫之發，故曰困蒙也。」

① 困蒙：困於蒙昧。指此爻為陰，且為上下陰爻所隔，遠離九二和上九陽爻。就卦象言，與初六同屬陰，不能相應，有「困」之象。三、四、五爻互卦為坤，有「蒙」之象。

② 獨：獨自。指六四爻。遠實：指遠離陽爻。實：陽。陽稱實，指九二、上九兩個陽爻。

五 六五：童蒙①，吉。

《象》曰：「童蒙」之「吉」，順以巽也②。

直譯

六五爻辭：童蒙自稱蒙昧，吉祥。

《小象傳》說：所謂「童蒙」的「吉」，是表示六五柔順而且謙卑呀。

① 童蒙：兒童多蒙昧無知。此指六五爻自稱蒙昧。

② 巽：謙遜。心順為順，貌順為巽。就卦象言，上卦艮為少男，故稱童蒙。本爻變，上卦為巽，為順，雖居尊位，卻能上親上九，下應九二，故吉。

補注

六五處上卦艮之中，居尊位，雖是陰爻，但上親上九，下應九二，可謂上下都有應援。一旦變為陽爻，則上卦艮☶就成為巽☴，全卦也就變成巽上坎下䷺，巽象徵風，坎象徵水，所謂風生水起，風調雨順，必然大吉大利。

六 上九：擊蒙①，不利為寇，利禦寇。②

《象》曰：利用禦寇，上下順也③。

① 擊蒙：指上九與六三正應，六三陰柔居下，上九位高而剛，似有過剛不中之嫌。擊：治，攻破，破除。一作「繫」，維繫。

② 不利為寇二句：是說處罰不宜太重。為寇：太重就反而像強盜傷人了。宜於防守而不宜攻擊。

③ 上下：上指上九，下指六三。此以君臣為喻。順：順應合作。表示上下和睦。

直譯

上九爻辭：破除蒙昧無知，不利於像對付強盜那樣的兇猛粗暴，而宜於像防禦強盜搶劫時那樣的同心協力。

《小象傳》說：宜於採用防禦強盜搶劫的方式，是表示上下都能接受，同心協力呀。

補注

對付強盜，通常不會客氣，甚至不嫌兇猛粗暴；防禦強盜，則通常小心防範，同心協力。蒙昧之極，當擊伐之，但要適度得宜，如防盜一般，這樣才能上下同心。如果擊伐過度，就反而像變成強盜一般會傷害人。

新繹

〈蒙卦〉和〈屯卦〉是「綜卦」，卦形恰好相反，倒轉過來，就成為對方。這種組合，也稱為「相綜」、「覆卦」或「反卦」。它們的意義，常常可以相反相成。屯既有初生、艱難的意義，又有盈滿、充實的意義。蒙既有幼稚、蒙昧的意義，又有啟蒙、教育的意義。合而觀之，屯、蒙二者卻又相承相對。《序卦傳》就說：「屯者，物之始生也。」又說：「物生必蒙，故受之以〈蒙〉。蒙者，蒙也，物之穉也。」物之始生和物之穉，二者意義相因相承。以下各卦及其組合，類皆如是。

此外，筆者以為學《周易》，歷來有所謂「象數」、「義理」兩派，宜如朱熹兼收並採，不可偏廢。因此本書在注解析論各卦爻時，除了說其義理之外，也常參酌各家之說，推演其象。見識有限，盡力而已。

五、需卦

解題

需，原指需求，引申有「等待」之義。上一卦蒙須養育，飲食為必需品。本卦即談飲食供需之道。需，帛書本作「襦」，古《易》作「溽」，訓養。李陽冰以為當作「霥」，見「新繹」。

此卦以九五為主爻。九五居中得正，為「有孚」之象。

一、卦形、卦體

䷄乾下坎上

【卦形淺說】

就卦體言，乾下坎上，乾為天，坎為水，水在天上，未落為雲，尚未下降為雨，故有「需待」之象。就卦性言，乾性剛，坎性險，內剛而外險。不宜輕舉妄動，亦宜有「等待」之象。

二、卦名、卦辭

需：有孚①，光亨②；貞，吉。利涉大川③。

直譯

〈需卦〉象徵需求和等待：保有誠信，可以光大通達；貞正，可以吉祥。有利於涉過大河川那樣的冒險犯難。

補注

〈需卦〉與〈訟卦〉相對成偶。〈需卦〉講等待，〈訟卦〉講爭訟，看似無關，但仔細想，等待需要平心靜氣，否則操之過急，必起爭訟。

（一）彖傳

《彖》曰：需，須①也，險在前②也。剛健③而不陷，其義不困窮矣。

「需，有孚，光亨，貞吉」，位乎天位④，以正

注釋

①有孚：保有誠信。一說：有，虛字。孚：保育，誠信。一說：孚即「俘」。俘獲人口財物。

②光亨：大亨。上卦坎，錯離為火，有光明之象。聞一多疑「光亨」當作「元亨」。亨：同「享」。元亨即大享。

③大川：比喻大難。涉大川，需待有利時機。人遇大難，亦須保有誠信。需、訟、同人、蠱等卦，皆借大川為喻。

①須：等待。

②險在前：前指上卦外卦。上卦為坎，坎象徵危險，故云。

③剛健：下卦為乾，乾體陽剛。

④位乎天位：上「位」字同「莅（涖）」。配合三才，易卦六爻，初爻、二爻為地，三爻、四爻為人，五爻、上爻為天。九五陽爻為天子尊位。

中⑤也。「利涉大川」，往有功也。

⑤正中：陽爻能處一、三、五爻位，陰爻能處二、四、六爻位，就稱之為正。上卦的五爻，下卦的二爻，皆處卦之中位，故稱為「中」。

直譯

《彖傳》說：需，是說等待時機呀，危險就在前頭呀。但下卦〈乾卦〉陽剛強健，因而不會陷入險境，它的意義就是不會陷入窮途困境了。

所謂「需，有孚，光亨，貞吉」，是指九五陽爻處於上卦中間的天子之位，可以得正守中呀。所謂「利涉大川」，是表示繼續前進可以成功呀。

補注

孔穎達《周易正義》解釋《彖傳》的體例云：「剛健而不陷，只由二象之德；位乎天位以正中，是九五之德也。凡卦之為體，或直取象而為卦德者；或直取爻而為卦德者；或以兼象兼爻而得卦德者。此卦之例是也。」

（二）大象傳

《象》曰：雲上於天①，需。君子以飲食宴樂②。

直譯

《大象傳》說：雲氣已上升，密集在天空，只能等待下雨的時機到來。君子因此在此等待的時刻，吃吃喝喝，宴會行樂。

補注

〈需卦〉與以上〈屯〉、〈蒙〉二卦，都由〈坎卦〉演變而來，也都有「水」與「險」的形象，因此它強調必須等待有利的時機到來，要有耐心和恆心。

三、爻辭及小象傳

一 初九：需于郊①。利用恆②，无咎。

《象》曰：「需于郊」，不犯難行③也。「利用恆，无咎」，未失常④也。

① 雲上於天：這是用〈需卦〉坎上乾下來解釋卦義。坎為雲為雨，乾為天。一本作「雲在天上」。

② 君子以飲食宴樂：君子取法於此，是互卦而來。〈需卦〉二、三、四爻互兌為「口」，有「飲食」之象。又兌為「悅」，即因宴樂而得。

① 郊：城外。

② 用恆：守常，持之以恆。

③ 不犯難行：不冒險前進。指初九與六四正應，六四已在坎體險境（上卦坎象「險」），故不冒險前進。

④ 失常：違背常態。失：違。常：恆，常道。

直譯

初九爻辭：等待在城邑之外。宜於耐心等待，就可以沒有災害。

《小象傳》說：所謂「需于郊」，是表示不冒險去行動呀。所謂「利用恆，无咎」，是表示沒有違背正道常態呀。

補注

孔穎達《周易正義》云：「郊者，是境上之地，亦去水遠也。恆，常也。遠離待時，以避其害，故宜保守其常。」

㈡ 九二：需于沙①。小有言，終吉。②

《象》曰：「需于沙」，衍在中③也。雖「小有言」，以吉終也。

直譯

①沙：沙灘。黃宗炎：「江海之濱，通稱為沙。」

②小有言：稍有口舌之災。言：批評、非議的言語。終吉：指九二居柔守中，最終吉祥。

③衍：水流。衍在中：水漫衍沙中。一說：衍，寬；中，指九二中爻位置，即中心。

九二爻辭：等待時機在沙灘上。雖然稍為有些批評，終究吉祥。

《小象傳》說：所謂「需于沙」，是說水已漫衍在沙灘中心呀。雖然「小有言」，但最後仍以吉祥結束呀。

補注

所謂「小不忍，則亂大謀」，所謂「忍片時風平浪靜，退一步海闊天空」，都是教人要懂得「小有言，終吉」的道理。

三 九三：需于泥，致寇至。①

《象》曰：「需于泥」，灾在外②也。自我「致寇」，敬慎，不敗也。

直譯

九三爻辭：等待時機在泥沼，招引盜賊來到。

①需于泥二句：指九三以陽爻居陽位，過於剛健，勇於前進，又已近坎險之境。

②灾：災的古字。外：指外卦〈坎卦〉。坎為盜。灾在外：是說災禍已在身邊目前。

《小象傳》說：所謂「需于泥」，災禍就在身邊呀。都是自己招來盜賊的，唯有端正小心，才不會失敗呀。

補注

孔穎達《周易正義》：「泥者，水傍之地。泥溺之處，逼近於難。」李光地《周易折中》引龔煥之語：「郊、沙、泥之象，視坎水遠近而為言者也。《易》之取象如此。」

四 六四：需于血，出自穴。①

《象》曰：「需于血」，順以聽②也。

①血：或云當作「洫」，溝洫也。坎為水，為赤，為血。穴：陷阱。朱熹注：「血者，殺傷之地。穴者，險陷之所。」

②順以聽：順時而動，聽命而行，等待適當時機。指六四以陰爻而居陰位，不躁進。與初九相應，又順從九五，自脫險境。

直譯

六四爻辭：好好等待時機，在溝洫裡，然後才能從洞穴中逃出去。

《小象傳》說：所謂「需于血」，是表示順時而且聽命呀。

補注

屈萬里師《學易劄記》：「血即洫，穴為居處（與本卦上六爻辭同），言出自所居之穴，而需待於溝洫間也。洫與上文郊、沙、泥皆為所需之所。」並引《墨子．辭過篇》的「古之民，未知為宮室時，就陵阜而居，穴而處下，潤濕傷民。」以及《說文》的「穴，土室也」等為證。

五 九五：需于酒食①，貞，吉。

《象》曰：「酒食，貞，吉」，以中正②也。

直譯

九五爻辭：等待時機在酒席飯局上。固守正道，可以吉祥。

《小象傳》說：「酒食，貞，吉」，是由於九五居中守正呀。

①酒食：泛指飲食宴樂。

②中正：中，中位。五爻居上卦之中，二爻居下卦之中。此指九五處於上卦之中，得正位，九為陽爻，六為陰爻。初、三、五為陽位，二、四、上為陰位。陽爻居陽位，陰爻居陰位，即稱為正。比喻安於日常生活。

補注

李光地《周易折中》云：「卦惟九五剛健中正以居尊位，是能盡〈需〉之道者。故《彖傳》特舉此爻，以當彖辭之意，而《大象傳》又特取此爻爻辭，以蔽〈蒙〉義之全。」

---

❻上六：入于穴，有不速之客三人來①。敬之，終吉。

《象》曰：不速之客來，「敬之，終吉」，雖不當位②，未大失也。

①不速之客：不請自來的客人。速：召，催請。三人：指下卦的三個陽爻。代表三個陽剛強健的不速之客一起出現，難以對付。

②不當位：指初爻、二爻和上六並不相應。一說：位字疑衍。不當：是說敬重不速之客，不算大過失。

直譯

上六爻辭：陷入到險穴中，有不催請就自己來到的客人，總共有三個來。敬重他們，等待時機，結果吉祥。

《小象傳》說：有不請自到的客人來，所謂「敬之，終吉」，是表示雖然來的時機不適當，但敬重他們也沒有大過失呀。

新繹

需，據漢代許慎《說文解字》云，即「𩂣」字，意思是遇雨不進，有「暫停」之意。唐代李陽冰說字體應作上「雨」下「天」。陸德明《經典釋文》亦云：「音須。字從雨從而者，非。飲食之道也。訓養。」可見唐代以前，有人認為：需，音「須」；字作「⿱雨天」，意義與飲食養育之道有關。到了宋代，亦有人引《歸藏》說「需」作「溽」，字同「濡」，音與「懦」、「秀」相近，意思是「恣滋味」，亦與飲食養育之道有關。清代惠棟的《周易述》就說：「懦行飲食不溽。鄭注云：恣滋味為溽。溽之言欲也，故《象》言飲食宴樂。古文《易》不可考，然溽字不為無說。」民國以來新出土的資料，上博本「需」作「⿱亠子」，隸定為「⿹勹子」，一樣有養育之意；而馬王堆帛書本作「襦」，則是同音通假。

至於訓為養育的飲食宴樂之道，究竟為何，則各有各的說法了。例如黃宗炎的《周易象辭》，就以此卦與《詩經．豳風．七月》一詩互為表裡。

總之，〈需卦〉從初九到上六，是表示由需于「郊」而「沙」而「泥」而「血」而「酒食」的發展過程中，由遠而近，由郊外之地到酒席之間，在不同的時位上，就要有不同處置的方法和態度。

六、訟卦

解題

訟，即公言、訴訟，指相互爭辯，但也有打官司，訴之公論之意。本卦主要討論爭訟的種種問題，主張慎始守中。此卦與〈需卦〉為綜卦。一者為爭，一者為等，相互為用。

此卦以九五為主爻，卦中稱「大人」。

一、卦形、卦體

䷅坎下乾上

【卦形淺說】

就卦體言，坎下乾上，坎為水，乾為天，水趨下流，而天行於上，行動相背，有「訟」之象。就卦性言，乾性剛，坎性險，外剛內險，易與人爭，亦有「訟」之象。

二、卦名、卦辭

訟：有孚，窒惕，①中吉，終凶。利見大人②，不利涉大川③。

直譯

〈訟卦〉象徵爭辯和訴訟：要有誠信，如果不能自我警惕，隨時止訟，中間雖然吉祥，最終卻有凶險。有利於遇見公正的大人物，卻不利於冒險渡過大河川。

補注

《序卦傳》云：「飲食必有訟」，古代謀生困難，民以食為天，為飲食常起爭訟。小則爭吵，大則打官司。此卦教人如何面對爭訟，但仍認為最好是不爭訟。

程頤《伊川易傳》說：「訟之道，必有其孚實。中無其實，乃是誣妄，凶之道也。」誣妄得逞，是害人；沒有得逞，是害己。故訴訟必有受害者。

注釋

①窒惕：止息。窒：閉塞。惕：警惕。一說：惕，通「咥」，止息的意思。「有孚，窒惕」，一作「有孚窒，惕」，是說因為誠信被窒塞，所以才會引起爭訟。一作「有孚，窒，惕」，窒作「至」講，是說訴訟來到，就會惕懼。

②見：同「現」。一說：謁見。大人：有才德的君子，可以斷定訟爭、是非曲直。

③涉大川：這裡是說渡過難關，需涉大川。表示訴訟不順利，卻不肯停止，還一直打下去。

（一）彖傳

《彖》曰：訟，上剛下險①；險而健，訟。「訟，有孚，窒惕，中吉」，剛來而得中②也。「終凶」，訟不可成③也。「利見大人」，尚中正④也。「不利涉大川」，入于淵也。

①上剛下險：上卦乾為剛，下卦坎為險。
②剛來而得中：剛指陽爻九二，得中指居中位。
③成：終勝，結束。一說：成就大事。
④中正：指九五爻居中守正。

直譯

《彖傳》說：〈訟卦〉象徵訴訟，上面剛健，下面危險；雖然危險，卻又剛健，這就是訴訟。

所謂「訟，有孚，窒惕，中吉」，是指剛健的陽爻來到，而且得居中位呀。所謂「終凶」，是表示訴訟不能善終呀。

所謂「利見大人」，是表示崇尚中正之道呀。所謂「不利涉大川」，是由於怕會沉沒到深淵呀。

補注

此卦以九五陽爻為主爻，居上卦之中，剛健中正，是領導的

「大人」尊位。其他的陽爻，如九二陽爻雖居下卦坎險中位，但與九五同為陽爻，不能相應，因此誠信受到質疑；而上九則處於三個陽爻的最上方，過於剛強，也有逞強爭訟的跡象。整體而言，是在下卦坎險象徵的陷阱之上，因此最終是凶，都不如九五能把握中庸之道。

《論語．顏淵篇》記載孔子說：「必也無訟乎」，爭訟本來就不是解決問題的好辦法。如果不得已而打官司，也要趕快了結，不要糾纏不清。

（二）大象傳

《象》曰：天與水違行①，訟。君子以作事謀始②。

直譯

《大象傳》說：在上空的天（乾）和在地下的水（坎）背道而行，象徵訴訟。君子因此做事時，要好好計畫開頭怎麼做（以免後來有爭議而引起訴訟）。

①違行：背道而行。上卦乾在上為天，下卦坎在下為水。《周易正義》云：「天道西轉，水流東注，是天與水相違而行。」

②作事謀始：做事之初，要好好計畫，以免後來有爭議而引起訴訟。

三、爻辭及小象傳

一 初六：不永所事①，小有言②，終吉。

《象》曰：「不永所事」，訟不可長也。雖「小有言」，其辯明也。

①不永所事：是說當機立斷，中途改變原來的主張。永：長久。所事：指訴訟之事。意思是不使訴訟糾纏不清。

②小有言：稍有口舌之爭。

直譯

初六爻辭：不要長久糾纏於所進行的訴訟案件。雖然中途稍有爭議，終局卻是吉祥的。

《小象傳》說：所謂「不永所事」，是因為訴訟不可長久呀。雖然「小有言」，但他的辯解卻使事情可以清楚明白呀。

補注

胡炳文《周易本義通釋》：「初不曰不永訟，而曰不永所事，事之初，猶冀其不成訟也。」仔細玩味「不永所事」一語，確有此意。

二 九二：不克訟①，歸而逋②。其邑③人三百戶，无眚④。

《象》曰：「不克訟」歸逋，竄⑤也。自下訟上⑥，患至掇⑦也。

①不克訟：不能勝訴。克：能，有「勝利」之意。指九二以陽爻居陰位，自己不正，與九五又不相應，以下訟上，故不克訟。
②逋：逃避。
③邑：城鎮。
④眚：眼翳，災，過失。
⑤竄：逃匿。
⑥自下訟上：以下犯上。是說與九五不相應。
⑦掇：拾，自取。

直譯

九二爻辭：以下訟上，不能勝訴，就逃回家躲避起來。他住的城鎮人家總共三百戶，已經不會引人注意，因此沒有遭受禍害。

《小象傳》說：所謂「不克訟」，就回家逃避起來，那是竄逃呀。自己是下屬，卻訴訟上司，禍患的到來是自取的呀。

補注

屈萬里師《學易箚記》引《春秋．莊公九年．穀梁傳》：「十室之邑，可以逃難；百室之邑，可以隱死。」是說躲在人口越多的地方，越不會引人注意。

三 六三：食舊德①，貞，厲②，終吉；或從王事，无成③。

《象》曰：「食舊德」，從上，吉也④。

①食舊德：享用既有的利潤。食：享用。舊德：指以往給人好處，所得的回報。

②厲：凶險。

③无成：不能居功。

④從上吉也：是說六三能與上九相應則吉。

直譯

六三爻辭：享用前人或往日所施恩德而獲得的回報，如果能堅守正道，雖有凶險，但最終卻吉祥；如果是跟隨君王做事，卻要謙稱自己沒有成就。

《小象傳》說：所謂「食舊德」，表示聽從上級，是吉祥的呀。

補注

屈萬里老師注引《禮記・禮運篇》云：「天子有田以處其子孫，諸侯有國以處其子孫，大夫有采以處其子孫。」可見他以為「舊德」即指世襲祖先的爵位和俸祿而言。

四 九四：不克訟，復即命①；渝，安貞。②吉。

《象》曰：「復即命，渝，安貞」，不失也。

直譯

九四爻辭：不能訴訟勝利，回過頭來，就決定服從判決；改變想法，這才是安於固守正道。吉祥。

《小象傳》說：所謂「復即命，渝，安貞」，是指不違背正道呀。

補注

楊簡《楊氏易傳》：「九剛四柔，有始訟終退之象。人惟不安於命，故欲以人力爭訟；今不訟而即於命，變而安於貞，吉之道也。」

①復：返回。命：命令，常理。

②渝：變。安貞：是說九四以陽居陽，過於剛健，不合中正之道。只有改變自己，才能安貞且吉。

五 九五：訟，元吉。①

《象》曰：「訟，元吉」，以中正②也。

直譯

九五爻辭：公正訴訟判決，本來就是大吉利。

《小象傳》說：所謂「訟，元吉」，是因為九五得中守正呀。

補注

九五為卦主，李鼎祚《周易集解》引王肅之說：「以中正之德，齊乖爭之俗，元吉者也。」

六 上九：或錫之鞶帶①，終朝三褫之②。

《象》曰：以訟受服③，亦不足敬也。

①訟：此指公審判決而言。元吉：大大吉利。

②以中正：表示公平、公正。以：因為。中：居中位。正：得正道。

①或：或許。假設的語詞。錫：賜。鞶帶：用皮革製成的大腰帶，是古代大夫以上的高官服飾。

②終朝：古人指「旦至食時」為終朝。即白天上午。一說：朝指朝會，君臣在朝廷上會議結束，謂之終朝。三褫：三，指多次；褫，解除、奪取。褫，一作「拕」。

③受服：獲得官服祿位。

直譯

上九爻辭：或許（勝訴）會賞賜他高官服飾大腰帶，但一個大白天裡它可能有三幾次的機會被剝奪下來。

《小象傳》說：因為訴訟而受賞賜高官的服飾，也不值得尊敬呀。

補注

王弼《周易注》：「處〈訟〉之極，以剛居上，訟而得勝者也。以訟受錫，榮何可保？故終朝之間，褫帶者三也。」

新繹

此卦六爻的爻辭，大致上是可以按照時位的順序和因果的關係來解讀的。

初六爻表示訴訟不能糾纏不清，拖延太久；如果早點結束，雖有微言，結局卻是好的。

九二爻說明萬一敗訴之後，有領土三百戶的貴族，可以回到老家，是不會有什麼艱困。

六三爻是說，如果敗訴者是依賴祖先的餘蔭獲得俸祿的，那麼就危險了，萬一俸祿被取消了，怎麼辦？從此安分守己，大概還可以無事。

九四爻是假設訴訟者在訴訟中途願意接受調停，聽從命令，結果通常是安好吉祥的。

九五爻居中位尊，對於做為領導者的他來說，只要有訴訟，就不是好事。

至於上九爻，代表那高高在上的上位者，有名位而無實權，如果喜好訴訟而又敗訴的話，就會在短時間內被取消爵祿，得不到別人的尊敬了。

孔子曾說：「聽訟，吾猶人也；必也使無訟。」王弼曾引此以注此卦，可謂蓋得象外之旨。

請參閱《周易新繹．通論編》。

七、師卦

解題

師，即兵眾、軍旅，講爭勝用兵之道。上一卦「訟」，公言也。公者，必有群眾參與爭辯，而爭辯必有勝負，故續以〈師卦〉。

此卦以九二為主爻，居下卦之中，又上與六五陰陽相應。所謂丈人，是統帥的象徵。

一、卦形、卦體

䷆坎下坤上

【卦形淺說】

就卦體而言，坎下坤上，坎為水，坤為地，地下有水，可以畜眾養兵。就卦性而言，坎險而坤順，行順於險地，俱有「師」之義。

二、卦名、卦辭

師①：貞丈人，吉。②无咎。

直譯

〈師卦〉象徵軍隊和用兵：請教就正於有經驗、見識的老前輩，吉祥。可以沒有災害。

補注

治軍用兵之道，一要有好統帥，二要講正義，所謂師出有名。有經驗有見識的人，通常年紀不小，所以古本「丈人」一作「大人」，丈人有長者之義，也因此筆者認為此處「丈人」比「大人」好。

（一）彖傳

《彖》曰：師，眾也。貞，正也。能以眾正①，可以王②矣。

剛中而應③，行險而順④。以此毒⑤天下而民從之，

注釋

①師：本義是在山丘上會聚兵眾。古代兵民合一，平時力田為民，戰時執戈為兵。原則上，二千五百人為一師。

②貞：卜問，守正。丈人：嚴謹莊重而有才德的長輩。一作「大人」，此指主爻九二。「貞丈人吉」，或作「貞，丈人，吉」，或作「貞，丈人吉」。

①能以眾正：能以群眾之事就正於人。一說：以，使、率領，句謂率領兵眾固守正道。

「吉」又何咎矣。

② 王：去聲，當動詞用。稱王。

③ 剛中而應：指九二陽爻居下卦中位，又上應六五陰爻，有如良將得君命而展長才。

④ 行險而順：〈坎卦〉為險，〈坤卦〉為順。九二險中而順行，故云。

⑤ 毒：毒害，此作亭毒用，平定治理之意。俗話「以毒攻毒」，故毒亦有整治平定之意。一說：毒，古「毒」字。通「育」，完厚之意。

直譯

《彖傳》說：師，是兵眾呀。貞，是正道呀。能把率領兵眾的事情固守在正道上，這樣就可以稱王於天下了。（下卦九二陽爻）剛健居中而又與上級（上卦六五）相應和，進行危險活動卻能順利完成使命。因此平定天下而人民都服從他。這樣獲得吉利，又會有什麼災禍呢。

補注

胡炳文《周易本義通釋》：「毒之一字，見得王者之師，不得已而用之；如毒藥之攻病，非有沉疴堅癥，不輕用也。其指深矣。」

宏一按，此講正道，故稱「王者之師」，所謂「師出有名」。

（二）大象傳

《象》曰：地中有水①，師。君子以容民畜眾②。

① 地中有水：上坤為地，下坎為水，故云。
② 以容民畜眾：是說效法地之蓄水，來蓄養民眾。畜：養。

直譯

《大象傳》說：地中有水，是〈師卦〉的象徵。君子因此效法它，寬容人民，蓄養兵眾。

補注

九二陽爻居下卦中位，被上下五個陰爻所拱衛，像是統帥。它與上卦居尊位的六五陰爻陰陽相應。六五高高在上卻柔和，象徵肯任用統帥；九二雖在下方卻剛健，象徵握有實權。國君有權，將相有能，這種組合最為理想。即使是現代也一樣。

又，談「師」、談軍旅用兵之道，這裡還談到「容民畜眾」，原因是古代軍民不分，兵出於民，平時是民，持耒耜以耕田地，戰時則是兵，執干戈以衛社稷。容民蓄眾，正取象於地（坤）下有坑洞可以積水（坎）。

三、爻辭及小象傳

一 初六：師出，以律。①否臧②，凶。

《象》曰：「師出，以律」，失律③，凶也。

①師出：即出兵。師：此指兵眾。戰時已成軍隊。以：用，依照。律：紀律，法規。一說：律呂之律。見《史記．律書》、《周禮．大師》等。

②否臧：音「痞髒」，不善。否：不。臧：善，良。此指初六不當位，又與六四俱陰，故不相應。

③失：違背。律：紀律，規範。

直譯 初六爻辭：兵眾出動時，要用律令來規範。律令不好，是凶險的。

《小象傳》說：所謂「師出，以律」，違反律令，是凶險的呀。

補注 《左傳．隱公十一年》：「凡諸侯有命告，則書；不然，則否。師出，臧否亦如之。」又《左傳．昭公五年》：「一臧一否，其誰能當之。」臧指善，否指惡。所以也有學者把「否臧」解作一善一惡、一是一非。但此爻的《小象傳》既然說「失律，凶也」，則此「否臧」當作不臧、不善解。明代薛瑄《讀書錄》

即云：「失律即不臧也。」

❷九二：在師中，吉，无咎，①王三錫命②。

《象》曰：「在師中，吉」，承天寵③也。「王三錫命」，懷萬邦也④。

直譯

九二爻辭：像在軍旅中能守中道做主帥，吉祥，沒有過失禍害。君王三次頒令嘉獎任命他。

《小象傳》說：所謂「在師中，吉」，是指承受天子的寵信呀。所謂「王三錫命」，是指輔佐天子懷柔萬邦呀。

補注

項安世《周易玩辭》：「二所以勝，非己之功；以與五相應。得君寵也。」

①在師中：或斷作「在師中，吉无咎」。指九二爻居下卦中間位置。象徵中道而行。一說：中，做主帥。

②錫命：君王頒令賞賜車服、器物，甚至封侯賜國。三錫命：指三幾次賜給榮譽。《周禮》云：「一命受職，再命受服，三命受位。」即指賞賜器服、車馬、爵位三次冊命。

③承天寵：承蒙天子寵信。

④懷：懷柔，招安。坎為心為胸，坤為眾為國，合有懷萬邦之意。

宏一按，「二」指九二，「五」指六五。王夫之《周易內傳》亦云：「（王）懷寧萬邦，故代天而命德討罪，二不得邀寵而侵權也。」

三 六三：師或輿尸①。凶。

《象》曰：「師或輿尸」，大无功②也。

① 或：或許，有時。輿尸：戰敗車上載著屍體。輿：大車，尸：屍體。一說：輿，眾；尸，主持。是說軍隊無專人統率，號令不統一。

② 大：非常。大无功：大敗仗。

直譯

六三爻辭：軍隊出征，有時車廂中載著屍體。凶險。

《小象傳》說：所謂「師或輿尸」，是表示（六三）大大的打了敗仗，沒有功績呀。

補注

此講戰爭失利時，不忍拋棄死者，故以車載運屍體。言外之意是，六三不自量力，貪功冒進，因而打了大敗仗。

四 六四：師左次①，无咎。

《象》曰：「左次，无咎」，未失常②也。

①左次：撤退，轉進。左：退。次：舍，駐紮。據《左傳‧莊公三年》：軍隊一宿為舍，再宿為信，過信為次。

②失常：違背常理。因為勝敗乃兵家常事，見難而退，待時而動，宜也。

直譯

六四爻辭：軍隊撤退轉進駐紮地點好幾天，沒有災殃。

《小象傳》說：所謂「左次，无咎」，是說還不算違背常理呀。

補注

此講帶兵作戰，要知有進有退。進時退時該當如何，也有一定的道理。

「左次」另有一解，即指軍隊駐紮營地，必須「前左水澤」，前面左邊是水澤。王弼《周易注》即云：「行師之法，欲右背高，故左次之。」孔穎達《周易正義》亦云：「此兵法也。故《漢書》韓信曰：兵法欲右背山陵，前左水澤。」前左是水澤，右後是山陵，才利於攻守。

五 六五：田有禽①，利執言②，无咎。長子帥師③；弟子④輿尸，貞凶⑤。

《象》曰：「長子帥師」，以中行⑥也。「弟子輿尸」，使⑦不當也。

①田有禽：〈師卦〉地中有水，乃田之象。田中有禽，比喻敵人來犯。一說：田指田獵，禽同「擒」，指有所獲。

②執言：聲明，報告，審訊。言，一作「之」。

③長子：指九二爻中的丈人。帥：同「率」。

④弟子：泛指年幼無能者。坎為中男，三、四、五互艮為少男，合稱弟子。

⑤貞凶：不問可知，固為凶險。

⑥中行：是說長子處上卦中位。

⑦使：差遣，用人。一說：使，當作「位」。

直譯

六五爻辭：田獵時有所擒獲，都應該有擒獲審訊的報告，就不會有差錯。

讓長子做主帥統率軍隊；如果是其他子弟，就會用車運載屍體。占問結果有凶險。

《小象傳》說：所謂「長子帥師」，是依中道而行呀。所謂「弟子輿尸」，是指任用差使不當呀。

補注

此講平時要訓練有素，戰時更要任用得人。此乃勝敗之關鍵。

六 上六：大君①有命，開國承家②，小人③勿用。

《象》曰：「大君有命」，以正功④也；「小人勿用」，必亂邦也。

直譯

上六爻辭：偉大的君王有命令頒布：依戰功有的封為可以闢疆建國的諸侯，有的封為家人可以世襲的卿、大夫，至於沒有什麼表現的平民小人，就不予重用了。

《小象傳》說：所謂「大君有命」，是用來評定戰功的大小呀；所謂「小人勿用」，是因為一定會擾亂國家呀。

①大君：指天子。帛書本作「大人君」。上博本作「大君子」。一稱天君、天王。一說：大君即太君，太皇太后。君主的尊稱。

②開國承家：分封土地給功臣。諸侯稱「國」，卿大夫稱「家」。句謂論功行賞，諸侯可以開國，卿大夫可以承家。

③小人：小人物。指平民而言。

④正功：評定戰功的大小。即論功行賞。

補注

大君，指六五。孔穎達《周易正義》云：「大君謂天子也，言天子爵命此上六，若其功大，使之開國為諸侯；若其功小，使之承家為卿、大夫。小人勿用者，言開國承家，須用君子，勿用小人也。」宏一按，此講賞罰分明。

新繹

〈師卦〉的六爻，基本上也以時位因果的關係來編排。

初爻強調軍隊須有嚴明的紀律，平時要訓練有素，出征時更要軍令如山，聽從上級指揮，擊鼓則進軍，鳴鑼則收兵。如果紀律不嚴明，必定敗仗。

二爻是說主帥如果所用得人，能守正道，那麼一切順利，他不但能因戰功獲得天子賞賜器服、車馬、爵位，而且也能幫助天子懷柔萬邦。這時候天子表現弱勢一些，也沒有關係。所以本卦以九二與六五相應，表示君弱而臣強。

三爻從反面說，如果所用非人，必打敗仗，會常用戰車載運屍體。

四爻說明戰爭有勝有敗，有進有退。打敗時要趕快撤退，駐紮在有利於攻守的地方，最好右邊背後是山陵，左邊前面是水澤。

五爻是講君王天子，平時要常舉行田獵活動，做為備戰的訓練，誰的表現好，捕獲多少動物，都要清清楚楚，這就如同打仗時，誰俘獲多少敵人，都要經過審訊，才能賞罰分明。萬一出征時，自己不能親往，也只能由長子代表自己，否則必出亂子。

六爻是說天子或太王太后的上位者，治軍用兵，強調一定要賞罰分明。有功的君子，可以裂土封侯，至於小人則應擯而不用。

八、比卦

解題

比，即親近、依附，引申有合作團結之意。本卦談群眾在一起時，內外上下之間宜相親近的道理。

此卦與師卦上下卦形完全倒轉，彼此為綜卦。師言戰，比言和，二者相互為用。講的是團結。

此卦以九五為主爻。九五居中得正，眾陰爻從之，亦有比附之象。

一、卦形、卦體

䷇坤下坎上

【卦形淺說】

就卦體而言，坤為地，坎為水，水在地上，互相依附，有親比之象。

二、卦名、卦辭

比：吉。原筮，元永貞，①无咎。
不寧方來②，後夫③凶。

直譯

〈比卦〉象徵親近和團結：吉祥。推究它原有的占卜，從開頭就象徵良善，長久貞固，沒有災殃。

不得安寧的四方諸侯都來歸附，後到的卿、大夫會有凶險。

補注

此講團結親輔之道。《序卦傳》：「眾必有所比」，程頤《伊川易傳》云：「比，兼輔也。人之類必相親輔，然後能安。故既有眾，則必有所比。」

屈萬里師《學易箚記》：「師卦之後，即次以比。比九五言田狩之事，甲骨文用比字，亦多言征伐之事。」不過，〈師卦〉講用兵之道，〈比卦〉則講治國之方。

又，屈老師《詩經釋義》以為「不寧方」、「不庭方」，皆

注釋

①原筮：「原」即「源」的本字，引申有「始」的意思。原筮，即初筮。古代占卜有初筮、再筮等等不同的解釋，此指原有的筮占。此句歧解頗多。《周易正義》：「原窮其情，筮決其義」。元：大大，非常。本有「始」義，也有「善」義。

②不寧：不安寧。一說：不聽王命。方：方國，諸侯。一說：方，併；方來：並來。來：歸附。

③後夫：後到者。夫：古代大夫的簡稱。此指上六。上六當位，在九五之上，有不服之象。

「不朝之國」的意思，指原來不肯聽命、不來朝貢的四方之國。王夫之、王國維亦作此解，可採。

（二）彖傳

《彖》曰：比，吉也；比，輔也。下順從①也。「原筮，元永貞，无咎」，以剛中②也；「不寧方來」，上下③應也；「後夫凶」，其道窮也。

直譯

《彖傳》說：比，是吉祥呀；比，也是依附呀。是說在下位者都能恭順聽從呀。

所謂「原筮，元永貞，无咎」，是因為（九五陽爻）剛健正居中位呀；所謂「不寧方來」，是指在上位者和在下位者都能和諧相處呀；所謂「後夫凶」，是表示（上六）他可走的道路已到了盡頭呀。

①下：指下卦為坤，故云順從。一說：下指下屬，在下位者。下順從：指下四陰爻俱順從九五。

②剛中：指九五爻居上卦之中。陽爻稱剛。

③上下：指九五陽爻和下面的初、二、三、四諸陰爻。

（二）大象傳

《象》曰：地上有水①，比；先王以建萬國，親諸侯。②

①地上有水：此卦坤下坎上，坤為地，坎為水，故云。

②先王：古代的聖王。此二句指封建諸侯，成立邦國。

直譯

《大象傳》說：土地上有流水互相依附浸潤；古代的君王因此效法它，封建千萬個邦國行政區域，親近眾多的地方首長。

補注

此喻主爻九五，它居上卦尊位，上下又有五個陰爻相隨。所謂陽爻陽位，至中至正，自是領袖的象徵。

又，朱熹《周易本義》云：「《象》意人來比我，此取我往比人。」是說《象傳》從「下比上」的觀點解釋卦義；此則從「上親下」的角度闡發其旨。

三、爻辭及小象傳

一 初六：有孚比之①，无咎。有孚盈缶②，終來有它

①比之：親近它。比：親近，比附。之：指六二爻。一說：九五爻。

②缶：古人用以盛酒水的瓦器。

吉③。

《象》曰：比之初六，有它吉也。

直譯

初六爻辭：如果保有誠信，親近它，就沒有災禍。有信用，就像酒水充滿瓦缸，最後到頭來一定有其他的吉慶。

《小象傳》說：〈比卦〉的初六爻，顯示會有其他的吉慶呀。

補注

李鼎祚《周易集解》引荀爽之語：「初在應外，以喻殊俗；聖王之信，光被四表，絕域殊俗，皆來親比，故无咎也。」意思是說九五為卦主，初六以陰爻居陽位，本來失位，但因能上比九五，而九五亦能親應，故上下親比而有它吉。

③終來：到最後，到頭來。它吉：餘慶，意外的好事。它，古蟲字。古人露宿草野，多蟲蛇，故常相問：「無它乎？」它，有意外之意。一本作「他」，他為它之俗字。

二 六二：比之自內①，貞，吉。

①之：它。指六二爻。一說：指九五爻。自內：是說初二爻居內卦之中，上與九五相應，故吉。自內即由內而外，由下卦之中而上。亦有誠心之意。

《象》曰：「比之自內」，不自失②也。

直譯

六二爻辭：親近他是出自內部，內而外，正正當當，可得吉祥。

《小象傳》說：所謂「比之自內」，是表示不會自己錯失親近的時機呀。

補注

朱熹《周易本義》說六二以陰爻居陰位，又處內卦之中，而與九五相應，故曰：「柔順中正，上應九五。自內比外，而得其正。吉之道也。」

三 六三：比之匪人①。

《象》曰：「比之匪人」，不亦傷乎？

② 不自失：不會自己失去與九五相應的時機。

① 之：指六三爻。六三以陰爻居陽位，不中不正，上下亦皆陰爻，故比之匪人。匪人：非人，即不合人道。天有天道，人亦有人道。句下應有「凶」之類結語。《經典釋文》即云：「王肅本作：匪人凶」。

直譯

六三爻辭：親近他，卻不是應當親近的人。

《小象傳》說：所謂「比之匪人」，不是也就受到傷害了嗎？

補注

六三失位，上下二、四爻皆陰，《周易折中》引趙彥肅之說：「初比於五，先也；二，應也；四，承也。六三無是三者之義，將不能比五矣。」意思是說：六三不像初六能搶得先機，也不像六二能與九五正應，又不像六四能與九五相承，所以它無法親比九五，只能比輔居陰極之位的上六，故有「比之匪人」之嘆。

四 六四：外比之①，貞，吉。

《象》曰：「外比」於賢②，以從上也③。

① 外比之：下體為內，上體為外。指六四爻居外卦，陰柔得正，上可承九五陽爻，故貞吉。外比是向外比，與九五比。

② 賢：指九五爻。

③ 從上：指六四上承九五。

直譯
六四爻辭：向上面外部來親近團結，正正當當，可以吉祥。
《小象傳》說：所謂「外比」於賢人，是由於跟從在上位的賢人呀。

補注
屈萬里師《周易集釋初稿》：「外，謂九五；之，謂六四。」

五 九五：顯比①，王用三驅，失前禽，②邑人不誡③。吉。
《象》曰：「顯比」之吉，位正中④也。舍逆取順⑤，「失前禽」也。「邑人不誡」，上使中⑥也。

直譯

① 顯比：光明正大的親近。
② 王用三驅失前禽：九五中正，有王之象。天子行獵，三面設網，網開一面，不追逃禽。
③ 邑人不誡：同邑之人不相戒備。誡：一作「戒」。邑人：指田獵所在地的人，為天子圍獵。
④ 位正中：指九五爻居中得正。
⑤ 舍逆取順：去的不追，來者不拒。舍：同「捨」。
⑥ 使中：使下屬也保持中道。中：同「衷」，適當。

九五爻辭：光明正大的親近，就像君王圍獵時，網設三面來驅趕禽獸，卻網開一面，放棄面前的禽獸任牠逃走。當地的人也不相警戒去幫君王圍獵追捕。這是吉祥的。

《小象傳》說：所謂「顯比」的吉祥，是因為君王處在居中得正的適當地位呀。放走抗命而去的，採用聽命而來的，這就是「失前禽」的喻意呀。所謂「邑人不誡」，是說君王仁德及於禽獸，使當地圍獵的屬下也保持適當的中道呀。

六 上六：比之无首①，凶。

《象》曰：「比之无首」，无所終②也。

直譯

上六爻辭：想要親近團結，卻沒有人帶頭，會有災禍。

《小象傳》說：所謂「比之无首」，是表示沒有什麼好成果呀。

①之：指上六。亦即上文之後夫。古本無此字。无首：無始，沒有好的開始。比喻起先不好好做，失去先機。一說：无首，沒有首領可以比輔，不能下比於九五。

②无所終：沒有預期的結果。

補注

王弼《周易注》：「无首，後也。處卦之終，是後夫也。親道已成，无所與終，為時所棄，宜其凶也。」上文〈師卦〉上六講「大君有命，開國承家，小人勿用」時，已經說明天子之爵命，功大者封為諸侯，功小者封為卿、大夫，如果沒有什麼特殊的表現，又無人汲引，搶得先機，把握機會，自然與「小人」無異，宜乎「无所終」了。

新繹

〈師卦〉和〈比卦〉相綜，〈師卦〉言戰，講用兵；〈比卦〉言和，講團結。論爻位，〈師卦〉九二與六五相應，以九二為主爻；〈比卦〉六二與九五相應，以九五為主爻，因而筮辭也有所不同。〈比卦〉的卦主是強勢的剛中帶柔。

〈比卦〉卦辭說「原筮，元永貞」，又說：「不寧方來，後夫凶」，據程頤《伊川易傳》云：「人相親比，必有其道；苟非其道，則有悔吝。故必推原占決，其可比而比之。」意思是君臣相比，一切君王開頭說的才算數，大家聽命就是。例如《國語．魯語下》所記載的：「昔禹致群神於會稽之山，防風氏（違命）後至，禹殺而戮之」，防風氏之所以被禹殺戮，是因為他不聽命及時趕到會稽山朝會。另外，像《周禮．冬官．考工記．梓人》所說的：「唯若寧侯，毋或若女不寧侯，不屬于王所，故抗而射女。」（語譯：就是希望你們這些聽命的諸侯，千萬不要有的像不聽命的諸侯，不來朝會於君王所居之處，所以張弓舉箭來射你們。）都在說明君命不得違抗的這個道理。

〈比卦〉九五是採取強勢的表現，所以用「顯比之吉，位中正也」來形容，而其《彖傳》也用「剛中」、「上下應也」來詮釋。最後上爻說：「比之无首，凶」，意思就是大家要有個頭，有個首領才吉祥。「王用三驅」等句所要顯示的，只是剛中帶柔，只是網開一面，不至於走向極端而已。

九、小畜卦

解題

畜即蓄，小畜即小有蓄積。人人相比相親，即有蓄積之象。蓄有大小，小畜與大畜相對。有蓄積而後能養。小畜，表示力量猶有不足，故引申有養止之意。止，即暫時停頓。卦中六四以一陰居五陽之間，以小蓄大，故稱小畜。

而九五以陽爻居尊得位，象徵剛健有實力。意志堅定，蓄積誠信，富及其鄰，故可暢通無阻，與六四俱為卦之主爻。

一、卦形、卦體

☰☴乾下巽上

【卦形淺說】

卦體巽為風，乾為天，風行天上，雨尚未下，有小畜之象。就卦性言，下卦乾為健，上卦巽為入，健而且入，六四以一陰居五陽之間，以小畜大，所畜者微，正是小畜之象。

二、卦名、卦辭

小畜：亨。

密雲不雨①，自我西郊②。

直譯

〈小畜卦〉象徵蓄積和停頓：通達順利。

就像天空密布烏雲，卻還不下雨，從我們西邊的城郊蓄積、湧起。

補注

能有小小的蓄積，是由於與人親比而來。所以〈小畜卦〉緊接著〈比卦〉。但小畜畢竟不是大畜，能力尚有不足，所以還有待努力，要求精進。「密雲不雨」、「風行天上」，取象在此。

焦循《易通釋》云：「陽剛為大，陰柔為小。」小畜以大畜小，故所養者小；大畜以小畜大，故所養者大。

注釋

①密雲不雨：外卦六四有半坎，坎為水，象未雨的雲。

②自我西郊：我，指主爻六四。二、三、四爻互卦成兌☱，位在西方。乾為郊，合有西郊之象。有人以為當時文王被囚羑里，故自稱「我」。

（一）彖傳

《彖》曰：小畜，柔得位而上下應之①，曰小畜。健而巽②，剛中而志行③，乃亨。「密雲不雨」，尚往④也。「自我西郊」，施未行⑤也。

①柔：指六四陰爻。上下：指六四陰爻以外的其他五個陽爻。
②健而巽：此卦乾下巽上，乾為健，巽為遜，故云。
③剛中：上下卦居中的九二、九五都是陽爻。志行：九五居上卦巽（順）之中，象心志易成。
④尚往：尚，通「上」。是說陰雲尚在上升。
⑤施未行：雲已密布而尚未形成雨。比喻理想還未實現。

直譯

《象傳》說：〈小畜卦〉，象徵陰柔者得居正位，而其他的上位下位陽剛者都應和它，所以稱為「小畜」。它們強健而又恭順，剛正居於中位而又意志貫徹，因而順利通達。

所謂「密雲不雨」，是指密雲還在發展之中呀。所謂「自我西郊」，是指密雲尚未運行下雨呀。

補注

朱熹《周易本義》：「密雲，陰物；西郊，陰方。我者，文王自我也。文王演《易》於羑里，視岐周為西方，正小畜之時也。」

（二）大象傳

《象》曰：風行天上①，小畜。君子以懿文德②。

①風行天上：上卦為巽為風，下卦為乾為天，故云。此釋卦象。

②懿：修美。文德：三、四、五爻互卦成離☲，有「文」之象。文德為小畜，道德經綸方為大畜。

直譯

《大象傳》說：風運行在天空之上，是〈小畜卦〉的象徵。君子因此效法來增進文化修養。

補注

「小畜」與「大畜」相對，卦形也相似。〈小畜卦〉下乾上巽，陽多陰少，只有六四是陰爻，其餘都是陽爻，是所謂陰卦（《繫辭傳》：陰卦多陽）；象徵陽盛而陰衰，企圖心雖強，但以一陰而蓄養五陽，力量不足，不能有大作為；不得不暫時停頓，故稱小畜。

暫時停頓，是表示時機尚未成熟，不可躁進。對現況要知足，不要奢求。

三、爻辭及小象傳

㊀ 初九：復自道①，何其咎②？吉。

《象》曰：「復自道」，其義吉也。

直譯

初九爻辭：又回到自己原來陽剛的正道上，哪裡有什麼過錯呢？吉祥。

《小象傳》說：所謂「復自道」，是指它上升前進的意義，本來就吉利呀。

補注

屈萬里師《周易集釋初稿》：「道，正路。」又引王引之《經義述聞》云：「《易》凡言『出自穴』、『告自邑』、『納約自牖』、『有隕自天』，下一字皆實指其地。『復自道』亦然也。」

①復：恢復，回歸。自道：自己的路上，自己的蓄養之道。指初九居下得正，雖與六四正應，但中隔二、三爻不能為其畜養。即使如此，初九因陽爻居陽位，下卦為乾為天，應當在上，因而它上升，要回到原來的地位。

②何其咎：何咎之有？

二 九二：牽復①。吉。

《象》曰：「牽復」，在中②，亦不自失也。

直譯

九二爻辭：被牽引又恢復原狀。吉祥。

《小象傳》說：所謂「牽復」，在中間的正位上，是表示也不會自己喪失中正之道呀。

補注

屈萬里老師曾疑「牽復」為「輂輹」二字之訛。輂，車軸頭鐵（即車軸頭的鐵片）；輹，車軸之縛（固定車軸的繩索）。二者皆用以固軸。因軸當車之中，故曰「在中」。後來屈老師又「疑牽如字，復作輹」，「牽輹，謂縛輹於軸也。牽輹則吉，脫輹則凶。」兩說並存，都講得通，可供讀者採擇。

①牽復：受牽引而恢復。即協同恢復。牽：牽引，拖拉。

②中：中道。九二剛健，又居下卦之中，可與初九攜手並進，恢復原位，故吉祥。

三

九三：輿說輻①。夫妻反目②。

《象》曰：「夫妻反目」，不能正室③也。

直譯

九三爻辭：車輪鬆脫掉落了輻木。就像夫婦怒目相視，有如仇敵。

《小象傳》說：所謂「夫妻反目」，是由於不能規正妻室呀。

補注

喬萬民《白話易經》（天津古籍出版社，二〇〇四）另有一解，引錄如下：說與「悅」通用；一說：與「脫」相同。輻是連接車轂和輪圈的直棍。九三也是陽爻，剛健想要進升。但不在中位，與上九同是陽，又不能相應，而且與六四接近，有時會陰陽相吸，和睦共處，就像車轂與車圈，被輻結合在一起，不能擺脫。可是，九三畢竟剛毅，並不能安於被留住的現狀，於是與六四爭。故以「夫妻反目」象徵。

①輿說輻：輿，一作「車」。輻，一作「輹」。輻：車輪橫木。輹：車軸，伏兔。說：通「脫」。一說：輻借為輹。指車身與車軸相脫離。車脫輻則不能行。

②反目：怒目相視。九三陽爻要往上升，六四陰爻卻加阻止，這叫夫妻反目。

③室：指妻而言。

四六四：有孚，血去惕出①。无咎。

《象》曰：「有孚」、「惕出」②，上③合志也。

直譯

六四爻辭：保有誠信，憂慮消失了，恐懼解除了，可以沒有災禍。

《小象傳》說：所謂「有孚」、「惕出」云云，是指對上位者能順承他的心意呀。

補注

「血去」的「血」，亦有如字作「血泊」解者。例如李光地《周易折中》引項安世之說，即云：「以陰蓄陽，以小包大，能無憂乎？獨恃與五有孚，故能離其血惕，去而出之，以免於咎。」項氏即讀「血」如字。

①血去：馬融說當作「恤」，憂。恤、惕同義。血去即憂慮消除了。惕出：因警惕而脫險。一說：血去惕出，從血泊中逃出。

②有孚惕出：爻辭「有孚血去惕出」的省文。

③上：指九五爻。一說：指九五、上九。

五九五：有孚，攣如①。富以②其鄰。

《象》曰：「有孚，攣如」，不獨富③也。

① 攣如：手相牽連的樣子。指九五與其他四陽爻相牽連。
② 以：及，與。
③ 不獨富：不只富裕如此。一說：不願私自享福。

直譯

九五爻辭：保有誠信，就像手與手牽連在一起一樣。有了財富，要拿來與他的鄰居共享。

《小象傳》說：「有孚，攣如」，是表示不肯獨自享有財富呀。

補注

屈萬里師《周易集釋初稿》解釋「富以其鄰」一詞，引《詩經．大雅．瞻卬》：「何神不富。」《毛傳》：「富，福。」及虞翻注：「以，及也。」等等，解為「富及其鄰，故不獨富。」可見屈老師把「富以其鄰」的「以」，解釋為「推及」、「給與」，有散財鄰里之意。

六 上九：既雨既處，尚德載婦。貞，厲。①月幾望②，君子征③。凶。

《象》曰：「既雨既處」，德積載④也。「君子征，凶」，有所疑⑤也。

直譯

上九爻辭：已經下了雨，已經雨停了，還可以繼續載走婦人。貞卜結果，凶險。就像月亮即將團圓的夜晚，君子（丈夫）卻要出門遠行一樣。不祥的預兆。

《小象傳》說：「既雨既處」，是表示還可以再用車載走婦人呀。「君子征，凶」，是表示有所疑慮呀。

補注

黃壽祺、張善文《周易譯注》以為「有所疑」之「疑」，通「凝」，此指〈小畜卦〉至極，陰氣盛盈，上六若順此以往，其陽必被陰氣所凝聚統化，故征凶。

① 尚德載婦二句：傳本俱作「尚德載，婦貞厲。」筆者改訂如上，說見「新繹」。德：古通「得」。

② 幾：將然之辭，快到。一作「既」，已然之辭，已經。望：農曆每月十五日的月圓之夜。

③ 征：出門遠行。

④ 德積載：上九爻辭「尚德載婦」的省文。

⑤ 疑：疑慮。一作「凝」，即阻礙之意。

新譯

此卦歧解頗多，茲舉九三與六四為例，以概其餘。

九三爻「輿說輻」，一作「車說輹」。說同「脫」，沒問題。明代蔡清《易經蒙引》云：「輻與輹不同。輻，車輛之轑也；輹，車上伏兔也。輻，重於輹。蓋說輻者，為陰所繫，畜久住之計也；說輹者，自止而不進，暫住之意也。」意思是：車脫輻指車輪破裂，不能轉動了；車脫輹則雖不利於行，但尚可行，只好暫停。從卦象六四爻以一陰居五陽之間，阻擋不了九三陽爻的前進看，似作「說輹」暫停為是。

六四爻「血去惕出」，清代惠棟《周易述》云：「孚謂五爻，血讀為恤。豫坎為恤為惕；震為出，變成小畜，坎象不見，故恤去惕出。得位，承五，故无咎。」這是從陰四爻與上下爻互卦的錯綜關係來看卦象。

九三陽爻要上升（前進），六四陰爻卻加阻止（有如車脫輹一般），所以喻為「夫妻反目」。而六四以陰爻居陰位，又上承九五，陰陽相應，這叫「得位，承五」，「坎象不見」了，仍可用車載走婦人，故可无咎。

至於上九爻辭的斷句，清初黃宗炎《周易象辭》斷句為：「既雨既處，尚德載婦……」，王闓運《周易說》從之。筆者也以為頗有道理，故對舊說逕行加以改正。

從王弼《周易注》、孔穎達《周易正義》到朱熹《周易本義》等傳本，上九爻辭俱斷句為：

「既雨既處，尚德載。婦貞，厲。月幾望，君子征。凶。」這樣的斷法，最難解釋的是「尚德載」一句，歷來的注解只好在「尚德」二字上面大作文章，曲加附會。于省吾《易經新證》從殷周古文字的用法，把它解作「尚德哉」，屈萬里師《周易三種》據古本認為「得、德古通」，「德」當作「得」，都是避開曲解而比較務實的作法。近年來新出土的上博本作「尚得載」，正可為證。不過，只要下文不把「婦貞厲」斷開，「婦」屬上讀，讀作「尚德載婦，貞厲」，則上下文理通順，與上文九三的「輿說輻，夫妻反目」亦可呼應。

十、履卦

解題

履，本義為鞋，引申有行走、履踐之意。履踐須依禮而行，循禮而動，故古人常說：「履，禮也。」程頤《伊川易傳》云：「夫物之聚，則有大小之別，高下之等，美惡之分。是物畜然後有禮，〈履〉所以繼〈畜〉也。」

此卦卦形與〈小畜〉上下相反，彼此是綜卦。一停一進，相互為用。

此卦以九五與六三為主爻。

一、卦形、卦體

䷉兌下乾上

【卦形淺說】

就卦體而言，兌為澤，居於下；乾為天，尊於上，可謂上下有序。就卦性而言，兌為悅，乾為健，內和悅而外剛健，亦合乎禮，有「履」之象。

二、卦名、卦辭

（履，）履虎尾①，不咥人②。亨③。

直譯

（〈履卦〉象徵履踐和循禮而行：）穿禮鞋小心走在老虎的後面，牠不會回頭咬人。順利通達。

補注

阮刻本《周易正義》無上「履」字。似乎少了卦名，下面的〈否卦〉、〈同人卦〉，也有同樣的情形。歷來學者多以為係傳抄者脫漏所致，故補以卦名。然馬王堆帛書本此作：「禮：虎尾不真人。亨。」履，古通「禮」，而「咥」與「真」（嗔之誤）蓋為同義詞，故經文似當讀作：「履：虎尾不咥人，亨。」意思是說：只要小心謹慎，不獨犯猛虎，尾隨其後，則虎固不咬人也。

注釋

①履：阮刻本十三經《周易正義》無上「履」字，當為傳抄者所脫。馬王堆帛書本作「禮：虎尾不真人，亨」。履：通「禮」，比喻穿鞋小心行走。虎尾：老虎的後面。一說：老虎的尾巴。

②咥：音「跌」，咬。通「噬」。不咥人：不咬人。

③亨：一本下有「利貞」二字。

（一）彖傳

《彖》曰：履，柔履剛①也。說②而應乎乾，是以「履虎尾，不咥人，亨。」剛，中正，③履帝位而不疚④，光明也。

① 柔履剛：指下卦兌以陰柔追隨在上卦乾陽剛之後。一說：指六三陰柔在九二陽剛之上。有以柔克剛之意。

② 說：同「悅」，和顏悅色。下卦兌為悅，主爻六三有悅之象，又與上九正應。

③ 剛中正：指九五陽爻居中守正。九二亦居中位。

④ 履帝位：指九五處上卦之中，居君位。疚：慚愧，心中不安。一作「疾」。

直譯

《彖傳》說：〈履卦〉，象徵柔順者循禮而行，實踐剛健之道呀。能和顏悅色，而又順應了上位有德的剛健者，因此才能「履虎尾，不咥人，亨」。位居九五的剛健者，居中守正，即使登上君位，也無須愧疚，一切光明正大呀。

補注

程頤《伊川易傳》云：「兌以陰柔履藉乾之陽剛，柔履剛也。兌以說（悅）順應乎乾剛，而履藉之，下順乎上，陰承乎陽，天下之正理也。所履如此，至順至當，雖履虎尾，亦不見傷害，以此履行，其亨可知。」意思是說：能夠表現和顏悅色，謙恭有禮的樣子，即使走在老虎的後頭，甚至不小心踩踏到老虎的尾巴，牠也不以為忤，不會反噬咬你。

（二）大象傳

《象》曰：上天下澤①，履；君子以辯上下②，定民志。

①上天下澤：指上乾下兌的卦象。澤：大湖泊。

②辯：通「辨」，辨別。辨別上下尊卑，是合禮的行為。

直譯

《大象傳》說：上面是天，下面是澤，這是〈履卦〉的象徵。君子因此效法來辨別尊卑，安定民心。

三、爻辭及小象傳

一 初九：素履①往。无咎。

《象》曰：「素履」之「往」，獨行願也②。

①素履：樸實無華的鞋子。平民之服。引申有履行如常之意。聞一多以為即絲履。

②獨：專一。行：履行，實踐。願：願望，心中的想法。

直譯

初九爻辭：穿樸實素淨的鞋子前往。沒有災殃。

《小象傳》說：所謂「素履」的「前往」，是說一心一意想要履行心中的願望呀。

補注

帛書本「素履」作「錯禮」。廖名春《周易經傳十五講》疑「素」為「踖」之借字。「踖」即踧踖，恭敬之貌，意思是「小心謹慎地行走」。可供讀者參考。

二 九二：履道坦坦①，幽人②貞吉。

《象》曰：「幽人貞吉」，中③不自亂也。

① 坦坦：平坦廣闊的樣子。
② 幽人：幽獨隱居的人。呼應上文「素履」。
③ 中：指九二居下卦之中。比喻心中。

直譯

九二爻辭：履踐的道路寬闊平坦，幽獨的人，守正可得吉祥。

《小象傳》說：所謂「幽人貞吉」，是說內心守中得正，不會自己迷惑呀。

三 六三：眇能視①，跛②能履。履虎尾，咥人，凶。武人為于大君③。

《象》曰：「眇能視」，不足以有明也；「跛能履」，不足以與行也；「咥人」之「凶」，位不當④也。「武人為于大君」，志剛⑤也。

① 眇：瞎了一眼，比喻看不清楚。能：敢的意思。
② 跛：獨腳走路。
③ 武人：勇武自得之人。指六三。為：助，使。
④ 位不當：指六三以陰爻居陽位，以柔乘剛。比喻不自量力。
⑤ 志剛：剛愎自用的意思。

直譯

六三爻辭：瞎了一眼卻還說能看，跛了一腳卻還說能走。腳踩到老虎的尾巴，牠是會咬人的，凶險。就像自誇勇力過人的武夫想幫助大君王（有時會不自量力）。

《小象傳》說：所謂「眇能視」，是還不能夠說看得清楚呀；所謂「跛能履」，是還不能夠來與人同行呀；所謂老虎咬人的凶險，是由於所在位置不適當呀。所謂「武人為于大君」，是說心志太剛愎自用呀。

補注

「武人為于大君」一句，語意不完整，可能下有脫文。尋繹其意，應該是說：武人有時為了大君王事，會像「眇能視」、「跛能履」那樣不自量力，去踩虎尾、捋虎鬚。

四 九四：履虎尾，愬愬①，終吉。

《象》曰：「愬愬，終吉」，志行②也。

① 愬愬：過度小心戒懼的樣子。

② 志行：心中的意願可以付諸行動。

直譯

九四爻辭：踩到老虎尾巴，如果小心戒懼，最終還是吉祥。

《小象傳》說：所謂「愬愬，終吉」，是說心願可以履踐完成呀。

補注

黃壽祺、張善文《周易譯注》云：「履虎尾」在本卦中凡三見，卦辭首見，六三爻辭再見，九四爻辭又見，三者意義不盡相同，「說明卦辭示一卦之義，爻辭明一爻之旨，應當區別看待。」此即王弼《周易略例》所謂「凡《彖》者，統論一卦之體者也；《象》者，各辯一爻之義者也。」

五 九五：夬履①，貞，厲。②

《象》曰：「夬履，貞，厲」，位正當③也。

直譯

九五爻辭：過於果敢去履行實踐，雖守正位，卻也危險。

《小象傳》說：所謂「夬履，貞，厲」，是由於所在位置正應當如此呀。

補注

李零把「夬履」解釋為「把鞋子穿破」，是把「夬」解為

① 夬：決，果斷。夬履：勇於實踐，有剛愎自用之意。一說：夬，通「決」。

② 貞厲：有二義：一、須果敢履行，否則危險。二、雖守正卻也危險，蓋剛烈自負也。

③ 位正當：指九五以陽爻居中。雖守正位，正好當權，但過則為災，其實是危險的。

「決」，然後又引申為「決裂」、「穿破」。看似突兀，卻有新意。意思是：九五之尊，如果過於果敢賣力，有時反而敗事。

---

❻上九：視履①，考祥②，其旋元吉③。

《象》曰：「元吉」在上，大有慶也。

① 視：審視，回顧。句謂回顧〈履卦〉諸爻。

② 考祥：考察吉凶徵兆。祥，兼指吉凶。祥：一作「詳」，二字古通用，皆指吉凶之兆，善惡之徵。

③ 旋：還，回轉，周旋。表示居上而不自滿。

直譯

上九爻辭：檢討過去的作為，考核吉凶的徵兆，如果它能圓滿達成最初的理想，最吉祥。

《小象傳》說：所謂「元吉」，高高在上而不自滿，是大大有喜慶呀。

新繹

依照《繫辭傳》的解說，周文王被拘囚在羑里，推演八卦時，正是紂王暴虐天下之際，所以卦辭中往往充滿危機感。有人認為從此卦即可覘見文王謙恭自牧的一面。

又，劉向《新序・雜事四》記載孔子對魯哀公說：「丘聞之：君者，舟也；人者，水也。水則載舟，水則覆舟。君以此思危，則危將安，不至矣！夫執國之柄，履民之上，懍乎如以腐索御奔馬。《易》曰：『履虎尾』，《詩》曰：『如履薄冰』，不亦危乎？」可見孔子引述前人的話，通常是用來教人體會話中的象外之旨，即言外之意。讀《易經》，讀《詩經》，皆宜如此。此卦所謂「履虎尾，不咥人」，最重要的就是要懂得謙恭有禮的道理，而不是在於踩到老虎的尾巴牠會不會咬人的問題。踩到老虎的尾巴，我想牠通常是會反撲噬人的，所以我解作「走在老虎的後面」，但我也不反對把它譯為「踩到老虎尾巴」那種誇張的形容。一切視上下文意而定為是。

十一、泰卦

解題

泰，即大（太），亦有交往通達之意。此卦主要說明陰陽交通以及否極泰來的道理。〈泰卦〉又稱消息卦，反映一年十二月陰陽消長的消息。〈泰卦〉是正月，相當於天地相交、萬物亨通的時期。擬之於人，是君子；擬之人事，是上下和平。此卦以九二、六五為卦主。

一、卦形、卦體

☷☰乾下坤上

【卦形淺說】

就卦體而言，乾為天，坤為地，天在上而氣下降，地在下而氣上升，陰陽交和，萬物生長，故有「泰」之象。

二、卦名、卦辭

泰①：小往大來②。吉，亨。

直譯

〈泰卦〉象徵大通和安泰：小的陰爻都向外卦去，大的陽爻都向內卦來。吉祥，亨通。

補注

〈泰卦〉䷊和〈否卦〉䷋都是由三陽三陰組合而成。陽為大，陰為小。卦畫由下而上，由內而外，〈泰卦〉三陽群聚在下，正由下往上提升，由內往外擴大，要把三陰驅趕出去。所謂「小往大來」，即指此而言。

《禮記．月令》有言：「孟春之月，天氣下降，地氣上騰，天地和同，草木萌動。」所以在「十二月消息卦」中，它配孟春正月。

注釋

① 泰：交通順暢。

② 小往大來：小，指陰；大，指陽。往，指向外；來，指向內。回內卦（下卦）稱來；往外卦（上卦）稱往。坤在外而乾在內，故云。

（一）彖傳

《彖》曰：「泰，小往大來，吉，亨」，則是天地交而萬物通也，上下①交而其志同也。內陽而外陰，內健而外順，②內君子而外小人③。君子道長，小人道消也。

①上下：指天地陰陽二氣而言。對照〈否卦〉「上下不交而天下无邦也」，則此上下亦可比喻君臣。

②內陽而外陰二句：乾為陽，性剛健；坤為陰，性柔順。

③內君子而外小人：是說內心剛健如君子，而外表柔順似小人。內剛而外柔，此君子小人非道德上下之分。一說：君子在朝，小人在野。

直譯

《彖傳》說：「泰，小往大來，吉，亨」，這就是說天地陰陽交合而萬物生長順暢呀，上下君臣交流而他們志意協和相同呀。

內卦都是陽爻，而外卦都是陰爻，象徵內在剛健而外表柔順，內心剛健像君子，而外表柔順像小人。象徵君子之道增長，小人之道消滅呀。

補注

曹丕曾引「上下交而其志同」一語曰：「夫陰陽交，萬物成；君臣交，邦國治；士庶交，德行光。同憂樂，共富貴，而友道備矣。」然後讚嘆道：「交，乃人倫之本務，王道之大義，非特士友之志也。」（《初學記》引）可與本文合看。

（二）大象傳

《象》曰：天地交①，泰。后以財成天地之道②，輔相天地之宜③，以左右民④。

直譯

《大象傳》說：天地陰陽二氣交合，是〈泰卦〉大通的象徵。古代聖王效法用來裁制天地萬物生成的道理，輔助天時地利所適宜的作為，並且用來佐佑輔助人民群眾。

三、爻辭及小象傳

㊀初九：拔茅茹，以其彙。①征吉②。

《象》曰：「拔茅」、「征吉」，志在外③也。

①天地交：此卦乾下坤上，乾為天，坤為地，故云。

②后：君，亦指聖人。財：通「裁」，財成：裁制。財：裁度。

③輔相：輔助。天地之宜：天時地利之宜。例如天時之春耕、夏耘、秋收、冬藏，地利之造橋、行舟等等。

④左右：通「佐佑」，皆輔助人民之意。

①茅：草名。茹：茅根。其根常相牽連。彙：帛書本作「胃」。通「蝟」，彙、蝟同義，皆指類聚。一說：莖。

②征：出行，前往。征吉，征則吉的意思。

③志在外：有心往外發展。求上進的意思。指初九與六四正應。

直譯

初九爻辭：像拔茅草連茅根拔起，因為它們牽連聚結在一起。行動一致就吉祥。

《小象傳》說：所謂「拔茅」、「征吉」云云，是說志向都在往外向上發展呀。

補注

「征吉」，指〈乾卦〉三陽爻和〈坤卦〉三陰爻都志同道合，一致行動。程頤《伊川易傳》：「君子之行，必有其朋類相牽援，如茅之根然，拔其一，則牽連而起來矣。茹，根之相牽連者，故以為象。」

㊁九二：包荒①，用馮河②，不遐遺③，朋亡④，得尚于中行⑤。

《象》曰：「包荒」、「得尚于中行」，以光大也。

①包荒：包容荒遠。比喻胸懷遠大，不拘小節。一說：荒，荒穢；包荒，指包容荒穢渣滓。

②馮河：不搭船而涉水過河。比喻有勇無謀。

③不遐遺：不會遺棄遠方的人。指九二遠應九五。

④朋亡：帛書本作「弗忘」。朋：朋黨。亡：通「無」。是說不結黨。指九二與九五正應，卻脫離初三。

⑤尚：通「上」，重視。中行：路上，途中。指九二爻居下卦之中，而六五爻居上卦之中。行：道路。一說：中行，中道。指六五。

直譯

九二爻辭：心胸包容廣大，可以用來涉水過河，不會遠棄同道，結黨的事也不會有，能夠尊崇中道的實踐。

《小象傳》說：所謂「包荒」、「得尚于中行」云云，是因為胸懷光明正大呀。

補注

朱熹《周易本義》：「九二以剛居柔，在下（卦）之中，上有六五之應，主乎泰而得中道者也。」

㊂九三：无平不陂，无往不復。①艱貞，无咎。勿恤其孚②，于食有福③。

《象》曰：「无往不復」④，天地際⑤也。

直譯

九三爻辭：沒有平地不傾斜的，沒有前進不回頭的。遇到困

①无平不陂二句：指下卦三陽，盛極必衰。陂：偏斜不平。一作「頗」，帛書本作「波」，皆同音假借。復：返。

②恤：一作「卹」，皆憂之意。其：指「无平不陂」二句。

③食：享有。福：胙肉。

④无往不復：一作「无平不陂」。九三爻辭的省文。

⑤天地：乾坤上下卦。際：交際，交合。

難時，堅守正道，可以無災無過。不要憂慮它的道理不可信，可以好好地在飲食上享口福。

《小象傳》說：所謂「无往不復」云云，是說天地陰陽二氣相交會呀。

補注

朱熹《周易本義》：「將過於中，泰將極而否欲來之時也。恤，憂也。孚，所期之信也。戒占者艱難守正，則无咎而有福。」

四 六四：翩翩不富，以其鄰，①不戒以孚②。

《象》曰：「翩翩不富」，皆失實③也。「不戒以孚」，中心④願也。

直譯

① 翩翩不富：是說上卦三爻，皆陰無陽。「翩翩不富以其鄰」，一斷作「翩翩，不富以其鄰」。歷來注解多有疑義。翩翩：形容群鳥飛輕快的樣子。指上卦三陰爻。

② 不戒以孚：不以誠信互相告誡。

③ 皆失實：指上卦三爻皆陰，故虛而不實。

④ 中心：心中。

六四爻辭：翩翩結伴而來，不夠富裕的緣故，這是因為他們的近鄰，不能以誠信相互告誡呀。

《小象傳》說：所謂「翩翩不富」，是表示鄰居都虛而不實，違背誠信呀。所謂「不戒以孚」，是表示出自他們自己心中的願望呀。

補注

朱熹《周易本義》：「凡言不富者，皆陰爻也。陰本居下，在上為失實。」

五 六五：帝乙歸妹①，以祉②，元吉。

《象》曰：「以祉，元吉」，中以行願③也。

直譯

六五爻辭：帝乙嫁他的少女，因為依禮而行，最為吉祥。

① 帝乙：商王成湯名乙，紂王父亦名乙。《易緯乾鑿度》以為此指成湯，顧頡剛則以為指紂王父。《周易集解》引虞翻注：「震為帝，坤為乙。帝乙，紂父。歸，嫁也。震為兄，兌為妹，故嫁妹。」周文王興起，紂父嫁以女，以求安定。妹：古代少女的通稱。紂父嫁女，即紂王嫁妹。

② 祉：禮。一說：福祉。

③ 中以行願：以中正之道來推行心中的願望。指六五居中，又與九二正應。

《小象傳》說：所謂「以祉，元吉」，是因為用中道來實現願望呀。

補注

「帝乙歸妹」一事，寫帝乙出嫁其女。王弼說：「誠合斯義」，朱熹也說：「帝乙歸妹之時，亦嘗占得此爻。」屈萬里老師則曾在《周易集釋初稿》中不採舊說，而曰「歸妹猶昏嫁也」，反對「歸妹」解作「嫁妹」；後來在《學易劄記》中才引俞樾《春在堂經說》之言，以為古《易》有此一說，並主張應斷句為「帝乙歸妹以祉」。祉讀為「止」，止者，禮也，其意即「帝乙歸妹以禮」。

歸妹嫁女，意在結親遠鄰，化干戈為玉帛，正見上下交通之理，都是「以祉元吉」的事。

六 上六：城復于隍①，勿用師，自邑告命②。貞吝③。

①復：這裡是崩塌的意思。隍：城下壕溝。有水稱池，即護城河；乾的叫隍。古人建此以防敵進攻。

②邑：城邑，指城中行政單位。一說：邑，通「挹」，損之意。猶後世之下詔罪己。告命：發布命令。

③貞：卜問。吝：憾惜。

《象》曰：「城復于隍」，其命亂矣。

直譯

上六爻辭：城牆崩塌掉到城壕裡，不動用兵眾救援，卻只從城邑中發布政令。占問結果有災禍。

《小象傳》說：所謂「城復于隍」，是說城中的政令已經混亂了呀。

宏一按，這就是所謂「泰極而否」，與「否極泰來」正好相對。

新繹

配合卦辭的「小往大來」看，此卦是由〈歸妹卦〉䷵變化而來。〈歸妹卦〉的六三由內卦前往外卦而成為九四，九四由外卦而來到內卦成為六三，就變成〈泰卦〉了。六三是陰爻（所謂小），九四是陽爻（所謂大），所以稱「小往大來」。

又，依「十二月卦」（一稱「十二月消息卦」，見附圖），〈泰卦〉是正月。從二月起，依序是：大壯、夬、乾（四月）、姤、遯、否、觀、剝、坤（十月）、復、臨各卦。〈乾卦〉陽氣最盛，因此循環到四月，又重新開始。這是漢儒孟喜的發明，使六十四卦可與十二月令互相結合。

十二月消息卦

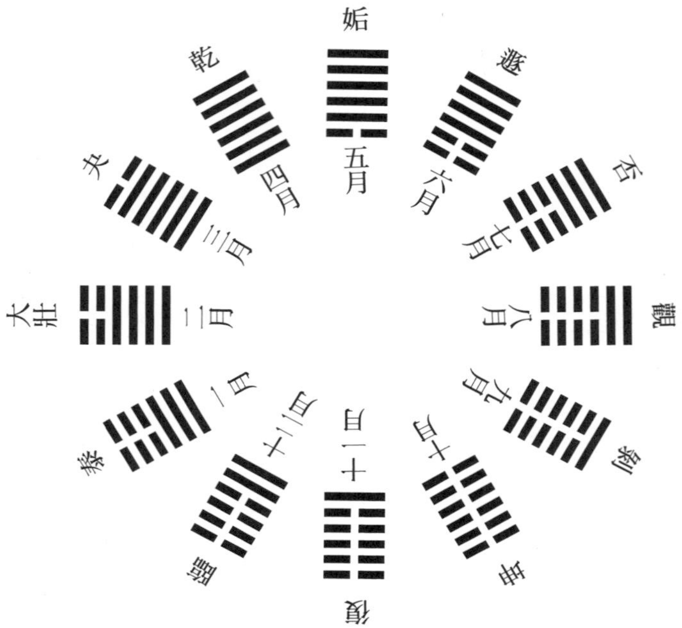

陽為「大」，陰為「小」。立足於一陽來復。

陰長（陽變為陰）為「消」。反之為「息」。

〈復卦〉十一月，一陽五陰。

〈臨卦〉十二月，二陽四陰。

〈泰卦〉一月，三陽三陰，陽氣漸長，故曰「小往大來」。

〈姤卦〉一陰五陽，至〈否卦〉三陰三陽，陰氣漸長，故曰「大往小來」。

十二、否卦

解題

否，原指草木根部，潛藏地下，意即閉塞不通，引申有不正、否定之意。此卦和〈泰卦〉既是綜卦，又是錯卦。泰極而否，否極泰來，互為因果。卦爻辭也常相對而言。《雜卦傳》就說：「否、泰反其類。」

否卦以六二、九五為卦主，也是消息卦之一，代表七月，是陰陽不交、萬物不長的黑暗時期。

一、卦形、卦體

☷☰坤下乾上

【卦形淺說】

卦體坤下乾上，坤為地，乾為天，地之陰氣下降，而天之陽氣上升，陰陽不交合，象徵萬物不暢，有「否」之象。就人道言，是君子道消，小人得志。

二、卦名、卦辭

（否：）否之匪人①，不利君子。貞②，大往小來③。

直譯

（〈否卦〉象徵閉塞和否定：）天地閉塞的時代，人事不上軌道，不利於正人君子。對守正道者：陽剛之氣往外面去，陰柔之氣向裡面來。

補注

〈否卦〉是由漸卦䷴變化而來。〈漸卦〉的九三陽爻，升為上卦四，而六四陰爻下降為下卦三，就變成了〈否卦〉，所以說是大（陽）往而小（陰）來。

注釋

①否：天地閉塞。匪：非。匪人：不合人道。已見〈比卦〉六三爻。

②貞：卜占結果，即對守正之君子而言。字句斷讀不同，「不利君子，貞」，或作「不利君子貞」，或作「不利，君子貞」。大意雖同，而語氣有別。

③大往小來：即陽消陰長，陽去陰來。比喻正氣消沉而邪氣上升。

（一）彖傳

《彖》曰：「否之匪人，不利君子。貞，大往小來」，則是天地不交而萬物不通也，上下不交而天下无邦也。①

①天地不交二句：天地：乾坤。上下：君臣。邦：國家。

內陰而外陽，內柔而外剛，內小人而外君子。②小人道長，君子道消也。③

②內陰而外陽以下三句：內：居內，接納之意。外：居外，排斥之意。

③小人道長二句：是說小人得意，君子失位。

直譯

《彖傳》說：「否之匪人，不利君子。貞，大往小來」，這是表示天地不相交合，而且萬物也不相暢通呀，是表示君臣上下不相和協，而且天下百姓也沒有國家觀念呀。

在裡面的是陰，而在外面的是陽；在裡面的是柔，而在外面的是剛；在裡面的是小人，而在外面的是君子。所謂小人之道增長、君子之道減少呀。

補注

〈否卦〉的卦辭和《彖傳》，都與〈泰卦〉相反。讀者可以自行對照比較。

（二）大象傳

《象》曰：天地不交①，否。君子以儉德辟難②，不

①天地不交：此卦乾上坤下，陽升而陰降，不相交合。

②儉德：以節儉為德。辟：通「避」。

可榮以祿③。

③不可榮以祿：不可以祿為榮。一說：榮借為「營」，營惑的意思。

直譯

《大象傳》說：天地陰陽不相交合，是閉塞不通的象徵。君子因此取法以節儉為美德，以避免小人的陷害，而且不可以營求榮華富貴。

三、爻辭及小象傳

一 初六：拔茅茹，以其彙。貞吉①，亨。

《象》曰：「拔茅」、「貞吉」，志在君②也。

①貞吉：因貞而吉。三陰爻相連與上三陽爻正應。陰居下，順從乎陽，即小人順從君子。

②志在君：指初六與接近君位的九四正應。

直譯

初六爻辭：拔取茅草連根拔起，因為它們總是同類牽連在一起。守正可獲吉祥，亨通。

《小象傳》說：所謂「拔茅」、「貞吉」云云，是說心志全在君王身上呀。

二 六二：包承①。小人②吉，大人否亨③。

《象》曰：「大人否亨」，不亂群④也。

直譯

六二爻辭：能夠包容、承受。小人可獲吉祥，但大人則不亨通。

《小象傳》說：所謂「大人否亨」，是表示大人不會被群小所擾亂而同流合污呀。

補注

有人不從植物取象，而從動物取象，說「包」字，古通「庖」、「苞」、「胞」，均有包裹魚肉之意。例如〈姤卦〉九二「包有魚」、九四「包無魚」。承，亦有「牲體」之一說，參閱吳澄《易纂言》卷一及本卦六三補注按語。

①包承：一味包容承受。有包庇縱容之意。指六二在初六之上，有包容之象，又上應九五，有順承之象。

②小人：坤為小，六二居下卦人位，故有小人之象。

③否：同「不」。「不」原為草木根部象形，「否」則指其根部所在，故音異而義同。否亨：是說大人不包承。

④不亂群：不為群小所亂。

㊂六三：包羞①。

《象》曰：「包羞」，位不當②也。

①包羞：包容羞辱。有含羞忍垢之意。指六三在二陰之上，不中不正，居否之極。

②位不當：指六三陰居陽位，失位不當。喻才低而志高，不能有所作為。

直譯

六三爻辭：包藏羞辱。

《小象傳》說：所謂「包羞」，是表示所處地位不適當呀。

補注

「包羞」與「包承」含義不同。「被人羞辱」與「暗自承受」當然程度有別。如就取象而言，則「承」與「羞」皆包裹之物。吳汝綸《易說》引吳幼清云：「承當為脀，牲之正體也。羞者，腝胾膾炙醢醬之屬，食之加品，非食之正品也。」用今天的白話說，承是原來的食材，羞是加工的食品。這樣的解釋頗有新意。亦可併人「新繹」，供讀者參考。

四 九四：有命①，无咎。疇離祉②。

《象》曰：「有命，无咎」，志行③也。

直譯 九四爻辭：保有天命，可以沒有災禍。眾人共同依附明主，可得福祉。

《小象傳》說：所謂「有命，无咎」，是說心願可以實現呀。

補注 黃宗炎《周易象辭》說：疇原作「[illegible]」，象耕田時半水半土的形狀，「農事非一人可成，古人多耦耕，故借為儕類之稱。」

① 命：天命，天子的命令。指九四近九五（君位）。

② 疇：同「儔」，同類。離：附麗，依附。指九四已近九五。疇離祉：是說同儕共事明主，可以得到福祉。一說：疇，通「壽」，長壽。離，通「罹」，得到。

③ 志行：九五與六二正應。三、四、五互巽，錯震為足，有行之象。

五 九五：休否，大人吉。①

① 休否：好的否定，意即停止閉塞之惡運。一說：休，美、好。大人：君王。指九五主爻。

其亡？其亡？②繫于苞桑③。

《象》曰：「大人」之「吉」，位正當④也。

②其亡：它會滅亡嗎？其亡其亡，表示念念不忘。

③繫：綁結。苞桑：叢生的桑樹上。苞桑之根深固，故可繫以重物。

④位正當：指九五居中而正。

直譯

九五爻辭：停止違逆閉塞的惡運，象徵大人吉祥。它會滅亡嗎？它會滅亡嗎？仍然維繫在叢生的桑樹上。

《小象傳》說：所謂「大人」的吉祥，是由於所處地位適當呀。

補注

「繫于苞桑」有二解：一是叢生的桑樹，樹根糾結深固，故可穩當繫以重物；二是苞桑樹本就柔弱，故不應繫以重物。前者為是。

王符《潛夫論．思賢篇》引用此爻「繫于苞桑」和《老子》的「夫唯病病，是以不病」以闡述其旨，說：「是故養壽之士，見病服藥；養世之君，未亂任賢。是以身常安而國脈永也。」就因為知道防範於前，未病補身，未亂用賢，所以才不會身敗而國亡。

六 上九：傾否①。先否後喜②。

《象》曰：否終③則傾。何可長也？

①傾否：否極泰來、物極必反的意思。傾：倒，反，終止。意即否定的否定。

②喜：有「興」的意思。

③終：盡。一作「極」。

直譯

上九爻辭：顛覆了閉塞不通的命運。先是噩運，後是喜慶。《小象傳》說：惡運到了盡頭，就會倒轉過來。哪裡可以長久不變呢？

補注

《周易集解》引侯果之說：「傾，猶否，故先否也；傾畢則通，故後喜也。」這就是所謂「否極泰來」。物極必反，是《周易》主要的基本理論之一。

新繹

此卦初爻與〈泰卦〉初爻正好相反。〈泰卦〉是「小往大來」，此卦是「大往小來」。〈泰卦〉是「征吉」，前進則吉；此卦是「貞吉」，守常則吉。閉塞不通的時代，利小人，不利君子，君子自當固守正道，才可以避難遠禍。

《雜卦傳》說：「否泰反其類」。〈泰卦〉雖是「吉亨」之卦，卻語多惕懼，告訴統治者要注意「天地交泰」、「以左右民」；〈否卦〉雖是「天地不交」的閉塞之卦，卻安慰你「先否後喜」，只要你肯努力，很快就會「否極泰來」。這就是《易經》的精蘊所在。

十三、同人卦

解題

同人，即會同。一是與人和同，是說與人共事，同心協力，有合群之義；一是與人會同，是說聚集人民，將有所行動。

此卦以六二為主爻。它居中正之位，又與九五相應。

一、卦形、卦體

☲☰離下乾上

【卦形淺說】

卦體離下乾上，離為火，炎而向上，乾為天，天火有同人之象。又，離為日，光天化日，麗日中天，皆同此象。

二、卦名、卦辭

同人：同人于野①。亨。利涉大川②，利君子貞③。

直譯

〈同人卦〉象徵會同與和諧：和同於人，能和遠郊的人民同心同德。亨通。

宜於涉渡大河川，也宜於君子固守正道。

補注

「同人于野」有二義，一指和同於人，與遠郊之人結為朋友，一指聚集群眾，與天下百姓一起行動。《象傳》所謂「唯君子為能通天下之志」，即其意義所在。應指後者而言。

孔穎達《周易正義》說：「同人，謂和同於人。野，是廣遠之處。借其野名，喻其廣遠。必須寬廣，無所不同，用心無私，乃得亨通。……與人同心，足以涉難，故曰利涉大川；與人和同，易涉邪僻，故利君子貞也。」

注釋

①同人：偕同於人，與人結合。上「同人」二字乃卦名，下「同人」二字為卦辭。非衍文。野：荒郊野外的泛稱。古時邑外叫郊，郊外叫牧，牧外叫野。筆者以為野與朝對，朝指朝廷，野指民間。

②涉大川：古人視涉大河為難事，故借以比喻艱難之事。

③貞：固守常道。

（一）彖傳

《彖》曰：同人，柔得位得中，而應乎乾，①曰同人。同人曰：「同人于野，亨。利涉大川」，乾行②也。文明以健，中正而應，君子正也。③唯君子為能通天下之志。

①柔得位得中：是說主爻六二陰爻當位居中，與九五的乾天理相應。應乎乾：九五陽爻也稱乾。

②乾行：乾在外卦。陽爻剛健的行為表現。行：道。

③文明：指下離為火，有文彩。健：指上乾。中正而應：指六二當位居中，且與九五正應。君子：陽稱君子。正：正道，天理。

直譯

《彖傳》說：〈同人卦〉，象徵陰柔得到正位，得到中道，而且能呼應到上面陽剛的九五乾道，所以稱為「同人」。〈同人卦〉所謂：「同人于野，亨。利涉大川」，是說乾道陽剛的實際行動呀。既文彩光明而又剛健，既居中當位而又上應，這是君子的正道呀。只有君子能夠做到貫通天下百姓萬民的意志。

（二）大象傳

《象》曰：天與火①，同人。君子以類族辨物②。

①天與火：乾為天，離為火。天在上空，而火在下亦往上升，與天性質相同。

②類：這裡當動詞用。歸類，區別。族：族群，群體。辨：一作「辯」，二字古通用。

直譯

《大象傳》說：天與火和同，是同人的象徵。君子效法用來歸納同類的群體，辨別事物的異同。

補注

朱熹以「審異而致同」來解釋「類族辨物」：「類族，是就人上說；辨物，是就物上說。天下有不可皆同之理，故隨他頭項去分別。」（見《朱子語類》）

三、爻辭及小象傳

一 初九：同人于門①，无咎。

《象》曰：出門同人，又誰咎②也？

①門：門口。指王城門外。《周禮．大司徒》：「若國有大敵，則致萬民于王門。」

②咎：責怪，追究。

直譯

初九爻辭：集合人民在王城門口，沒有災禍。

《小象傳》說：出王城大門，來聚集人民一起行動，又有誰會責怪呢？

補注　在王城門口聚集群眾，表示國有大事，但還沒有具體的命令和行動，當然誰也不會怪罪。

二六二：同人于宗①，吝。

《象》曰：「同人于宗」，吝道②也。

直譯　六二爻辭：集合人們在宗廟之中，表示有憾恨之事。《小象傳》說：所謂「同人于宗」，是令人憾恨的緣由呀。

補注　古人在舉行祭祀和用兵出征前，必先祭祖。故「同人于宗」，表示將有大事。

①宗：宗廟。古代天子遇大事，必先至宗廟祭祖。《尚書．甘誓》：「用命，賞于祖；弗用命，戮于社。」

②吝道：羞惱憾惜的事情。尚秉和《周易尚氏學》：「卦五陽皆同于二，今二獨親五，則三、四忌之，致吝之道也。」意思是說：如果六二只與九五親近，則容易引起同宗之間的猜疑和嫉妒，而造成紛爭。

初爻、二爻都是講「同人」之「同」。「同人于門」與「同人于宗」都還在城邑之中，只是由近而遠，距離遠近的不同而已。而且，同門和同宗都還在城邑的小範圍內，理當同心協力，互助合作。如果同門同宗之間，都不能和同合作，那就必然變亂紛起了。

---

❸九三：伏戎①于莽，升其高陵②。三歲不興③。

《象》曰：「伏戎于莽」，敵剛也。「三歲不興」，安行④也。

①伏：埋伏，暗藏。戎：兵戎，兵馬武器。

②升其高陵：登上那山陵高處，窺敵動靜。

③不興：不起。指不會發動戰爭。

④安行：安於行動。不妄動的意思。一說：為疑問句。安，何在；安行，怎麼行動？

直譯

九三爻辭：埋伏兵戎在草莽中，不被敵人發現，又登上那高陵窺探敵人的動靜。過了三年，還是沒有發生戰爭、起兵作戰。

《小象傳》說：所謂「伏戎于莽」，是由於敵人太剛強呀。所謂「歲不興」，是安全的行為呀。

補注

這是講出征後，遇到敵眾我寡、敵強我弱時的對策。「三歲不興」，是表示不主動發動戰爭。

四 九四：乘其墉①，弗克攻②。吉。

《象》曰：「乘其墉」，義弗克也。其「吉」，則困而反則③也。

①乘：登上。墉：一作「庸」，墉的古字。城垣，城牆。一說：乘，是加高城牆。

②弗克攻：不能勝利的進攻。意思是知難而退。

③反則：返回常規正道。

直譯

九四爻辭：已經登上那敵人的城牆，卻不能繼續進攻。吉祥。

《小象傳》說：所謂「乘其墉」，意思是按道理不能克敵致勝呀。所謂吉祥，是在困境中卻能轉而返回遵守用兵的常道呀。

補注

程頤《伊川易傳》云：「乘其墉欲攻之，知義不直而不克也。苟能自知義之不足而不攻，則吉也。」這是說：即使我強敵弱，也要師出有名，是正義之師，才繼續進攻，否則就是恃強凌弱了。

三爻四爻都是表示攻守進退之間，仍然要守常道。

五 九五：同人，先號咷而後笑①。大師克相遇②。

《象》曰：「同人」之「先」③，以中直④也。「大師」、「相遇」，言相克也。

① 號咷：放聲大哭的形容。或作「嚎啕」。笑：一作「犾」，笑的古字。
② 大師：大軍，全軍。克：戰勝。
③ 同人之先：「先」是「先號咷而後笑」的省文。
④ 中直：指九五居中得位。九為陽剛，故稱直。

直譯

九五爻辭：與人會同，起先嚎啕大哭，而後又破涕為笑。是由於大軍打了勝仗，大家又相會合了。

《小象傳》說：所謂「同人」的「先號咷而後笑」，是因為它居中守正呀。所謂「大師」、「相遇」，是說打了勝仗呀。

補注

這是說真正的賢人君子，才懂得「同人」之道。「先號咷而後笑」，正由於「大師克相遇」，而且還講道理。志同道合，這才是真正的正義之師。

六 上九：同人于郊①，无悔。

《象》曰：「同人于郊」，志未得②也。

① 郊：指邑外（城外）。郊比野近，但仍在城邑之外。

② 志未得：指和同於人的宏願尚未完成。王弼注：「處同人之時，最在於外，不獲同志，而遠於內爭，故雖无悔吝，亦未得其志。」

直譯

上九爻辭：和同於人在城外。沒有憾恨。

《小象傳》說：所謂「同人于郊」，是表示「同人」的心願並沒有達到呀。

補注

李光地《周易折中》引宋代蔡淵之說：「未及乎野，非盡乎大同之道者也。故曰志未得。」意思是：只做到「同人于郊」，郊在城邑之外，尚未遠及曠野之地，亦即尚未「能通天下之志」。如果連遠郊的人都能同心同德，和平相處，那才是君子的正道，也才可以說是「能通天下之志」。

新繹

《論語．微子篇》記載孔子周遊列國時，在旅途中遇見耕耘的隱士長沮和桀溺，由於人生觀不同，孔子曾經發出「鳥獸不可與同群」的感嘆。人不可與鳥獸同群，君子自然也難與小人合作。能夠與人和同，成為朋友，當然最好，萬一不行，也只好各行其道。推之於國家，道理相同。但古代國家的觀念和今人不同，有的城邑地廣人多，就自成一個邦國，各有主張，萬一志不同、道不合，也就更不易勉強了。天下有不可皆同之理，萬一不能和同，最好不要敵對而互相攻伐，如果連這一點都做不到，那也只好兵戈相向了。即使如此，《易經》仍講其「同人」之道。

很多人都知道「同人」就是「與人同」，能夠和同於人的意思，但未必知道古書中「同」字有其特別的用法。例如《詩經》中〈豳風．七月〉的「二之日其同，纘載武功」、〈小雅．車攻〉的「我車既攻，我馬既同」，是講君王出獵的；〈大雅．文王有聲〉的「四方攸同，王后維翰」、〈大雅．常武〉的「四方既同，天子之功」，是講天子用兵的，表示其聚眾同人，都與狩獵征戰有關。重點不在獲利得勝，而在於同心同德。我以為〈同人卦〉也同樣取意於此。

此卦六爻的寫作，仍然按照時位的順序來編排。初九的門，指王門；六二的宗，指宗廟所在，都在王城之內。《禮記·曾子問篇》記載孔子答曾子之問，說：「天子巡守，以遷廟主行，載於齊車，言必有尊也。」可見此卦說的「同人于宗」，就是指集合群眾到宗廟祭祖，作出征前的準備。九三的「伏戎于莽」等句，寫出征在野外作戰；九四寫登城進攻；九五寫歷經艱苦，最後大軍獲勝而歸；上九寫「同人于郊」，寫邑中之人都到城外歡迎大軍凱旋歸來。但「同人于郊」和「同人于野」的一字之差，說明「郊」城外和「野」遠郊的不同，表示互相攻伐、克敵致勝，仍然不如大家彼此和平相處的好。

《禮記·禮運篇》說：「大道之行也，天下為公……」，那是古人一種崇高的政治理想。但它強調的是「人不獨親其親，不獨子其子」，和這〈同人卦〉所強調的宗旨並不相同。〈同人卦〉正是要人人親其親，子其子。〈禮運〉和〈同人〉雖然都是主張和同於人，但前者講的是「大同」，後者講的只是「小同」。所以不能等同視之。

十四、大有卦

解題

大有，即眾多、豐盛之意。《雜卦傳》就說：「大有，眾也。」能同人始能大有，大有更能促進和同。二者相互為用。

此卦與〈同人卦〉上下相反，彼此是綜卦。

一、卦形、卦體

䷍乾下離上

【卦形淺說】

卦體乾下離上，乾為天，離為火，火在天上，無所不照，萬物欣欣向榮，此大有之象。又六五爻以一陰居尊為卦主，五陽皆應之，為其所有，此亦大有之象。

二、卦名、卦辭

大有：元亨。

直譯

〈大有卦〉象徵眾多和包容：最為吉祥，順利通達。

補注

本卦一陰五陽，一陰居尊，獲五陽之應，大富大有之象。

（一）彖傳

《彖》曰：大有，柔得尊位，大中而上下應之，①曰「大有」。其德剛健而文明②，應乎天而時行③，是以「元亨」。

直譯

《彖傳》說：〈大有卦〉，象徵陰柔的六五主爻，得居尊位，權大，守中，而且上下其他的五個陽爻都應和它，所以稱為

注釋

①柔得尊位：指主爻六五居上卦之中，位尊而權大。上下應之：指其他五陽爻皆與六五應和。

②此釋「元亨」。剛健：指下卦乾；文明：指上卦離。

③應乎天：指六五與九二正應。時行：依時序行動，即與時偕行。

「大有」。

它的特質是剛強健壯而又文彩光明，順應天理道的運行，而且依照時序行動，因此稱為「元亨」。

（二）大象傳

《象》曰：火在天上①，大有。君子以遏惡揚善，順天休命。②

① 火在天上：指〈大有卦〉離上乾下。離為火，乾為天。象徵光明普照，輝麗萬有。

② 遏：抑止。休：美，美化。

直譯

《大象傳》說：火在天上，象徵大有。君子效法它用來遏止邪惡，倡導善良，順從天理，美化生命。

補注

司馬光《溫公易說》：「火在天上，明之至也。至明則善惡無所遺矣。善則舉之，惡則抑之，上之職也。明而能健，慶賞刑威得其當，然後能保有四方，所以順天美命也。」

三、爻辭及小象傳

一 初九：无交害①，匪②咎。艱則无咎。

《象》曰：大有初九，无交害也。

①交：涉及。一說：交往，交接。害：災害。

②匪：非。

直譯

初九爻辭：開頭沒有涉及災害，就不會有什麼過錯。只要知道艱苦，時加警惕，就沒有什麼災禍了。

《小象傳》說：豐盛大有的開頭，並沒有涉及什麼災禍呀。

補注

此卦離上乾下，離為火，乾為金，火可剋金，有交害之象。因初爻離火尚遠，尚未交接，故無交害。

二 九二：大車以載，有攸往。①无咎。

《象》曰：「大車以載」，積中②不敗也。

①大車：牛車。見《考工記》。車：一作「輿」，指車上有方廂可載重物的大車。以：用。攸往：前往的目的地。指六五爻。攸：所。

②積中：是說裝載的物品很多，累積在車中。積字用以釋「載」。

直譯

九二爻辭：要用大牛車來裝運，已經有了所前往的目的地。沒有差錯。

《小象傳》說：所謂「大車以載」，是說累積運載在車中的物品非常豐盛，都沒有敗壞呀。

補注

孔穎達《周易正義》：「堪受其任，不有傾危，猶若大車以載物也。此假外象以喻人事。」

三 九三：公用亨于天子①，小人弗克②。

《象》曰：「公用亨于天子」，小人害③也。

直譯

九三爻辭：公侯因功享用饗宴在君王處，平民小人是不能參加的。

① 公：王公，公侯。三爻為公侯位，五為君位。用亨：享用。亨：同「享」，宴饗。用：受用。一說：即因，因功而受享。天子：此指六五。

② 小人：此指沒有爵位的平民。一說：沒有才德的小人。弗克：不能。

③ 小人害：是說小人反受其害。

《小象傳》說：所謂「公用亨于天子」，如果是平民小人會反受其害呀。

補注

「公用亨于天子」，馬王堆帛書本：亨作「芳」。「芳」與「享」音近。朱熹《周易本義》：「亨，《春秋傳》作『享』，朝獻也。古者亨通之亨、享獻之享、烹飪之烹，皆作亨字。」

四 九四：匪其彭①，无咎。

《象》曰：「匪其彭，无咎」，明辯晢也②。

①匪，通「篚」，即箱、廂之類，如車廂。其彭：彭，形容鼓聲壯盛。一說：匪，非。其彭，盛極之貌，形容祭祀盛。

②辯：通「辨」，辨別。晢：通「哲」，明智。

直譯

九四爻辭：不是過於豐盛，自我膨脹過頭，就沒有災禍。

《小象傳》說：所謂「匪其彭，无咎」，是表示能明辨事理，有智慧呀。

補注

王闓運《周易說》：「匪、篚古今字。篚，車笭也；彭，鼓聲。」車笭即車闌、車廂。屈萬里師《讀易三種》亦引《孟子‧滕文公下》篇「匪厥玄黃」之語，以「匪」為「篚」，並且說：「篚字似用為動詞」，另外還以「旁」釋「彭」，其彭，猶旁旁。

宏一按，據許慎《說文解字》，彭的本義是「鼓聲」，而《詩經》雅頌中如「駟騵彭彭」、「以車彭彭」等等，常以「彭彭」形容車馬的壯盛，蓋皆假借鼓聲以形容車馬的壯盛。這些車馬運載很多物品，是為祭祀或戰爭，是另一回事，但極言其豐足壯盛，則無疑義。由此引申而有不敢自吹自擂、過度膨脹之意。

五 六五：厥孚交如，威如，①吉。

《象》曰：「厥孚交如」，信以發志也②。「威如」之「吉」，易而无備也③。

① 厥孚：他的誠信。厥：其。指六五爻。交如：交往的樣子。指六五與眾陽交往。威如：威嚴的樣子。乾為天，有威之象。

② 信以發志：即以信發志，指六五以誠信感動其下。發：明。

③ 易：平易。无備：對人沒有防備。

直譯

六五爻辭：六五爻他的誠信，能和其他陽爻交往，又有威嚴的樣子，吉祥。

《小象傳》說：所謂「厥孚交如」，是說能以誠信感發所有在下位者的志意呀。所謂「威如」的吉祥，是說平易近人，而且無須防備也能確立誠信呀。

補注

孔穎達《周易正義》：「以己不私於物，惟行簡易，無所防備，物自畏之。」

六 上九：自天祐①之，吉，无不利。

《象》曰：大有上吉，自「天祐」也。

直譯

上九爻辭：來自天意要保祐他，吉祥，沒有不吉利。

①祐：助，保護。一作「右」，二字古通用。

《小象傳》說：豐盛大有的至上吉祥，是來自上天的保祐呀。

補注

《繫辭上傳》引孔子釋此爻辭曰：「祐者，助也。天之所助者，順也；人之所助者，信也；履信思乎順，又以尚賢也，是以自天祐之，吉无不利。」

新繹

〈大有〉與〈同人〉二卦相綜，上下卦體正好相反。雖然同是一陰五陽，但恰如宋代項安世《周易玩辭》所云：「一陰（按，指六二）在下，勢不足以有眾，能推所有以同乎人者也，故名曰同人。一陰在上（按，指六五），人同乎我，為我所有者，故名曰大有。」因此，〈同人卦〉的六二爻與〈大有卦〉的六五爻，雖然同樣是陰爻，可以以柔克剛，雖然同樣處於卦體的中位，都是守中居尊，但由於上下卦體爻位的屬性，有公侯卿士的不同，所以代表的意義與占斷的結果，也就有所差異。讀者於此，大可玩味。

十五、謙卦

解題

謙，即謙虛、退讓。先人後己，禮讓謙卑，故所在皆通。是《易經》中唯一的六爻皆吉的卦。

一、卦形、卦體

䷎艮下坤上

【卦形淺說】

卦體艮下坤上。艮為山為止，坤為地為順。山本在地上，高於地面，今反在其下，故有謙之象。

主爻九三惟一陽而居內卦之終，又順乎外，亦有謙之象。

二、卦名、卦辭

謙：亨，君子有終①。

直譯

〈謙卦〉象徵謙虛和退讓：亨通。君子始終謙遜有好下場。

注釋

①君子：此指九三爻而言。有終：善終，有好結果。

補注

孔穎達《周易正義》：「小人行謙，則不能長久；唯君子有終也。」

（一）彖傳

《彖》曰：「謙，亨」。天道下濟而光明，地道卑而上行。①天道虧盈而益謙，地道變盈而流謙②，鬼神害盈而福謙，人道惡盈而好謙③。謙，尊而光④，卑而不可踰⑤，君子之「終」也。

注釋

①下濟而光明：陽光自上而下。指主爻九三在〈坤卦〉之下，有下濟之象。濟：施，助。而二、三、四爻互坎錯離，有光明之象。卑而上行：地上草木皆往上生長。

②流謙：像水往低處流。流：分布，灌注。

③惡：音「物」，討厭。好：去聲，喜歡。

④尊：貴。一說：通「撙」，節省，退讓。光：光寵，光彩。

⑤踰：凌越。有侮弄意。

直譯

《彖傳》說：謙虛，亨通。上天的法則，是向下成就萬物而光明普照；大地的法則，是位居卑下卻能向上運行，交合於天。上天的法則是虧損盈滿而來增益謙虛，大地的法則是改變盈滿而來灌注謙虛，鬼神的法則是損害盈滿而來福佑謙虛，人類的法則是討厭盈滿而來喜歡謙虛。

謙虛，使居位尊貴的而更加光彩，使居位卑下的而沒有人可以侮弄，這就是君子的好下場呀。

補注

「天道虧盈而益謙」以下四句，虧、益、變、流、害、福、惡、好等字皆作動詞用，而其下字則皆名詞。猶言損有餘而補不足也。

（二）大象傳

《象》曰：地中有山①，謙。君子以裒多益寡②，稱物平施③。

①地中有山：此卦艮在坤下，艮為山，坤為地，故云。

②裒：減少。古本一作「捊」，取。句謂取多補少。

③稱：通「秤」，當動詞用。權衡，衡量。平施：公平施給。

直譯

《大象傳》說：平地之中藏有高山，象徵謙虛。君子效法用來減損多餘的，補充不足的；衡量事物的多寡，來平均分配。

補注

程頤《伊川易傳》：「不云山在地中，而曰地中有山，言卑下之中，蘊其崇高也。」又：「山而在地下，是高者下之，卑者上之，見抑高舉下、損過益不及之義；以施於事，則裒取多者，增益寡者，稱物之多寡，以均其施與，使得其平也。」

三、爻辭及小象傳

一 初六：謙謙①君子，用涉大川②。吉。

《象》曰：「謙謙君子」，卑以自牧③也。

直譯

初六爻辭：謙虛而又謙虛的君子，可以渡過大河川一般的災難。吉祥。

① 謙謙：謙而又謙，形容謙極。

② 用：以，藉此。涉大川：比喻遭遇危難。已見前。

③ 牧：守，管理，克制，一說：養。

《小象傳》說：所謂「謙謙君子」，是說他謙卑，可以自我克制呀。

---

❷ 六二：鳴謙①，貞吉。

《象》曰：「鳴謙，貞吉」，中心得②也。

① 鳴謙：以謙而著稱。因謙虛而聲名為人所知。

② 中心：心中，內心。得：相悅。中心得也：指六二居下卦之中，得正位。下卦坎，有心之象。六二居中而正，故用以喻發自內心。

直譯

六二爻辭：享有聲名而又謙虛，占問結果，吉祥。

《小象傳》說：所謂「鳴謙，貞吉」，是發自內心所獲得的喜悅呀。

補注

核對前後爻辭，「鳴謙」下當有「君子」二字。一說：鳴，指「見於聲音顏色」的言談。鳴謙，即言談容色謙虛退讓。這樣的君子，當然受人歡迎。

三 九三：勞謙①君子，有終，吉。

《象》曰：「勞謙君子」②，萬民服③也。

①勞謙：勤勞而又謙虛的意思。勞：勤勞，功勞。指九三居眾陰之中，有勞之象，陽爻居陽位，又有吉之象。

②勞謙君子：「勞謙君子有終」的省文。

③服：服從。此卦一陽五陰，五陰象萬民，服從唯一陽爻九三。

直譯

九三爻辭：勤勞而又謙虛的君子，有好結果，吉祥。

《小象傳》說：所謂「勞謙君子」云云，是表示千千萬萬的人們都會服從他呀。

補注

有功績的人，通常會居功而傲，能夠不居功而又謙讓待人，更容易受人尊敬。這樣的人，如果是位高權重的「君子」人物，自然會贏得萬民的服從。程頤《伊川易傳》說：「古之人有當之者，周公是也。」

四 六四：无不利，撝謙。①

①无不利：指六四陰居陰位，當位則吉。撝：同「揮」，發揮，展現，宣揚。

《象》曰：「无不利，撝謙」，不違則②也。

直譯

六四爻辭：沒有不利，處處發揮謙虛的美德。

《小象傳》說：所謂「无不利，撝謙」，是表示並沒有違反做人謙虛的原則呀。

補注

《小象傳》說「撝謙，不違則」，那是表示雖然謙虛是美德，但不能太過於謙虛，有些事該怎麼做，還是要按照規章辦理，不可示弱或退卻。

五 六五：不富以其鄰①，利用侵伐②，无不利。

《象》曰：「利用侵伐」，征不服③也。

②不違則：不違反常道。是說發揮雖與謙虛看似相反，但六四奉上下皆能謙順合宜。

①不富：指此陰爻居君位，本有不富之象。以：因。其鄰：指六四，上六二爻俱為陰爻而言。此鄰指鄰近的城邑邦國。

②利用侵伐：六五居尊位而謙柔，其鄰歸之。如有不服者，可出兵征伐。侵與伐意義不同。侵是不聲張就去攻打，伐是鐘鼓堂堂，公開征討。

③征不服：征伐謙虛不能感化的敵人。

直譯

六五爻辭：不能富裕，是因為他的近鄰都很弱小，需要幫助。如果有不服者，宜於使用出兵征伐，無往不利。

《小象傳》說：所謂「利用侵伐」，是說宜於征伐那些不能被謙虛感化的人。

補注

「不富以其鄰」，屈萬里師仍解「富」為「福」，解「以」為「及」。意思是說：不能施恩近鄰以德感化時，就「利用侵伐」。即所謂：「乃知兵者為凶器，聖人不得已而用之。」

六 上六：鳴謙①，利用行師，征邑國。②

《象》曰：「鳴謙」，志未得③也。可④用「行師」，征邑國」也。

①鳴謙：已見六二注。上六以柔居柔，有過謙之義。又，上六與九三正應，相從相和，似有以此自鳴之意。

②行師：用兵，發動軍隊。邑：大夫封邑。國：諸侯封地。

③志未得：指上六與九三正應，但以六二在先，志不相得，故未得九三有力之支持。比喻極謙而居高位，反而只能治理小事。

④可：一作「利」。

直譯

上六爻辭：享有聲名而又謙虛，雖然宜於發動軍隊出征作戰，但只能征服那些原來隸屬於自己的城邑邦國。

《小象傳》說：所謂「鳴謙」，是說志向還不能完全伸張展現呀。可以用來「行師，征邑國」而已呀。

補注

這是說過度「鳴謙」，有時反而不如「撝謙」的好。上六與九三正應，正是藉九三的陽剛之氣，說明「勞謙君子」才能令「萬民服」。

新繹

《序卦傳》：「有大者不可以盈，故受之以謙。」〈大有卦〉講的是豐盛眾多，但古有明訓，《尚書·大禹謨》早就說：「滿招損，謙受益。」所以《易經》在〈大有卦〉之後，接著講〈謙卦〉。〈謙卦〉的六爻，講的都是「吉」、「亨」、「无不利」，但在編排敘述方面，仍然層次分明。

初爻「謙謙君子」講的是君子的謙讓之道，重點在德性修養。六二的「鳴謙」和九三的「勞謙」，分別就言行言之。「鳴謙」是言語謙和，待人以禮，

「勞謙」則是身體力行，待人謙恭之外，還講求事功。九三陽爻，固君子也。

六四的「撝謙」，更加發揮宣揚，將君子的德性修養推廣到治國用兵之上。

六五講鄰近城邑邦國，若無法以德感化，即可出兵征伐，不必再講謙讓之道。

上六更說一味謙讓，只求虛名，不講事功，只能征服鄰邑小國。換言之，雖講謙讓之道，但不能虛而不實，必須還講功績，這才是「君子有終」。

十六、豫卦

解題

豫，即逸樂、奢侈。此卦闡述逸樂的原則，在於眾樂，而非獨樂，在於順時而動，居安思危，其介如石，堅守中道，而非沉湎酒色，驕奢淫佚。此卦與〈謙卦〉相生相成。

此卦以九四為主爻，言其「順以動」，此外皆不吉祥。

一、卦形、卦體

䷏坤下震上

【卦形淺說】

卦體坤下震上，坤為順，震為動，順而動，有「豫」之象。

此卦與〈謙卦〉形象正好相反，彼此是綜卦。

二、卦名、卦辭

豫①：利建侯行師②。

直譯

〈豫卦〉象徵逸樂和奢侈：有利於建立諸侯的基業和出兵作戰。

補注

孔穎達《周易正義》：「動而眾說（悅），故可利建侯也；以順而動，不加无罪，故可以行師也。」

（一）彖傳

《彖》曰：豫，剛應而志行①，順以動②，豫。豫，順以動，故天地如之，而況「建侯行師」乎？天地以順動，故日月不過而四時不忒③；聖人以順動，則刑罰清而民服。豫之時義，大矣哉！④

注釋

① 豫：安，樂。通「預」，預備。事先有預備，則從容不迫，引申有寬裕的意思。

② 建侯：分封諸侯。行師：調動軍隊。

① 剛應而志行：剛指九四陽爻，與初六正應。此卦以五陰應一陽，故謂志行。

② 順以動：此卦下卦坤為順，上卦震為動，故云。

③ 過：錯。忒：偏差。

④ 時義：時宜的道理。大矣哉：嘆美卦義之辭，在《彖傳》中有十二處。有的讚嘆「時」，有的讚嘆「時用」，有的讚嘆「時義」。

直譯

《象傳》說：豫卦，陽剛得到響應，因而志意可以推行，順應時機來行動，所以命名為「豫」。

豫，順應時機來行動，所以天動地順也像它一樣，更何況建立諸侯基業和出兵作戰呢？天地因為順應時機而行動，所以日月的運行不會有錯失，而四季的循環也不會有偏差；聖人因為順應時機而行動，也就因此刑罰嚴明而人民悅服。〈豫卦〉所顯示的時宜的道理，真是太偉大了啊！

(二) 大象傳

《象》曰：雷出地奮①，豫。

先王以作樂②崇德，殷薦之上帝③，以配祖考④。

直譯

《大象傳》說：雷聲響起，大地振奮，這是陰陽歡樂的交集。古代聖王效法它用來創作歌曲，崇尚盛德，隆重舉行殷祭，呈獻它給上帝，同時用來祭祀已經去世的祖先。

①雷出地奮：上卦震為雷，下卦坤為地，故云。奮：動。

②樂：音律樂聲。

③殷：盛大隆重的祭祀。一說：殷，隱。薦：進。上帝：天帝。

④配祖考：配享先父，祭祀祖先。

補注

此卦與〈謙卦〉卦形相反，二者為「綜卦」。《序卦傳》說：「有大而能謙，必豫。故受之以豫。」富有偉大而又謙虛，當然能使別人愉快，也使自己愉快。

《孝經》記載周公在冬至時，到郊外祭祀始祖后稷，九月在明堂祭祀先父文王和天帝。祭祀時都奏音樂。與此可以合看。又，筆者另有別解，見「新繹」。

三、爻辭及小象傳

一 初六：鳴豫①，凶。

《象》曰：「初六：鳴豫」，志窮②，凶也。

① 鳴豫：出了名聲的歡樂。有自鳴得意、得意忘形的意思。

② 志窮：志意已盡。比喻得意忘形。指初六與九四相應，因得九四支持而得意洋洋。

直譯

初六爻辭：自鳴得意的歡樂，凶險。

《小象傳》說：所謂「初六，鳴豫」，是說志意已經耗盡了，象徵凶險呀。

補注

「鳴豫」是說以逸樂淫佚聞名於世。這表示自鳴得意，得意而忘形。對於想「建侯行師」的人來說，是「志窮」而不是「志行」，結果當然是凶險。

二 六二：介于石①，不終日②。貞吉。

《象》曰：「不終日，貞吉」，以中正③也。

直譯

六二爻辭：孤介勝過剛硬的石頭，不可能一整天始終沉醉於歡樂中。固守正道才吉祥。

《小象傳》說：所謂「不終日，貞吉」，是因為它居中守正、能守中正之道呀。

---

① 介于石：剛直耿介勝於石頭。介：孤高，剛直。一說：介，隔、礙之意。于：通「如」，指六二居中得正。

② 不終日：不待日終。指歡樂不超過一整天。

③ 以中正：因為居中守正。指六二爻居下卦中位。陰爻而居陰位，得正。所謂中正之道。有人以為「中正」當作「正中」，與「志窮，凶」叶韻。

三 六三：盱①豫，悔；遲，有②悔。

《象》曰：「盱豫」、「有悔」③，位不當④也。

直譯

六三爻辭：太早得到的歡樂是會後悔的；悔悟遲了，又會後悔。

《小象傳》說：所謂「盱豫」、「有悔」云云，是由於所處的時位不適當呀。

①盱：一作「旴」，即旭，日始出。有夙、早之意。一說：盱，仰視。有逢迎討好之意。
②有：又，也是。
③盱豫有悔：六三爻辭的省文。
④位不當：即「時不宜」。指六三爻不在中位，又陰爻居陽位，所謂不中不正。仰視主爻九四，雖豫樂而不可久。

四 九四：由豫①，大有得②。勿疑③，朋盍簪④。

《象》曰：「由豫，大有得」，志大行也。

直譯

九四爻辭：從容自得的歡樂，大有所獲。不可引起君王的猜疑，朋友同志才會趕來聚首會合。

①由豫：即猶豫。指主爻九四為歡樂之由。由：猶，自在自得。一說：由，古通「迪」，順，從。
②大有得：大有所獲。指九四為唯一陽爻，居大臣位，與上下諸陰爻相應。
③勿疑：不要懷疑。指六五居君位，卻柔弱，故易疑九四。

《小象傳》說：「由豫，大有得」，是說志向可以大大順利推行呀。

補注

《繫辭傳》云：「四多懼。」四爻本來就易於疑懼。「由豫」多作「猶豫」解，但猶豫有二義：一指豫悅，自在自得；一指狐疑，遲疑未定。上文採用前說，友人黃慶萱則採後說，以為「勿疑朋盍簪」應連讀為一句，意思是「不必老是懷疑朋友背後說小話」。見其近著《新譯周易六十四卦經傳通釋》。

五 六五：貞疾①，恆不死②。

《象》曰：「六五貞疾」，乘剛③也。「恆不死」，中未亡④也。

④朋盍簪：朋友很快的來聚會。盍：通「合」。簪：「蹔」、「撍」的借字，急，速。又，簪，古人用來束髮，亦有聚首之義。一說：盍，何；簪，通「譖」，誹謗。句謂（不要懷疑）朋友為何老是在背後誹謗你。

①貞疾：卜問其疾。一說：貞，正；貞疾，改正弊病。

②恆不死：指六五雖居至尊君位，但陰爻柔弱，而下有剛強之九四，故有如重病之人。雖是如此，但居君位，只要堅守中道，即可免於滅亡。

③乘剛：指六五凌越九四之上。

④中未亡：六五居上卦之中，守住中道，尚未滅亡。參閱注②。

直譯

六五爻辭：占問病情，通常是不至於滅亡。

《小象傳》說：所謂「六五貞疾」，是由於凌駕在陽剛之上呀。所謂「恆不死」，是說能守住中道，還不至於滅亡呀。

補注

五爻是君王至尊之位，尋繹此爻語氣，似是對亡國之君而發。

六 上六：冥豫①，成，有渝，②无咎。

《象》曰：「冥豫」在上③，何可長也？

直譯

上六爻辭：昏昧不明的歡樂，雖已形成，但只要有改變心意的機會，就可以沒有災禍。

① 冥豫：昏昧不明的歡樂。冥：昏暗，愚昧。

② 成有渝：歡樂已成，但〈震卦〉象動，尚可改變。渝：改變。一說：成，終；有，又。句謂最終又會改變。

③ 冥豫在上：是說上六陰柔，已到歡樂的頂端，將樂極生悲。

《小象傳》說：昏昧不明的歡樂，高高在上，已到極端，如何可以長久呢？

補注

「冥豫」的「冥」，有昏暗、隱藏之意。《大象傳》的「殷薦之上帝」的「殷」，據《經典釋文》漢京房本作「隱」，隱不但可作「暗」解，亦可作「盛」解（見〈西京賦〉李善注）。

新繹

歷來學者多解「豫」為歡愉，但許慎《說文解字》云：「豫，象之大者。」段玉裁注：「引申之，凡大皆稱豫。」大，音「太」，有過多、太大之意。而此卦卦名，帛書本作「餘」，上博本作「余」，餘、余與豫同音通假，正有過多、太大之意。故亦有學者主張「豫」當作「驕奢」、「自大」解。能力強，本事大，當然也容易自滿自大。這正好也與〈謙卦〉的「謙」相對。

謙，原作「嗛」，據王甗《周易校字》說：「古書不特謙作嗛，即慊、歉字亦通作嗛」，王樹枏《費氏古易訂文》也說：「鄭、荀諸家皆作謙。謙、嗛皆歉之假字。《彖傳》盈與謙對文，可以見義。《雜卦傳》云『謙輕』，即其詁也。」可見古人以為謙可通「歉」。歉者不足也，這又正好與〈豫卦〉帛書本豫作「餘」，餘者有餘也，歉、餘正好相對。此卦雖命名為「豫」，但除了「六三」之外，都殷殷告誡要居安思危，不可沉溺歡樂，否則樂極生悲，必有危機。充分反映出《易經》正反相成的特色。

除此之外，本卦《彖傳》、《象傳》也有若干詞語，筆者以為值得推敲注意。像《彖傳》的結語「豫之時義大矣哉！」前人就以為歎美之中，別有深意。例如孔穎達《周易正義》即云：「歎美為豫之善，言於逸豫之時，其義大矣，此歎卦也。」在《易經》中歎卦共有十二卦，都加了「大矣哉」的歎美之辭。

孔氏又說：「然歎卦有三體：一、直歎『時』，如〈大過〉之『時大矣哉』之例是也；二、歎時並用，如〈險〉（宏一按，〈坎〉）之『時用大矣哉』之例是也；三、歎時並義，〈豫〉之『時義大矣哉』之例是也。」孔氏並下結論說：「凡言不盡意者，不可煩文其說，且歎之以示情，使後生思其餘蘊，得意而忘言也。」

又如項安世《周易玩辭》也曾就此另作闡述析論。他說：「〈豫〉、〈隨〉、〈遯〉、〈姤〉、〈旅〉，皆若淺事而有深意，故曰時義大矣哉，欲人之思之也；〈坎〉、〈睽〉、〈蹇〉，皆非美事，而聖人有時而用之，故曰時用大矣哉，欲人之別之者；〈頤〉、〈大過〉、〈解〉、〈革〉，皆大事大變也，故曰時大矣哉，欲人之謹之也。」這些論點，都值得讀者參考。

至於《象傳》所說的「先王以作樂崇德，殷薦之上帝」等語，歷來都把「先王」解作周文王及其先祖而言，而把「殷」解作「盛」或「隱」，似未有人把「殷」從「殷商」的角度去解釋的。筆者以為許慎《說文解字》解釋的「作樂之盛，稱殷」，並引此卦「殷薦之上帝」為證，是把「殷」解為殷商王朝的。殷商重淫祀，好逸樂，見諸史籍，殷紂的酒池肉林，更不在話下。歷來學者，如《周易集解》引鄭玄之語，說王者功成作樂，文如籥舞，武如萬舞，與天共饗其功，更引《孝經》所云「郊祀后稷以配天，宗祀文王於明堂以配上帝」等等，當然都言之成理，各有所據，但那都是以周朝為限，討論時未曾把殷商考慮在內。周朝先王功成頌德之時，可以「作樂崇德」，獻享天帝、祖考，可以「發以聲音」、「交以琴瑟」、「從以簫管」（《禮記．樂記》語），並佐以歌舞，以求人神同其歡樂。周朝可以「薦之上帝」，殷商當然也可以「薦之上帝」。我們不要忘記古有「三易」，《周易》是承傳夏之《連山》、殷之《歸藏》而來的，雖然承傳時有因有革，但總有前後交疊的影子。所以《說文》的「作樂之盛，稱殷」，固然可以把「作樂之盛」的「盛」，用來做為「殷」字的解釋，但推其原意，也必然因為殷商之樂盛大至極的緣故。

我們再看〈豫卦〉中從初六的「鳴豫，凶」、六三的「盱豫，悔；遲，有悔」、六五的「貞疾，恆不死」，到上六的「冥豫，成，有渝，无咎」等等，都是從過於歡樂，以致有悔恨凶險的觀點來占斷的，只有六二的「介于石」、「不終日，貞吉，以中正也」，那才不苟豫而「貞吉」。這也正是《禮記．曲禮上》說的「志不可滿，樂不可極」所要訓誡的道理。如果認為孔子及其後學有意藉殷紂因荒淫逸樂過度，以致亡國，而周朝有鑑於此，因此主張「樂而不荒，樂以安民」，那麼筆者以為，把「殷薦之上帝」的「殷」解作殷商王朝，不是也很有意義嗎？

十七、隨卦

解題

隨，即追隨、跟從。引申有順從之意。

此卦以初九及九五爻為主爻，皆剛居柔下。

一、卦形、卦體

䷐震下兌上

【卦形淺說】

卦體震下兌上，震為雷，兌為澤，雷震澤中，澤水起動，有「隨」之象。又，震為動，兌為悅，內動而外悅，亦有「隨」之象。

二、卦名、卦辭

隨①：元、亨、利、貞，②无咎。

直譯

〈隨卦〉象徵隨和順從：元長、亨通、吉利、貞正，沒有災禍。

補注

此卦占辭讀作「元亨，利貞」時，即表示：與神明感應達到最佳的狀態，有利於占問，其斷辭是无咎。但筆者認為《左傳・襄公九年》記載成公的母親穆姜曾問卜得此卦。她回答占卜的太史時，稱〈隨卦〉「元亨利貞」為「四德」，可見是把「元亨利貞」分開為四種德行，故筆者譯解如上。

（二）彖傳

《彖》曰：隨，剛來而下柔①，動而說②，隨。大、亨、貞③，无咎，而天下隨時④。隨時之義⑤大矣哉！

注釋

① 隨：古通「追」，今猶追隨連用。

② 據《左傳・襄公九年》「四德俱備」之言，當斷作「元、亨、利、貞」。

① 剛來而下柔：指〈震卦〉在〈兌卦〉之下。震剛而兌柔。震，動。兌，悅。

② 動而說：同上句。震者動而兌者悅。說：音「月」，同「悅」。

③ 「大亨貞」句，四庫全書本核對卦辭以為「貞」字前脫「利」字。

④ 隨時：順應時勢。追隨適宜的時機。一作「隨之」，是說天下無事。

⑤ 隨時之義：一作「隨之時義」。

直譯

《象傳》說：〈隨卦〉象徵隨從，陽剛前來，反而居於陰柔之下；有所行動，卻又討人喜歡，所以稱之為「隨」。元大、亨通、貞正，沒有災禍，而天下萬民都能順從它。順從時勢的意義，真是太廣大了啊！

補注

「天下隨時，隨時之義」二句，陸德明《經典釋文》引王肅本作「天下隨之，隨之時義大矣哉！」朱熹《周易本義》認可：「今當從之」。筆者以為說得對，直譯據改。說見「新繹」。

（二）大象傳

《象》曰：澤中有雷①，隨。君子以嚮晦入宴息②。

直譯

《大象傳》說：大澤中藏有鳴雷，水波就會跟著湧動，這是〈隨卦〉的象徵。君子取法它，因此在天色向晚時，就入室休息。

①澤中有雷：此卦上兌下震，兌為澤，震為雷，故云。

②嚮晦入宴息：日入而息的意思。嚮：同「向」。晦：昏，晚。嚮晦：即向晚、傍晚。宴息：偃息，休息。

息。

補注

「嚮晦入宴息」，亦即《彖傳》所謂「隨時」，順應時勢的意思。

程頤《伊川易傳》：「君子晝則自強不息，及嚮昏晦，則入居於內，宴息以安其身。起居隨時，適其宜也。《禮》：『君子晝不居內，夜不居外。』隨時之道也。」

三、爻辭及小象傳

㊀ 初九：官有渝①，貞吉。出門交，有功。②

《象》曰：「官有渝」，從正③，吉也。「出門交，有功」，不失④也。

直譯

初九爻辭：象徵官位常有變動，固守正道，可獲吉祥。出門在外與人交往，也會有成效。

①官：官位。指某一職位的主管而言。震為長子，長子主持祭祀，有官之象。蜀才本作「館」，或解為館舍。渝：改變，變動。是說館舍改變。

②交：交往。初九與六二親比，有交之象。「出門交，有功」一讀作「出門，交有功」，「交」作「連連」解。

③從正：即貞。指從六二而言。六二居中而正。

④不失：不違背正道。未失其所從。

《小象傳》說：「官有渝」，是表示順從正道就可吉祥呀。「出門交，有功」，是由於不違背正道呀。

補注

孔穎達《周易正義》認為「官」指人心之所主，所謂「官能」，即今所謂思想觀念。可備一說。

二 六二：係小子①，失丈夫②。

《象》曰：「係小子……」③，弗兼與④也。

①係：通「繫」，維繫，綁住。引申有親近、順從之意。小子：小人，小孩。此指初九。一說：指六三陰爻。

②丈夫：君子，成年人。此指九五陽爻。

③係小子：此為爻辭省文。

④弗兼與：不能兼得。與：並，偕。

直譯

六二爻辭：維繫住小孩子，卻失去了大丈夫。

《小象傳》說：「係小子」云云，是說不能兩者都同時得到呀。

補注

丈夫、小子相對而言。丈夫泛指成年人。《穀梁傳・文公十二年》：「男子二十而冠，冠而列丈夫。」《說文》說男子身高一丈稱丈夫，亦泛指。小子則指未成年之少年人，《論語》中孔子稱其弟子為「小子」，猶今日稱「小朋友」、「年輕人」。

三 六三：係丈夫①，失小子②。隨有求得，利居貞③。

《象》曰：「係丈夫」，志舍下④也。

① 丈夫：此指九四爻。九四與六三親比。

② 小子：此指初九爻。六三與初九中隔六二。

③ 居貞：守正。六三陰柔，不中不正。

④ 舍下：捨棄在下的小子。

直譯

六三爻辭：維繫住大丈夫，卻失去了小孩子。隨從大丈夫，有求必得，宜於固守正道。

《小象傳》說：「係丈夫」云云，是說心意在於捨下而從上呀。

補注

「係小子，失丈夫」，有「因小失大」之意。小子、丈夫，二者相對而言。小子若指小人，則丈夫為君子。追隨「小子」，即取法乎下，必為識者所笑。同理，「係丈夫，失小子」亦然。

四 九四：隨有獲①，貞凶②。有孚，在道以明，③何咎？

《象》曰：「隨有獲」，其義凶也。「有孚在道」④，明功⑤也。

直譯

九四爻辭：追隨九五君主，又有所得，但占卜的結果，依然處境凶險。如果心懷誠信，合乎正道而又明哲保身，還會有什麼災禍呢？

《小象傳》說：所謂「隨有獲」，是說按道理它本來就有凶

①隨有獲：是說九四陽剛，而其諸陰爻和諧，為「有獲」之象。有：又。
②貞凶：是說九四以近君之臣，聲望過主則凶。
③有孚：有誠信。在道以明：合道而又明哲。一說：連道路之人也都明白。
④有孚在道：爻辭「有孚，在道以明」的省文。
⑤明功：表明「有孚在道以明」的功效。

險呀。「有孚在道」云云，是彰顯明哲保身的功用呀。

補注

跟隨在君王身邊，最宜謹言慎行，一定要固守正道，得到君王的充分信任，才可以明哲保身。

五 九五：孚于嘉①，吉。

《象》曰：「孚于嘉，吉」，位正中②也。

① 孚于嘉：誠信到了美善的境界。一說：被良善之人信任。

② 位正中：指九五居上卦之中，又與六二正應，是所謂居中得正。

直譯

九五爻辭：誠信能夠達到美善的境界，吉祥。

《小象傳》說：「孚于嘉，吉」，是由於居於正位、守住中道呀。

補注

王弼《周易注》：「履正居中，而處隨世，盡隨時之宜，得物之誠，故嘉吉也。」程頤《伊川易傳》闡述為：「九五居尊，得正而中實，是其中誠在於隨喜，其善可知。嘉，善也。自人君至於庶人，隨道之吉，惟在隨喜而已。下應二之正中，為善之義。」

六 上六：拘係之①，乃從維之②。王用亨于西山③。

《象》曰：「拘係之……」，上窮④也。

直譯

上六爻辭：緊緊拘束綁住他，又從而用大繩來牢牢綑住他。君王於是祭饗在西山之上。

《小象傳》說：所謂「拘係之」云云，是說原來高高在上的，已到了盡頭呀。

補注

① 拘：拘束，禁。係：通「繫」，束縛。「拘係之」是指紂王先拘禁西伯，一說是指後來紂王反而被綁，「用亨于西山」。

② 乃從維之：於是從而用大繩綁住他。楚簡本作「縱乃懏之」，縱：釋放，懏：二心。意即：西伯被釋放後，誓師反抗紂王。最後武王克殷滅紂，用大繩綁住紂王，獻俘於岐山之上。後〈益〉、〈升〉等卦，並曾言之。一說：「乃從維之」一句，「乃從」屬上讀，「維之」屬下讀。說見「新繹」。

③ 用：因此。亨：通「享」，祭祀宴饗。西山：指岐山。在周京之西，指獻俘之事。

④ 窮：盡。

屈萬里師因為把「王用亨于西山」解釋為周王獻俘於岐山，所以把九四、九五二爻的「有孚」、「孚于嘉」，都不解作「誠信」，而認為應作「俘」解。

新繹

「十翼」《易傳》中的《彖傳》，解釋〈隨卦〉卦辭的意義時，藉其上下卦體「剛來而下柔，動而說」的卦象，占斷為「大亨利貞，无咎」。底下的兩句，通行本作：「而天下隨時。隨時之義大矣哉！」這是不好通讀的，因為文理不順。朱熹《周易本義》說王肅本作：「天下隨之，隨之時義大矣哉！」

筆者以為「天下隨之」的「之」，是代名詞，指上文「剛來而下柔，動而說」等句；而「隨之時義」也比「隨時之義」較為合乎《彖傳》的行文習慣。有人說《彖傳》中凡是有「大矣哉」贊語的，通常稱「時」、「時義」或「時用」，從未有像「隨時之義」這樣的例子。所以朱熹說「今當從之」，自有其道理。而且「之」、「時」二字，本來就因聲近容易雜用，關於這些問題，古人早已有所指陳。例如項安世的《周易玩辭》就說通行本的這兩句，「上時字為聲之誤，下時字為字之例也，或曰古時字從之，故之時二字易雜。」王樹枏的《費氏古易訂文》也說：「案此與上文傳寫互誤。『隨之時義』與『豫之時義』文正相同。」核對上面的〈豫卦〉就明白了。

又，上六爻辭，有人斷句作「拘係之，乃從；維之，王用亨于西山」。意思是說：對於不肯追隨的賢者，捉住俘虜後，只能用禮義來攏絡他，才可以使他們順從（例如殷微子、箕子之歸順於周）；因為能維持這樣的做法，所以周朝才可以在西山用酒食祭祀山川。

讀《周易》，不但有時句讀不同，有時連意義也多歧解。例如「王用亨于西山」這一句，朱熹就曾感嘆：「難看，不比他書。《易》說一箇物，非真是一箇物。」「《易》中多有不可曉處。如『王用亨于西山』，此卻是享字，只看『王用亨于帝吉』，則知此是祭祀山川底意思。如『公用亨于天子』，亦是享字，蓋朝覲燕饗之意。《易》中如此類，甚多。後來諸公解，只是以己意牽強附合，終不是聖人本意。《易》難看，蓋緣如此。」

十八、蠱卦

解題

蠱，原指害蟲，皿中食物混雜，久必腐敗生蟲。它會使人吃了迷惑本性。在人事上用來比喻小人，引申有迷惑、淫亂之意。因惑而亂，必有其事。所以《序卦傳》說：「以喜隨人者，必有事，故受之以蠱。蠱者，事也。」此卦旨在說明如何匡正惑亂之事。所以《雜卦傳》說：「蠱則飭也。」此卦以六五為主爻，有蠱惑而能改過自新，又反覆丁寧，自然可以得到讚美。

此卦和〈隨卦〉是綜卦。〈隨卦〉是以喜順從他人，〈蠱卦〉是以亂誘人從己。

一、卦形、卦體

䷑巽下艮上

【卦形淺說】

卦體巽下艮上，巽為風，艮為山，風在山下，《左傳．昭公元年》所謂「女惑男，風落山，謂之蠱。」不止山木因風而落，巽為長女，艮為少男，古人以為長女少男婚配反常，其情惑亂，有「蠱」之象。

二、卦名、卦辭

蠱：元亨；①利涉大川。先甲三日，後甲三日。②

直譯

〈蠱卦〉象徵惑亂：大大亨通，宜於涉渡大河川。時間是早於甲日前三天的辛日，晚於甲日後三天的丁日。

注釋

①蠱：原是毒蟲，能使心志惑亂。元亨：大大亨通。

②先甲三日二句：以八卦配干支而言。甲為天干之首，前三日為辛（代表自新），後三日為丁（代表叮嚀）。巽有先甲三日之象，艮有後三日之象。三日，或可作多日解。

補注

古人以干支記日，甲為天干之首，故記其先後，以之為準。甲前三日為辛，取改過自新之意；後三日為丁，取丁寧之義。此鄭玄之說。又古人以剛柔分天干十日，甲丙戊庚壬為剛日，乙丁己辛癸為柔日。《禮記．曲禮上》云：「外事以剛日，內事以柔日。」外事指征伐巡狩之事，內事指婚冠祭祀之事。此卦所謂先甲三日之辛日，後甲三日之丁日，皆指用以祭祀之吉日。

另外，《周易集解》引《子夏易傳》云：「先甲三日者，辛壬癸也；後甲三日者，乙丙丁也。」

（一）彖傳

《彖》曰：蠱，剛上而柔下①，巽而止②，蠱。「蠱，元亨」而天下治也。「利涉大川」，往有事③也。「先甲三日，後甲三日」，終則有始，天行④也。

直譯

《彖傳》說：〈蠱卦〉象徵蠱惑，陽剛在上位而陰柔在下位，在下者滲透而在上者停頓，這是蠱惑的象徵。

蠱惑，大大亨通，然後天下安定呀。有利於涉渡大河川，是表示前進將有所作為呀。事前推測先甲三日的辛（自新），後甲三日的丁（丁寧），是表示有終結就必然有復始，這是天道運行的法則呀。

①剛上而柔下：此以卦體解釋卦義。此卦艮上巽下，艮為剛，巽為柔。又，此卦由〈泰卦〉演變而來，〈泰卦〉的初九與上交換，則成〈蠱卦〉。上下不交，遂生敗壞。

②巽而止：下巽為順，上艮為止。順則易驕，止則易隨。一說：巽為入，止釋艮。是說蠱入而止乎身。

③往有事：前進有所作為。

④天行：天道運行。

補注

程頤《伊川易傳》：「聖人知終始之道，故能原始而究其所以然，要終而備其將然，『先甲』、『後甲』而為之慮，所以能治蠱而致元亨也。」

（二）大象傳

《象》曰：山下有風①，蠱。君子以振民育德②。

①山下有風：此卦巽下艮上，艮為山，巽為風，故云。

②振：奮，舉。育：一作「毓」，培養。

直譯

《大象傳》說：山下有風吹起，這是〈蠱卦〉的象徵。君子因此警惕而鼓勵百姓培育德行。

補注

王弼《周易注》：「蠱者，有事而待能之時也，故君子之濟民養德也。」程頤《伊川易傳》：「山下有風，風遇山而回，則物皆散亂，故為有事之象。」合而觀之，他們已把《象傳》的道理說得很清楚。

三、爻辭及小象傳

一 初六：幹父之蠱①。有子，考无咎②。厲，終吉。

《象》曰：「幹父之蠱」，意承考③也。

直譯

初六爻辭：矯正父親的迷惑，有個好後代，讓先人可以沒有差錯被批評。雖然危險，但最終吉祥。

《小象傳》說：所謂「幹父之蠱」，是表示心意在於承當先人的事業呀。

補注

王弼注以「有子」為句，「考」字屬下讀。尚秉和《周易尚氏學》則引《逸周書》及《左傳》孔《疏》為證，訓「考」為「成」，以「有子考」為句，說有子能成就先人之業。

---

①幹：矯正，整飭。原指樹幹，意即中堅。蠱原指皿中食物歷時生蟲，移之人事，則指前人敗壞的聲名，故各爻皆以父母為喻。

②考：古人稱死去的父親為考。也可以泛指先人，包括活著的父親。見《尚書·康誥》「大傷考心」。帛書本此字作「巧」，若然，則當屬上讀，作「有子巧」。

③意承考：繼承先人志業。承，也有「保」義。

❷九二：幹母之蠱，不可貞①。

《象》曰：「幹母之蠱」，得中道②也。

①不可貞：不可堅持。九二以陽爻居陰位，居下卦之中，又與陰柔居中的六五正應。都表示不宜過於剛強。

②得中道：比喻得到剛柔中和之道。

直譯

九二爻辭：矯正母親的迷惑，不可以過於堅持正道。

《小象傳》說：所謂「幹母之蠱」，是表示符合剛柔適中的道理呀。

補注

同樣是「幹蠱」矯正先人的錯誤，卻對於父母處理的方式有所不同。矯正父弊必須堅持，不顧悔吝，犯難而行；矯正母弊時，則不妨因勢利導，守正待時。這和古代社會男女有別的觀念息息相關。

❸九三：幹父之蠱，小①有悔，无大咎。

①小：稍為。

②終：最後。

《象》曰：「幹父之蠱」，終②无咎也。

直譯

九三爻辭：矯正父親的迷惑，雖然稍有悔恨，但沒有什麼大災禍。

《小象傳》說：所謂「幹父之蠱」，是表示最後的結果沒有災禍呀。

四 六四：裕①父之蠱，往②，見吝。

《象》曰：「裕父之蠱」，往未得③也。

①裕：寬緩，寬容。

②往：繼續下去，長此以往的意思。

③未得：沒有成果。

直譯

六四爻辭：寬容父親的迷惑，長此以往，一定會出現差錯。

《小象傳》說：所謂「裕父之蠱」，是說繼續下去將毫無所得呀。

五 六五：幹父之蠱，用譽①。

《象》曰：「幹父」、「用譽」②，承以德③也。

直譯

六五爻辭：矯正父親的迷惑，因而得到讚美。

《小象傳》說：所謂「幹父」、「用譽」云云，是說用美德來承繼先人的志業呀。

①用譽：因而得到榮譽。六五以柔居尊，與九二正應。

②幹父用譽：六五爻辭的省文。

③承以德：以德承之。指九二承應六五。承：有繼承發揚的意思。

六 上九：不事①王侯，高尚②其事。

《象》曰：「不事王侯」，志可則③也。

直譯

上九爻辭：不事奉有權勢的君王諸侯，藉以高尚自己的德行。

①事：作動詞用。服事，侍奉。

②高尚：不卑屈以事權貴。指上九居六五之上。

③則：效法。

《小象傳》說：所謂「不事王侯」，是表示高尚的志行值得效法呀。

新繹

〈隨卦〉講的是喜己隨人，〈蠱卦〉講的是誘人從己。以喜隨人者必有事，誘人從己者也必有事。事，指有緣由、有事故。易言之，即有問題。

《左傳．僖公十五年》記秦晉韓之戰時，卜徒父戰前占筮，得〈蠱卦〉。筮辭有「獲其雄狐」之語，卜徒父即稱雄狐乃指淫亂之君晉侯。晉侯與賈君通奸，又背棄秦國恩德。淫亂者必敗，戰爭的結果，果然秦勝晉敗。又，《國語．晉語八》記秦景公派醫和去探問晉侯的病情，醫和回來報告時，說晉侯的疾病是由於貪戀女色，淫欲過度所致，與鬼祟飲食無關。而《左傳．昭公元年》記載此事，也說醫和有以下的一段話：「是謂近女室，疾如蠱，非鬼非食，惑以喪志。」「疾如蠱」句下，杜預注云：「蠱，惑疾。」這種疾病會使人迷惑本性，陷於淫亂。可見〈蠱卦〉所講的「事」，即指蠱疾而言。古代重君權人倫，視君如父，君臣如父子，故卦中以父子為喻。

古人說：「物腐而後蟲生」，蘇東坡也說：「器久不用而蟲生之，謂之蠱；人久宴溺而疾生之，謂之蠱；天下久安無為而弊生之，謂之蠱。」《象傳》說的「君子以振民育德」，正要大家以此互相警惕。

十九、臨卦

解題

臨，即面對、監視，有居高臨下、領導、治理之意。此指以上對下、以尊對卑的監臨、君臨而言。講的是監管統治之道。

此卦以初九、九二此二陽爻為主，所謂「剛浸而長」也。

一、卦形、卦體

䷒兌下坤上

【卦形淺說】

卦體兌下坤上，兌為澤，坤為地，澤在地下，水在岸下，有「臨」之象。又，兌為悅，坤為順，內悅而外順，亦有「臨」之象。

二、卦名、卦辭

臨：元亨，利貞①。至於八月②，有凶。

直譯

〈臨卦〉象徵視察：大大亨通，宜於守正。到了農曆八月陰盛陽衰的時節，就有凶險了。

補注

屈萬里老師引用毛奇齡《仲氏易》云：「〈臨〉與〈觀〉反對，由〈臨〉至〈觀〉，歷〈泰〉、〈大壯〉、〈夬〉、〈乾〉、〈姤〉、〈遯〉、〈否〉、〈觀〉八卦，以一卦當一月，故云八月。」參閱上文所說「十二月消息卦」。

宏一按，陽氣始於十一月的〈復卦〉，經十二月（臨卦）、正月（泰卦）而陽氣逐漸上升，至四月（乾卦）而極盛。然後五月（姤卦）陽氣漸退，經六月（遯卦）、七月（否卦）至八月（觀卦），已陰盛於陽，所謂小人道長。自〈臨〉至〈觀〉正好八個月。

注釋

①臨：視。指以上臨下的視察而言。「元亨利貞」一斷為「元、亨、利、貞」，說〈臨卦〉具有四種德行。

②八月：農曆八月仲秋之時，陽氣已衰，草木凋而昆蟲死。

（一）彖傳

《彖》曰：臨，剛浸而長①，說而順②。剛中而應③。大亨以正④，天之道⑤也。「至于八月，有凶」，消不久⑥也。

直譯

《彖傳》說：君臨百姓，陽剛逐漸增長，上下和悅而又謙順。陽剛居中而又上下相應。

大大亨通是由於堅守正道，這也是大自然的法則呀。到了農曆八月就有凶險，是表示即將消失於不久的將來呀。

補注

卦辭不提其他的月份，特別提到「至于八月，有凶」，《彖傳》也特別對它加以解釋，說它「消不久也」，並且說此乃「天之道也」。唯其如此，才能「元亨，利貞」，才能「大亨以正」。參閱「新繹」。

①剛：陽剛之氣，指初九、九二二爻，都是陽爻。浸：同「寖」，漸，逐漸。

②說：同「悅」，下卦兌為悅，上卦坤為順。

③剛中而應：指九二以陽爻居下卦中位，正應六五陰爻。

④大亨以正：即元亨利貞。大大亨通，都是因為用正道。

⑤天之道：大自然的法則。

⑥消不久：不久即將消失。消：指由大而小，由盛而衰。

（二）大象傳

《象》曰：澤上有地①，臨。君子以教思无窮②，容保民无疆③。

① 澤上有地：此卦兌下坤上，兌為澤，坤為地，故云。地：指涯岸而言。

② 此句解釋下卦兌為講習。教：教化，教導。思：懷念，關心。无窮：沒有期限。

③ 此句解釋上卦坤厚載物。容保：包容，保護。无疆：與「无窮」同義。

直譯

《大象傳》說：水澤之上有岸地居高臨下來映照，是〈臨卦〉的象徵。君子效法它，教化關心百姓無窮無盡，包容保護人民，也沒有極限。

補注

「君子以教」以下，歷來各家句讀，皆同上述通行本，但筆者以為揆其文氣，似應斷為：「君子以教：思无窮容，保民无疆。」「思无窮容」一句，係就〈兌〉體而言；「保民无疆」一句則就〈坤〉體而言。《大象傳》解釋〈兌卦〉卦象時說：「君子以朋友講習」，朋友講習「咸臨无不利」、「甘臨无攸利」……，即所謂「教」，所謂「思无窮容」。

三、爻辭及小象傳

㊀初九：咸①臨，貞吉。

《象》曰：「咸臨，貞吉」，志行正②也。

①咸：通「諴」，和，同化。一說：通「感」，感應，感召。

②志行正：志行都正當。指初九以陽爻居陽位，並與六四正應。

直譯

初九爻辭：彼此有感應的面對，守正道就吉祥。

《小象傳》說：所謂「咸臨，貞吉」，是因為心志和行為都正當呀。

補注

程頤《伊川易傳》：「四，近君之位。初，得正位，與四感應。是以正道為當位所信任，得行其志。」所說與注②同。

㊁九二：咸臨①，吉，无不利。

《象》曰：「咸臨，吉，无不利」，未順命②也。

①咸臨：九二以陽爻居下卦中位，又能上應六五，有吉之象。

②未順命：未必順從六五居尊的命令。是說九二剛中，與六五至誠相感，非一味順從君王之命令。

直譯

九二爻辭：是能相感應的面對，吉祥，沒有什麼不利。

《小象傳》說：所謂「咸臨，吉，无不利」，是互相感召而未必一味順從上位的命令呀。

補注

「未順命」之義，程頤《伊川易傳》云：「未者，非遽之辭」，「九二與五感應以臨下，蓋以剛德之長，而又得中，至誠相感，非由順上之命也。」朱熹《周易本義》則曰「未詳」。

三 六三：甘①臨，无攸利。既憂之②，无咎。

《象》曰：「甘臨」，位不當也③。「既憂之」，咎不長也。

①甘：甜言，討好的巧語。有不正當之意。

②既：既而，不久之後。之：指甘臨。

③位不當：是說六三陰居陽位。

直譯

六三爻辭：靠巧言討好來領導，沒有什麼好處。如果已經發覺憂慮它而有所作為，就沒有災害。

《小象傳》說：所謂「甘臨」，是表示所處位置不適當呀。所謂「既憂之」，是表示災害不會長久呀。

補注

來知德《周易集注》：「坤，土，其味甘。兌，為口，甘之象也。」是說〈臨卦〉下卦為兌為口，上卦為坤為土，三至五爻互坤，故得甘味。

四 六四：至①臨，无咎。

《象》曰：「至臨，无咎」，位正當②也。

直譯

六四爻辭：極為親近的面對，沒有災害。

《小象傳》說：所謂「至臨，无咎」，是由於位置適當呀。

---

①至：極，是說極為親近。一說：同致，招致。

②位正當：六四以陰居陰。上承六五之君，下應初九。

五 六五：知①臨，大君之宜②。吉。

《象》曰：「大君之宜」，行中③之謂也。

①知：通「智」，明智。

②大君之宜：偉大君王正宜如此。指六五柔居尊位，又有九二剛中之應援。

③行中：指六五居上卦之中。

直譯

六五爻辭：聰明智慧的面對，偉大的君王正適合這樣子。吉祥。

《小象傳》說：所謂「大君之宜」，就是行為適當合乎中道的意思呀。

補注

此即《禮記．中庸》所謂「唯天下之至聖，為能聰明睿知，足以有臨也。」

六 上六：敦①臨。吉，无咎。

《象》曰：「敦臨」之吉，志在內②也。

①敦：篤實厚道。指上六居臨之終，本無應爻，而與初、二兩陽相就，善於殿後。一說：怒，有責問之意。

②志在內：內，指內卦。上六志在內卦初、二兩陽爻。陽代表賢人，故有禮賢下士之義。

直譯

上六爻辭：篤實敦厚的面對。吉祥，沒有災害。

《小象傳》說：所謂「敦臨」的吉祥，是說心思都用在內部下位的賢才呀。

補注

有人根據許慎《說文解字》「敦，怒也」的說法，把「敦臨」解釋為：以責問的方式來監臨人民，其實講的也頗有道理。卦辭說：「至于八月，有凶」，八月天氣肅殺，即古人所謂治獄斷刑的「秋決」季節。《禮記・月令》：「（八月）乃命有司申嚴百刑，斬殺必當，毋或枉橈。」說的就是這回事。這種講法雖與「篤實敦厚」的講法看似矛盾，但都講得通，並無衝突。因為《易經》是講時位的，時位不同，結果自然不相同。

新繹

〈臨卦〉的六爻，都以「臨」字取稱，而分別冠以「咸」、「甘」、「至」、「知」、「敦」等詞語。比較引人注意的是，初爻、二爻都以「咸臨」稱之，同樣講以感應、感通的方式來面對人民，但占斷之詞卻一「貞吉」，一「吉，无不利」。

筆者以為這與爻的陰陽有關，也與時位有關。初九陽爻居陽位，又與六四陰陽相應，所謂正位正應，即《象傳》所云「志行正也」，當然斷為「貞吉」。九二爻則以陽爻居陰位，雖位不得正，但居下卦之中，又與六五陰陽相應，故《象傳》稱其「未順命」，故仍可稱「吉，无不利」。

其他的「甘」、「至」、「知」、「敦」，也都各以不同的君臨方式來面對人民，雖然歷代學者對各詞語的解釋，各有不同，但認為它們有一定的漸進的層次感，則是一致的。由此亦可推知《易經》的編撰，即使出於眾手，最後仍然應該有專人總其成。

二十、觀卦

解題

觀，本義是「諦視」，仔細觀察，原指古代宮門雙闕懸掛規章為人觀瞻的地方，引申而有觀瞻、仰望之義。此卦與〈臨卦〉卦形完全相反，是綜卦。臨是居高往下看，觀是由下往上看。《雜卦傳》也說：「臨、觀之義，或與或求。」

以九五、上九兩陽爻為主，為四陰所仰望，所謂「大觀在上」也。

一、卦形、卦體

䷓坤下巽上

【卦形淺說】

卦體坤下巽上，坤為地，巽為風，風行地上，無物不觸，有「觀」之象。坤為民，風及於民，寓有「教化」之象。

二、卦名、卦辭

觀：盥而不薦①，有孚，顒若。②

直譯

〈觀卦〉象徵觀瞻仰望：祭祀時洗手、行了祼（灌）禮，即使還沒有進獻酒食祭品，仍然要有誠信，表現出仰望肅穆的神情。

補注

古人以為「國之大事，在祀與戎」。祭祀和戰爭是國家大事，因此統治者對此都肅穆以對，不敢輕忽。舉行祭祀時，一切要行禮如儀，最重要的時刻，是灌（一作「祼」）祭時，主祭的君王要先洗手，以示潔淨，然後才酌香酒給迎神的尸（助祭者），把酒倒在地上，用來迎接神明的降臨。這種儀式，古人是極重視的，主祭、助祭者的儀容舉止，成為群眾觀瞻的焦點。一切合乎禮，即有威儀，可以示範於民，起教化的作用。到了舉行奉獻酒食的儀式時，就比較無所謂了。《論語·八佾篇》：「子

注釋

①盥：洗手。通「祼」、「灌」。古人在祭祀之前洗手，以示潔敬。然後才進爵以酒灌地，用以降神。薦：祭祀時奉獻酒食祭品，給神祇享用。

②有孚：誠信。顒若：仰望的樣子。若：貌，狀，樣子。

曰：禘自既灌而往者，吾不欲觀之矣。」可與此文合看。

（一）彖傳

《彖》曰：大觀在上①。順而巽②，中正③以觀天下，觀。

「盥而不薦，有孚顒若」，下觀而化也④。觀天之神道，而四時不忒⑤。

聖人以神道設教，而天下服矣。

①大觀在上：是指九五、上九兩陽爻在上位，為下四陰爻所瞻仰。比喻偉大君王為下民所觀瞻。

②順而巽：此卦坤下巽上，坤為順，巽為風，故云。

③中正：九五陽爻，居中得正。

④下觀：指下面四陰爻。比喻在下臣民觀仰而受感化。

⑤不忒：沒有誤差。

直譯

《彖傳》說：偉大的景觀高高在上。謙順而又像風一般輕柔，中和而又剛正，可以用來顯示給天下萬民觀瞻。這是〈觀卦〉的象徵。

所謂「盥而不薦，有孚顒若」，是表示在下位者觀瞻仰望而且受到感化呀。觀察宇宙自然的神奇規律，從而得知四季的循環運行，也都沒有差錯。

這是聖人利用神奇的天道來創設教化，因而使天下萬民都信從了。

補注

《序卦傳》：「物大，然後可觀」，《彖傳》正是從「物大」來發揮義理。

（二）大象傳

《象》曰：風行地上①，觀。先王以省方，觀民、設教。②

①風行地上：此卦上巽為風，下坤為地，故云。

②省方：巡視四方各地。方：方國。觀民：視察民風民情。設教：設立德教。

直譯

《大象傳》說：風吹拂在大地之上，這是〈觀卦〉的象徵。古代君王因此效法來巡視四方，觀察民情、創立教化。

補注

楊萬里《誠齋易傳》云：「天王省天下而無不至，故天下日見，聖人隨其地，觀其俗，因其情，設其教，此省方之本意也。」

三、爻辭及小象傳

❶初六：童①觀，小人②无咎，君子吝。

《象》曰：「初六，童觀」，小人道也③。

①童：兒童。這裡是童蒙、幼稚的意思。

②小人：承上文的「童」而言，指年幼而識見短淺者。下句君子則指年長有識見的人。

③參閱注②。

直譯

初六爻辭：童稚的觀瞻，對小人物沒有損害，但對君子而言，則有憾恨。

《小象傳》說：所謂「初六，童觀」云云，是指小人物短淺的見解呀。

補注

幼童觀物，東張西望，不能專注。無知小人如此，尚無大礙，君子如此，則有傷大雅。如果君王動作幼稚，會被人民輕視。

二 六二：闚觀①，利女貞②。

《象》曰：「闚觀，女貞」，亦可醜也③。

①闚：窺，從門戶空隙偷看。比喻偏見，所見不周全。

②女貞：女子固守常道。古代女子不出門不見客，多處深閨之中。闚觀雖行為不正，但古代女子亦只能如此。

③可醜：可羞，值得慚愧。

直譯

六二爻辭：從門戶空隙偷看的觀察，宜於女子固守正道。

《小象傳》說：所謂「闚觀，女貞」，是表示這也算是可羞恥的醜事呀。

補注

古代婦女不能隨便公開會見賓客，所以家裡來了貴賓稀客，通常只能躲在門縫帳後偷看客人。如果男人如此，那就貽笑大方了。

《論語》記孔子說：「唯女子與小人為難養也……」，這種觀念當然不被現代人接受，但它存在於古代的社會，卻是客觀的事實，不必否認。

❸六三：觀我生①，進退②。

《象》曰：「觀我生，進退」，未失道③也。

①觀我生：觀察自己的性行。有反省的意味。我：此指下卦三爻。此為坤，坤有我之象。一說：生，通「姓」，指同姓家族。

②進退：或進或退。表示該進該退，視情況而定。《易經》中的第三爻本來就「多凶」。

③失道：違反正道。

直譯

六三爻辭：觀察自己身上的性行，來決定前進或後退。

《小象傳》說：所謂「觀我生，進退」，是說還沒有違背正道呀。

補注

屈萬里老師在《周易集釋初稿》中，引《孟子・告子上》等古籍為證，說「生」即「性」，「性猶體」。並說：「觀我生，謂以我之性行，示於人也。」後來在《學易劄記》中，又引《國語・楚語上》為證，說：「性通生。此蓋以性為身。」還引王引之《經義述聞》說：「古者謂子孫曰姓，或曰子姓，字通作生。」

另外也有學者以為六四既言「觀國之光」，則此「觀我生」之生，當指同姓家族而言。

四 六四：觀國之光①，利用賓于王②。

《象》曰：「觀國之光」，尚③賓也。

①光：光榮，光輝。此指一國政教禮俗之美。例如晉國韓宣子聘魯，稱讚魯國禮樂。

②用賓于王：以賓客身分拜見君王的人。

③尚：上，尊崇。一說：上等的。

直譯

六四爻辭：觀察國家的政教禮俗之美，有利於以賓客身分拜見君王的人。

《小象傳》說：所謂「觀國之光」，是說尊重國賓呀。

補注

程頤《伊川易傳》：「古者有賢德之人，則人君賓禮之。故士之仕進於王朝，則謂之賓。」

《左傳》記載晉國韓宣子到魯國訪問，在魯國太史那邊看到《易象》、《春秋》，即是一例。

❺九五：觀我生①，君子无咎。

《象》曰：「觀我生」，觀民②也。

直譯

九五爻辭：仔細觀察我自己身上的性行，位居九五尊貴的君子，沒有災禍。

《小象傳》說：所謂「觀我生」，是同時也觀察他所君臨的天下萬民呀。

補注

此「我」指君王；然非君王一人而已，實指全國之臣民。此「觀我生」，自指舉國眾生之風俗而言。

❻上九：觀其生①，君子无咎。

①我：此指九五爻。九五以陽爻居中得正，又與六二正應，陰陽交和，有「生」之象。

②觀民：昭示於民，九五居尊位而臨天下萬民。它下面的四陰爻，有「民」之象。觀民，即示眾，由民眾反應來觀察自己。

《象》曰：「觀其生」，志未平②也。

直譯

上九爻辭：觀察他身上的性行，既然是君子，就沒有差錯。《小象傳》說：所謂「觀其生」，是表示心意還不能完全平靜呀。

補注

「觀其生」與九五之「觀我生」相對。我，指己方；其，指他方，可以指其他的國家，也可以指不同的階層地位。

又，「志未平」之義，古今頗不一致。孔穎達《周易正義》：「志未與世俗均平。世無危懼之憂，我有符同之慮，故曰志未平也。」程頤《伊川易傳》、朱熹《周易本義》則皆以為上九雖不得位，但不敢「安然放意無所事也」，而今人高亨《周易大傳今注》則曰：「平借為辨，謂辨明也。」

①觀其生：與上文的「觀我生」對。我指三、五爻，其指上爻，上九陽剛，故亦稱君子。

②志未平：是說上九處於上極，不在君位，雖如此而未忘戒懼身為君子，故心不得安寧。此是採宋儒之說。

新繹

上文說〈觀卦〉和〈臨卦〉卦形上下顛倒，是互綜，臨是居高往下看，觀是由下往上看。從內容看，因為講的都是治國化民之事，所以「下」指民而言，「上」指君而言。從卦形看，因為陽尊而陰卑，所以〈臨卦〉四陰在上，二陽在下，是由上往下看；〈觀卦〉二陽在上，四陰在下，是由下往上看。也因此同是講治國化民之道，〈臨卦〉講的是君王如何君臨天下，監察人民，〈觀卦〉講的則是君王如何注意觀瞻，示範於民。

〈觀卦〉的六爻，俱以「觀」字取稱。初爻「童觀」、二爻「窺觀」一組，全為陰爻，童、窺俱有「小」義，尚不足觀，此與〈臨卦〉初爻二爻俱稱「咸臨」，全為陽爻，正好相對。

三爻「觀我生」、四爻「觀國之光」一組，全為陰爻，所謂「三多凶」、「四多懼」。

五爻「觀我生」、上爻「觀其生」一組，全為陽爻，俱為「君子无咎」，此與〈臨卦〉的「甘」、「至」、「知」、「敦」四臨，俱無「吉」、「无咎」，亦同樣頗有層次，可相觀照。

二十一、噬嗑卦

解題

噬（音「世」），是用口齒咬囓食物。嗑（音「何」），是合口。噬嗑，即口中含著食物加以咀嚼咬碎。本卦以此為喻，討論審案、用刑等刑法問題。

此卦以六五為主爻，象徵刑法宜柔得中，不可嚴苛。

一、卦形、卦體

☲☳ 震下離上

【卦形淺說】

卦體震下離上，震為雷為動，離為電為火。雷電交加，可以破除黑暗，令人戒懼，有明威之象。

二、卦名、卦辭

噬嗑：亨①。利用獄②。

直譯

〈噬嗑卦〉象徵口中咀嚼食物：才能齧合通暢。有利於審案施刑。

補注

口中食物加以咀嚼，才能消化，用來比喻審理案件要加以研判琢磨，才能斷定。

注釋

①亨：通順。是說咬斷嚼碎，才能去梗消化。

②用獄：審案。獄：訟獄，刑法。

（一）彖傳

《彖》曰：頤①中有物，曰「噬嗑」。噬嗑而亨②。剛柔分③，動而明④，雷電合而章⑤。柔得中而上行⑥。雖不當位⑦，「利用獄」也。

①頤：口腔。面頰的內部。

②噬嗑而亨：口齒上下咬動食物，才能合嘴吞下，也才能通暢無阻。

③剛柔分：下卦震為陽為剛，上卦離為陰為柔。本卦陰陽數目相同。

直譯

《彖傳》說：口齒間有食物咀嚼，叫做「噬嗑」。咀嚼之餘，因而上下暢通無阻。

剛硬的和柔軟的平分均等，下面不停震動而上面能加以明白分開，就像雷電交加而相得益彰。柔順的得居其中而向上前進。即使不在恰當的位置上，但一樣有利於審判案件呀。

補注

「頤」的古字作「𦣝」，據段玉裁《說文解字注》說：此字「橫視之，則口上、口下、口中之形俱見矣。」從商周鐘鼎文看，更象口中有物、上下齧合之形。

（二）大象傳

《象》曰：雷電①，噬嗑。先王以明罰敕②法。

直譯

《大象傳》說：雷電交加，像咀嚼食物一樣，是噬嗑的象徵。古代聖王因此效法來明訂刑罰，整飭法令。

④動而明：動，指下卦震。明，指上卦離。

⑤雷電合：雷電交加。下卦震為雷，上卦離為電。二者合成一卦。章：通「彰」，顯明。

⑥上行：上進。一說：上居尊位。

⑦不當位：指六五以陰居陽位。

①雷電：下震上離二卦的組合卦象。一作「電雷」。

②敕：誡，整飭。

補注

此卦卦象，與〈頤卦〉䷚相似，都像張大嘴巴，上下顎相對而中空。不同的是，此卦在中間加一陽爻，構成咀嚼咬合的形象。由卦變來看，此卦是由〈益卦〉䷩變化而來。〈益卦〉的六四陰爻上升到五爻的位置，而原來的九五陽爻下降到四爻的位置，這就變成了〈噬嗑卦〉。

三、爻辭及小象傳

一 初九：屨校①，滅趾②。无咎。

《象》曰：「屨校，滅趾」，不行③也。

直譯

初九爻辭：腳上帶上刑具，遮沒了腳趾。沒有災禍。

《小象傳》說：所謂「屨校，滅趾」，是表示不能繼續行走呀。

補注

①屨校：腳上帶鐐。屨；一作「履」，此作動詞用。穿，貫。校：木製刑具，指腳鐐。

②滅趾：遮沒了腳趾頭。使人不能行走。一說：滅，毀傷。也有解作砍掉腳趾的，恐誤。既是小罪輕刑，則解作：加上腳鐐不能自由行動即可。

③不行：不能行動。一說：不敢再犯法。

《繫辭下傳》引孔子「小人不恥不仁……」闡述本爻象外之旨的一段話，讀者可以合看。

❷ 六二：噬膚①，滅鼻，无咎。

《象》曰：「噬膚，滅鼻」，乘剛②也。

直譯

六二爻辭：咬破皮肉，遮沒鼻子，沒有災禍。

《小象傳》說：所謂「噬膚，滅鼻」，是由於淩駕於陽剛強悍的對象呀。

補注

朱熹《周易本義》：「六二中正，故其所治，如噬膚之易。然以柔乘剛，故雖甚易，亦不免於傷滅其鼻。」

①噬膚：咬破皮肉。膚：肉，皮肉。一說：古代一種供祭祀或食用的肉類。如鮮魚、豬肉塊、鼎中的乾肉。一說：頭部刑具。

②乘剛：淩駕在陽剛之上。指六二在初九陽爻之上。

❸六三：噬腊肉①，遇毒。小吝②，无咎。

《象》曰：「遇毒」，位不當③也。

①腊（音「惜」）肉：整隻晒乾的獸肉，今稱臘肉。
②小吝：稍可憾惜，稍有遺憾。小：稍為。
③位不當：指六三以陰居陽位，不中不正，猶如自己失位不正而刑人，所刑之人不服而反毒之。

直譯

六三爻辭：像咬齧乾硬的臘肉，遇到有惡毒的味道難以下嚥。雖然稍有遺憾，卻無災禍。

《小象傳》說：所謂「遇毒」，是由於居位不當呀。

補注

王弼《周易注》：「處下體之極，而履非位，以斯食物，其物必堅；豈惟堅乎？將遇其毒！噬，以喻刑人；腊，以喻不服；毒，以喻怨生。」宏一按，此爻是說治獄失當時的情況。

---

❹九四：噬乾胏①，得金矢②。利艱貞，吉。

《象》曰：「利艱貞，吉」，未光③也。

①胏：音「紫」，帶骨頭的乾肉。比腊肉更難咬。
②金矢：鐵箭。古人田獵時，以箭射獸。亦有用毒矢射者，獸亡而矢猶在。
③光：弘大。未光是指九四雖為陽爻，卻未居位。

直譯

九四爻辭：像咬齧帶骨頭的乾肉，咬到金屬做的箭頭。宜於艱難中固守正道，才吉祥。

《小象傳》說：所謂「利艱貞，吉」，是表示他還不夠光明正大呀。

補注

此爻以「噬乾胏得金矢」為喻，亦言治獄過當之失，備見治獄斷案之難。《老子》有言：「民不畏死，奈何以死懼之？」如果斷案判刑，一味用剛求嚴，過於苛刻，不知剛柔並濟，那麼到了「民不畏死」的地步，立法用刑也就失去其當初懲惡勸善的本義了。

五 六五：噬乾肉，得黃金①。貞厲，无咎。

《象》曰：「貞厲，无咎」，得當②也。

①黃：中央之色。金：物，猶矢鏃之類，泛指銅等金屬，為剛之象。

②得當：指六五以陰爻居陽位，又處得上卦之中尊位，故能以柔乘剛，能行其戮。

直譯

六五爻辭：像咬齧乾肉，咬到了土黃色的金屬。能固守正道，卻還戒懼遇到危險，所以沒有災禍。

《小象傳》說：所謂「貞厲，无咎」，是表示處置得當呀。

補注

李過《西谿易說》：「九四以剛噬，六五以柔噬。以剛噬者，有司執法之公；以柔噬者，人君不忍之仁也。」又說：「五，君位也，為治獄之主；四，大臣位也，為治獄之卿；三、二，又其下也，為治獄之吏。」各有所司，分層負責，以求剛柔並濟，相互為用，正見治獄之艱難。

六 上九：何校①，滅耳②。凶。

《象》曰：「何校，滅耳」，聰不明③也。

①何：通「荷」，負荷，承擔。校：木製刑具，此指枷。

②滅耳：此指割耳。古人以割耳代斬首。

③聰不明：是說割了耳朵，聽覺就不清楚了。引喻不聽忠言。

直譯

上九爻辭：頸肩上戴著木枷，割傷了耳朵。凶險。

《小象傳》說：所謂「何校，滅耳」，是表示聽覺不靈敏呀。

補注

《繫辭下傳》引孔子「善不積不足以成名……」闡述本爻象外之旨的一段話，讀者可以合看。

新繹

辦事情不能順利通達，通常是由於中間有橫梗障礙。此卦以食物為喻，將中間的橫梗咬碎，當然就通暢無阻了。這象徵刑法，刑法就是要剷除橫逆不法之徒，但審判過程中，一定要慎思明辨，仔細琢磨推究案情，猶如食物必須細細咀嚼，才容易去梗消化。

古代刑法多施之肉體。所謂五刑：墨刑、劓刑、剕刑、宮刑、大辟，都與肉體有關。故此卦以吃肉來做比喻，頗為形象化。此卦六爻所寫之施刑，初爻是「滅趾」，二爻是「滅鼻」，上爻是「滅耳」，似乎亦有由下而上的層次，但中間寫吃「腊肉」、「乾胏」、「乾肉」的部分，卻無法推知其真正的含義。

元代胡炳文《周易本義通釋》云：「噬膚，噬腊肉，噬乾胏，一節難於一節。六五噬乾肉則易矣。五，君位也，以柔居剛，柔而得中，用獄之道也。」他推闡朱熹《周易本義》所說「治獄之道，唯威與明，而得其中之為貴」的道理，語簡而意賅，講得很好。其實朱熹說初九：「初在卦始，罪薄過小，又在卦下」，又說上九：「在卦之上，惡極罪大，凶之道也。」似乎是表示六五「柔而得中」最理想，其他都還有過猶不及之處。

二十二、賁卦

解題

賁（音「必」），原指貝殼的光澤，色雜而斑，引申有文飾、美化之意。它即裝飾、獎勵。為原有的事物增加光彩，表示文質相兼。

此卦與〈噬嗑卦〉為綜卦，卦形上下相反。惡要刑罰，善要獎飾，二者交互為用。

一、卦形、卦體

䷕離下艮上

【卦形淺說】

卦體艮上離下，艮為山，山多草木，離為日，日照山川，有「賁」之象。又，艮為止，知所終止，離為火，照明萬物，內文明而外知止，亦有「賁」之象。

此卦來自〈泰卦〉，九二與上六交換而成。故以六二及上九為主爻，所謂柔來而文剛，剛上而文柔。

二、卦名、卦辭

賁：亨①，小利有攸往②。

直譯

〈賁卦〉象徵文飾：亨通，稍為柔順而宜於採取行動。

補注

卦辭的斷句，俞樾有不同的看法。他在《春在堂經說》卷一中以為：「此當以『亨小』絕句」。絕句即斷句。他說：《周易》彖辭言「小亨」者有〈旅〉、〈巽〉二卦；言「亨小」者亦有〈賁〉、〈既濟〉二卦。〈既濟卦〉以「亨小」絕句，明見《經典釋文》，理由是「柔得中，故亨小」；〈賁卦〉宜以「亨小」絕句，則從來無見及者。

不過，今依《彖傳》看，「小」似又仍宜屬下讀。至於「小利有攸往」，小，一作「不」的問題，請見本卦「新繹」。

注釋

① 賁亨：〈賁卦〉象徵亨通。有人以為「亨」宜「亨小」連讀。

② 小利有攸往：宜讀作「小，利有攸往」。小：指陰爻。一作「不」。六五雖居尊位，卻能柔處順，故宜於有所作為。往：往外發展。

（一）彖傳

① 柔來而文剛：陰柔前來而文飾陽剛。柔來，指上六來居乾二，下卦成離，有文剛之象。

《彖》曰：「賁，亨」，柔來而文剛①，故亨②；分剛上而文柔③，故「小利有攸往」④。剛柔交錯，天文也⑤；文明以止⑥，人文也。觀乎天文，以察時變⑦；觀乎人文，以化成⑧天下。

直譯

《彖傳》說：「賁（文飾），亨（亨通）」，是說陰柔前來而美化了陽剛，所以亨通；又分出了陽剛向上前進，美化了陰柔，所以是「小利有攸往」。

宇宙大自然，陽剛與陰柔交錯而生文彩，這是天文呀；人類社會的文化發展因而知所節制，使天下安寧，這是人文呀。觀測天文，可以察考四季節氣的變化；觀察人文，可以教化成全天下萬民的德性。

補注

郭京《周易舉正》：「天文上脫剛柔交錯一句。此是夫子廣美〈賁卦〉有天文之象，欲人君取義，以理化人。審詳天文及人

②亨：是說六二以柔居陰，得中居正。

③分剛上而文柔：指上九由下卦的純剛分出來，文飾了上卦的柔體。

④故小利有攸往：是說上九文飾坤體，是僅有的小利，而無大功。小即陰，小利即陰有利。

⑤天文也：上文原脫「剛柔交錯」四字，據郭京《周易舉正》、胡瑗《周易口義》等補。見下「補注」。

⑥文明以止，下卦離為明，上卦艮為止。文飾光明而止，比喻文化發展使天下安寧，知所節制。止：安定。一說：限制，節制。

⑦時變：四季的變化。

⑧化成：教化成俗。

文，注義誤脫，昭然可知。」

（二）大象傳

《象》曰：山下有火①，賁。君子以明庶政②，无敢折獄③。

①山下有火：〈賁卦〉上艮下離，艮為山，離為火，故云。
②庶政：群眾日常之政事。
③无敢：不敢。折獄：審判案件。折：裁斷。獄：訟案。

直譯

《大象傳》說：山下有火照耀，這是〈賁卦〉的象徵。君子效法用來修明各種日常政務，不敢說是裁判案件。

補注

由卦形來看，此卦與〈噬嗑卦〉上下形象相反，為綜卦。噬嗑主刑罰，賁主文飾，相互為用。由卦變來看，此卦是〈損卦〉䷨的六三與九二交換而成，或者是〈既濟卦〉䷾的上六與九五交換而成，都是陰爻下降，文飾原來的陽爻；陽爻上升，文飾了原來的陰爻，因而命名為「賁」。

三、爻辭及小象傳

一 初九：賁其趾①，舍車而徒②。

《象》曰：「舍車而徒」，義③弗乘也。

直譯

初九爻辭：美化他的腳趾，不坐車子而徒步走路。

《小象傳》說：所謂「舍車而徒」，是表示按道理本來就不必搭乘車子呀。

補注

古人講賁飾，猶如今人講體面。古人長袖寬衣，衣物蔽體，露在體外而為人所注目者，多限於臉上與腳下而已。初九講腳下之賁飾，男士之革履皮鞋，女士之蓮步繡鞋，皆屬此類。

①賁其趾：顯露他的腳趾，美化他的腳步。合看下句，當作此解。一說：趾應解為「止」；其，作「應該」講，是說應該停止文飾。

②舍車而徒：有車子不坐而徒步走路。舍：通「捨」。車：一作「輿」。

③義：宜。按道理說，應該是……。

二 六二：賁其須①。

①須：「鬚」的古字。泛指鬍鬚。長在口旁的叫髭，在兩頰的叫髯，在下巴的叫鬚。一說：等待。

《象》曰：「賁其須」，與上興②也。

②與上興：跟它上面的一同興起。與：隨同，上指九三爻。六二爻陰柔，上承九三陽剛而動。猶如鬚毛隨面頰而動。

直譯

六二爻辭：修飾他臉頰上的鬍鬚。

《小象傳》說：所謂「賁其須」，是表示隨同它上面的一起行動。

補注

體面的修飾，在於身體和臉部。男人臉部以鬚眉最受注目。古人以長鬚為美，故有所謂「美髯公」、「虬鬚客」之稱。

三 九三：賁如，濡如①。永貞吉②。

《象》曰：「永貞」之「吉」，終莫之陵③也。

①濡如：滋潤的樣子。如：語助詞。

②永貞吉：永貞則吉。永久貞正就吉祥。

③陵：侵凌，欺侮。

直譯

九三爻辭：有修飾的樣子，有潤澤的樣子。永久固守正道就能吉祥。

《小象傳》說：所謂「永貞」的吉祥，終究不會有人對它欺侮呀。

補注 「賁如，濡如」，修飾美觀、鮮明油亮，賁承「賁其須」，濡承「賁其趾」，表示經過梳洗裝扮，從頭到腳，一派光鮮亮麗。裝飾如此，應有喜事，六四之「婚媾」，六五之「丘園」，皆承此而來。

四 六四：賁如皤如①，白馬翰如②。匪寇，婚媾。

《象》曰：六四，當位，疑也。③「匪寇，婚媾」，終无尤也④。

① 皤如：形容銀白閃亮的樣子。皤：素白色，原指老人的白髮。

② 翰如：像飛鳥一般快。只見一片白色的光影。

③ 六四當位疑：指六四本與初九相應，有婚媾之象，卻被九三所隔，未得賁如。當位：指六四以陰爻居陰位。疑：指疑寇盜。

④ 无尤：沒有怨尤。是說九三阻隔，但果敢前往，必可與初九結合。

直譯

六四爻辭：修飾得光鮮亮麗，像是銀光閃閃的樣子，白馬奔馳像是飛鳥展翅的樣子。來的不是搶劫的強盜，是為了婚姻嫁娶。

《小象傳》說：六四爻，正好以陰爻居陰位，但有疑慮呀。「匪寇，婚媾」，是說最終沒有怨尤呀。

補注

「賁如皤如」二句，承上而來，形容裝扮之美，車馬之盛，容易招引強盜。「匪寇，婚媾」二句，說明前來目的是為了談婚姻嫁娶。

五 六五：賁于丘園①，束帛戔戔②。吝，終吉③。

《象》曰：六五之「吉」，有喜④也。

① 丘園：山丘園林。高士隱居的所在。一說：六五為王位，應解為君王的山莊。

② 束帛：成束的絲絹。古時五匹為一束，是婚聘常見的禮物。戔戔：孔穎達疏為「眾多」，朱熹注為「淺小」。朱注為勝。因貝少為賤，水少為淺。

③ 終吉：六五陰柔，下無正應，與上九親比，甘居其下。

④ 有喜：艮錯兌為悅，乃有喜之象。指禮賢下士之美名。

直譯

六五爻辭：修飾到山丘園林，贈送成束的絲帛（給隱居的高士）。雖然微薄不多，令人憾惜，但最終是吉祥的。

《小象傳》說：六五爻的吉祥，是由於有禮賢下士的美名呀。

補注

王樹枏《費氏古易訂文》引荀爽之言：「艮山、震林，失其正位，在山林之間，賁飾邱陵以為園圃，隱士之象也。五為王位，體中履和，勤賢之主、尊道之君也。故曰：賁于丘園，束帛戔戔。」是說尊道之君，帶著絲帛，儀容修整，到山林之間的丘園去訪求賢才隱士。

六 上九：白賁①，无咎。

《象》曰：「白賁，无咎」，上得志②也。

① 白賁：素白質樸無華的修飾。即反璞歸真。

② 上得志：指上九有六五相承。

直譯

上九爻辭：素白質樸的修飾，沒有過失。

《小象傳》說：所謂「白賁，无咎」，是表示在上位者可以實現心中的願望呀。

補注

古人說：「融七彩於一白」，又說：「絢爛之極，歸於平淡。」所謂「白賁，无咎」，當作如是觀。

新繹

唐（一說宋）郭京《周易舉正》書中曾說此卦中有三處「小利有攸往」，小應作「不」，理由是：「『不』字草書勢如『小』字，致有此誤。」元初俞琰《周易集說》也認為「小」字當依郭京作「不」字，理由是：「賁既亨矣，而又加進，則文滅質矣，豈宜往哉！內文明而外止，文明故亨，止則不可動，故不利有攸往。」看來似有道理，但王樹枏的《費氏古易訂文》則以為「古本祇作『小利有攸往』」，「諸家《易》無作『不』者」，而且引用鄭玄注云：「卦互體坎、艮，艮止於上，坎險於下，夾震在中，故不利大行，小有所之則可矣。」證明「小利有攸往」原本無誤。說的似乎更有道理。

筆者以為「利有攸往」，即宜於有所作為。此卦六爻，初九「賁其趾」、六二「賁其須」，是說從足部到臉部，善自修飾，九三「賁如濡如」作一小結。所以占斷為「永貞吉」者，正欲其固守正道也。因此六四談「婚媾」、六五訪「丘園」，至上九而總結，以「白賁」為美。層次井然，宜乎稱「小利」而非「不利」也。

二十三、剝卦

解題

剝，即剝落、拆除。過於文飾，就會產生剝落的現象。

〈剝卦〉和〈復卦〉是一對綜卦，也是消息卦，它們的組合，說明了《易經》原始反終、剝而能復的道理。

此卦五陰一陽，上九以陽為主爻。

一、卦形、卦體

䷖坤下艮上

【卦形淺說】

卦體艮上坤下，艮為山，坤為地，山本在地上，今附於地，有剝落之象。

坤下艮上，坤為順，艮為止，順從而不行動，是剝落的現象。也是消息卦之一，代表陰盛陽消的九月，也象徵小人得勢而君子困窮。

二、卦名、卦辭

剝①：不利有攸往②。

注釋

①剝：擊。引申有消弱、衰落之義。

②有攸往：有所往。表示所往有目的。

直譯

〈剝卦〉象徵剝弱、衰落：不宜於有所行動。

補注

《序卦傳》云：「賁者，飾也。致飾，然後亨則盡矣，故受之以剝。」又云：「剝者，剝也。物不可終盡，剝窮，上反下，故受之以復。」在十二消息卦中，〈剝卦〉是九月卦，五陰一陽，只剩一個陽爻；〈剝卦〉之後，是〈坤卦〉，即十月卦，六爻皆陰，沒有一個陽爻。所以這裡說：「不利有攸往」。〈坤卦〉之後，是〈復卦〉，即十一月卦，又一陽來復。所以〈剝〉、〈復〉二卦講的是陰陽消長的道理。

（一）彖傳

《彖》曰：剝，剝也，柔變剛①也。

①柔變剛：變剛為柔，指五陰爻已侵蝕陽剛之氣。

「不利有攸往」，小人②長也。順而止之，觀象也。③君子尚消息④盈虛，天行⑤也。

直譯

《彖傳》說：剝落，就是剝削呀，陰柔侵蝕了陽剛呀。所謂「不利有攸往」，是因為陰柔小人正稱雄得勢呀。進行順遂而暫時停止行動，是由於要觀察徵象呀。君子重視消長盛衰的徵象，因為這是宇宙自然的運行法則呀。

補注

程頤《伊川易傳》：「君子隨時敦尚，所以事天也。」存心消息盈虛之理，而能順之，必要時能變剛為柔，順時而止，此即所謂「事天」。

（二）大象傳

《象》曰：山附於地①，剝。上以厚下安宅②。

②小人：指陰爻。長：當動詞用。得勢，稱雄，管事。

③順而止之：下卦坤為順，上卦艮為止。此取卦象，說明本來順遂而所以停止的原因，是為了觀象。

④消：衰亡。息：生長。

⑤天行：天道。

①山附於地：上卦艮為山，下卦坤為地。附：頹倒而依附。表示以尊就卑，有增益的意思。附，一作「坿」。

②安宅：安居。使臣民安居。一說：鞏固君王的地位。

直譯

《大象傳》說：山土剝落附益地面，這是剝落的象徵。君上因此取法來厚待臣民，使大家安居樂業。

補注

象外之意，推之於政事，即《尚書》所云：「民惟邦本，本固邦寧。」

三、爻辭及小象傳

一 初六：剝牀以足①。蔑貞，凶。②

《象》曰：「剝牀以足」，以滅下③也。

直譯

初六爻辭：剝蝕木牀已經到了牀腳下。輕視正道（正人君子），凶險。

《小象傳》說：所謂「剝牀以足」，是因為已經剝蝕到了底

①牀：大木牀。一說：通「壯」。以：及。足：指牀腳。

②蔑：蔑視。一說：通「滅」，消滅。貞：正，喻君子。指上九。初六與上九無應。「蔑貞凶」，一讀作「蔑，貞凶」，是說：牀已剝蝕，占問的結果是凶險。

③滅下：參閱注②。

下的基礎呀。

補注

唐代李鼎祚《周易集解》引盧氏之說：「坤所以載物，牀所以安人，在下故稱足。先從下剝，漸及於上，則君政崩滅，故曰以滅下也。」

二 六二：剝牀以辨①。蔑貞，凶。

《象》曰：「剝牀以辨」，未有與②也。

直譯

六二爻辭：侵蝕木牀已經到了牀幹的部分。輕視正道，凶險。

《小象傳》說：所謂「剝牀以辨」，是說沒有對應支持者呀。

①辨：牀幹，牀架。牀足之上、牀身之下的牀幹部分。猶如人體的軀幹。有人解為牀板。

②與：呼應，參與。指六二與六五非正應，與初三亦非親比。

補注

李鼎祚《周易集解》引鄭氏注云：「足上稱辨，謂近膝之下，屈則相近，信（伸）則相遠，故謂之辨。辨，分也。」舊式木牀，分坐臥兩種。牀足以上是牀架。牀架上的牀板通常有兩層，底層是連成一體的，上面則是若干可以分開的牀板組合而成的，或者是用來擺席墊的。坐用的較窄而長，可以搬動，臥用的則較大而固定。

㊂ 六三：剝之①。无咎。

《象》曰：「剝之，无咎」，失上下②也。

①剝之：帛書本及《經典釋文》本皆無「之」字。之：語助詞。

②失上下：違反上下諸陰爻，不和它們一起剝陽，而獨與九五相應。棄陰而就陽，故无咎。

直譯

〈六三爻辭〉：剝落了。沒有災禍。

《小象傳》說：所謂「剝之，无咎」，是說剝去了上下陰爻小人的牽制呀。

補注

「剝之」的「之」，陸德明《經典釋文》、項安世《周易玩辭》、惠棟《周易述》等，都以為是衍字，帛書本亦無此字，自是可刪。但通行已久，有「之」字亦可供語助之用，故筆者予以保留。

四 六四：剝牀以膚①。凶。

《象》曰：「剝牀以膚」，切近災②也。

① 膚：指牀身，可供躺臥的牀板。一說：牀的墊席。

② 切近災：切膚接近傷害。是說有切膚之患。牀原是安身之用，今已剝蝕，恐將傷及皮肉。

直譯

六四爻辭：剝蝕木牀已經到了牀身的表面。凶險。

《小象傳》說：所謂「剝牀以膚」，是表示切膚之患已近於災禍了。

補注

尚秉和《周易尚氏學》：「足、辨、膚，皆指牀言。膚，猶言牀面也。人臥牀，身與牀切，剝及於是，故言近災。」

五 六五：貫魚①，以宮人寵②。无不利。

《象》曰：「以宮人寵」，終无尤③也。

①貫魚：成串的魚，魚貫而入的意思。指五個陰爻而言。

②以宮人寵：六五承上九，居中位尊，比喻六五像皇后，率領眾嬪妃（其餘四陰爻）入侍君上而得寵。以：率領。一說：以，似。

③尤：過失。

直譯

六五爻辭：像成串的魚一般，率領宮中嬪妃得寵於天子。沒有不吉利。

《小象傳》說：所謂「以宮人寵」，是由於最終沒有過失呀。

補注

朱熹《周易本義》：「五為眾陰之長，當率其類，受制於陽，故有此象。」

❻上九：碩果不食①。君子得輿②，小人剝廬③。

《象》曰：「君子得輿」，民所載④也。「小人剝廬」，終不可用⑤也。

①碩果不食：碩大的果實不要吃，因為它將可結子重生。碩果：指上九。

②君子得輿：輿，原是指車子，此指上九在眾陰爻之上。意即得到眾人的擁護。

③小人剝廬：小人指陰爻。廬：房舍，此指簡陋的田舍。

④載：通「戴」，擁戴。

⑤用：有人以為當作「害」。但無版本依據，不採。

直譯

上九爻辭：碩大的果實不要吃。君子得到車子，小人拆掉屋子。

《小象傳》說：所謂「君子得輿」，是由於被人民所擁戴呀。所謂「小人剝廬」，是因為小人畢竟不可重用呀。

補注

李鼎祚《周易集解》引侯果之說「碩果」云：「處〈剝〉之上，有剛直之德，群小人不能傷害也，故果至碩大，不被剝食矣。君子居此，萬姓賴安，若得乘其車輿也；小人處之，則庶方無控，被剝其廬舍。」

新繹

上文說〈剝卦〉和〈復卦〉互綜，同時它們也是「消息卦」，是陰陽二氣消長轉換的關鍵時刻。〈剝卦〉是群陰剝陽，〈復卦〉是一陽來復。就卦氣看，〈剝卦〉是九月，〈復卦〉是十一月。隔在中間的就是陽氣消盡的〈坤卦〉十月。就卦辭看，〈剝卦〉是「不利有攸往」，〈坤卦〉是「君子有攸往，先迷後得主」，〈復卦〉是「利有攸往」。

因此從卦位的順序安排上，可以看出《易經》「剝而能復」、「原始反終」（語見《繫辭上傳》）的特色：最黑暗的時刻，也就是光明的開始。當諸爻皆剝落成陰之時，上九一陽有如碩果僅存：君子得之，則可登車攬轡，澄清天下；小人得之，則將剝削掠取千家萬戶。一則說明此乃宇宙自然、社會人文消息盈虛之定律，一則說明此時也正是剝盡復來、君子有為的關鍵時刻。

二十四、復卦

解題

復，即回歸、恢復，有往而復返、出而又入之義。《雜卦傳》說：「復，反也。」反即「返」的古字。

此卦五陰一陽，以初九為主爻。形象與〈剝卦〉相反，二者是綜卦。亦消息卦之一，代表十一月。十月屬坤，至十一月已恢復一陽，逐漸陽長陰消，亦有「復」之象。

一、卦形、卦體

䷗震下坤上

【卦形淺說】

卦體震下坤上，震為雷，坤為地，雷在地下，有「復」之象。又，震為動，坤為順，下動而上順，亦有「復」之象。

二、卦名、卦辭

復：亨。出入①，无疾；朋來②，无咎。反復③其道，七日來復④。利有攸往。

直譯

〈復卦〉象徵恢復：亨通順利。陰陽消長，沒有差錯；同類的陽剛朋友來了，沒有災害。來來往往在那陰陽消長的自然大道上，到了第七天就又回來了。宜於有所作為。

補注

「七日來復」有幾種說法：一是王弼之說，自〈剝〉至〈復〉，以一爻當一日，故云七日，此略採鄭玄之說；二是虞翻之說，自〈姤〉至〈坤〉，六日，至陽來返初，則為七日；三是侯果之說，自五月（姤）一陰生，至十一月（復）一陽生，陰陽升復，凡歷七月，以一月作一日，故云七日；四、自〈姤〉至〈復〉，凡七變而成，此程頤採

注釋

①出入：指一陽爻原在坤體下位，是「入」；逐漸向上提升，是「出」。

②朋來：是說五陰爻將逐漸為陽爻所取代。一說：朋，通「崩」，下墜。

③復：通「覆」。

④七日來復：「來復」與上句「反復」相對。反是返回，來是循環。七日，王弼以為陽氣由剝而復，以一爻當一日，共七日；侯果以為陽氣自五月至十一月，共歷七卦，以一卦當一日。

侯果之說；以上諸說，皆採自李鼎祚《周易集解》。

此外，王引之《經義述聞》云：「日之數十，五日而得其半，不及半則稱三日，過半則稱七日，欲明失而復得，多不至十日，則云七日得。此卦之七日來復，亦猶是也。」亦可供讀者參考。

(二) 彖傳

《彖》曰：「復，亨」，剛反①，動而以順行②，是以「出入无疾，朋來无咎」。「反復其道，七日來復」，天行也。「利有攸往」，剛長也。復，其見天地之心乎？

①剛反：陽剛之氣恢復。剛：指初九。〈剝卦〉的上九，反為〈復卦〉的初九。

②動而以順行：下卦震為動，上卦坤為順。由下而上順遂前進。

直譯

《彖傳》說：所謂「復，亨」，是表示陽剛之氣正在恢復，一切行動都能順遂前進，因此「出入无疾，朋來无咎」。

所謂「反復其道，七日來復」，是表現天道運行的規律呀。

所謂「利有攸往」，是由於陽剛之氣正在增長呀。所謂恢復，它是表現天地生生不息的心意吧？

補注

乾元復初，生生不息，即天地之心，歐陽修《易童子問》即云：「天地之心見乎動，復也。」這是儒家的觀念。

《老子》第十六章所說的歸根復命：「至虛，極；守靜，篤。萬物並作，吾以復觀。」此則代表道家以虛靜為主的宇宙觀。

（二）大象傳

《象》曰：雷在地中①，復。先王以至日閉關②，商旅不行，后不省方③。

直譯

《大象傳》說：雷在地中靜止不動，這是復卦的象徵。古代聖王因此取法在冬至日這一天，封閉邊界和城門的關口，使商人

①雷在地中：此卦下卦震為雷，上卦坤為地，故云。

②至日：十一月冬至那一天。冬至日，一陽爻在眾陰爻之下，象一陽初生，須靜養。閉關：封閉關口。

③后：古代帝王的通稱。後代始以男女分帝后。省：巡視。方：方國。

旅客不能通行，帝王也不巡視四方各地。

補注

「至日」指十一月冬至之日的夜半，古人認為它是陽氣開始萌生之時，故稱之為「天心」。邵雍《擊壤集》有一首〈冬至吟〉：

冬至子之半，天心無改移。一陽初動處，萬物未生時。
玄酒味方淡，大音聲正希。此言如不信，更請問庖犧。

意思是說冬至之日，看似天地蕭瑟，實則萬物充滿生機。「玄酒味方淡，大音聲正希」，其意在此。《大象傳》「先王以至日閉關」以下三句，是說明復初之前的致虛守靜，現代人說的：「休息是為了走更遠的路」，其意亦在此。

三、爻辭及小象傳

一 初九：不遠，復①。无祇悔，②元吉。

①不遠復：沒有走遠即復歸。表示不會犯大錯。

②无祇悔：無多悔的意思。祇：音「其」，柢。一作「敍」，音「之」。

《象》曰：「不遠」之「復」，以③修身也。

直譯

初九爻辭：起步沒有走遠，就返回了。沒有需要悔恨，最為吉祥。

《小象傳》說：「走得不遠」的「復歸」，是用以修養自己的德行呀。

補注

《繫辭下傳》引述孔子之言：「顏氏之子，其殆庶幾乎？有不善，未嘗不知；知之，未嘗復行也。《易》曰：不遠復，无祇悔，元吉。」意思是說顏回善於反省自己，有過必改，不但及早，而且不再重犯。這就是修身之道。

③以：用來，因為。

---

❷六二：休復①，吉。

《象》曰：「休復」之「吉」，以下仁②也。

①休：美善。指六二居中而正，又親比初九。

②下仁：居仁者之下。表示謙恭、推崇。下：指初九。

直譯

六二爻辭：美善的復歸，吉祥。

《小象傳》說：所謂「休復」的吉祥，是因為能謙讓居下呀。

補注

程頤《伊川易傳》：「初復於仁，二能親而下之，是以吉也。」初指初爻陽，二指二爻陰。

三 六三：頻復①，厲无咎②。

《象》曰：「頻復」之「厲」，義③「无咎」也。

直譯

六三爻辭：頻繁而令人厭煩的復歸，凶險，但沒有災害。

《小象傳》說：所謂「頻復」的「凶險」，按理說，本來就

①頻復：屢過屢改的意思。頻：頻繁。一說：頻，通「顰」，顰眉憂心。

②厲无咎：雖厲而無咎。厲：危險。有戒懼之意。

③義：理，道。

沒有災害呀。

補注

有人引用《禮記・中庸》三行之語來解釋上述三爻，說：「或安而行之，初之象也；或利而行之，二之象也；或勉強而行之，三之象也。」見馬振彪《周易學說》。

四 六四：中行，獨復。①

《象》曰：「中行，獨復」，以從道②也。

直譯

六四爻辭：走到中途，就獨自返回。

《小象傳》說：所謂「中行，獨復」，是因為要改從正道呀。

①中行：路中，走到中途。獨復：獨自復歸。中行獨復指六四居五陰之中，而獨與初九正應。

②從道：服從正道，改過向善。此指要與初九相應。

補注

李光地《周易折中》引繆昌期之說：「蓋〈復〉之所以為復，全在初爻，猶人之初念也。五陰皆復此而已，惟四在陰中，有所專向，故發此議。」

陳夢雷《周易淺述》亦云：「天地之一陽初動，猶人善念之萌，聖人所最重。」

五 六五：敦復①，无悔。

《象》曰：「敦復，无悔」，中以自考②也。

①敦復：擇善固執的意思。敦：篤厚誠實。有足可殿後之意。

②中以自考：是說以中道考察自己，成就自己。六五居上卦之中，以柔居剛，雖失位無應，但〈坤卦〉為地，有「厚」之象，居心中正不偏，故可無悔。中：內心。考：考察。一說：考，成全。

直譯

六五爻辭：敦厚的復歸，沒有悔恨。

《小象傳》說：所謂「敦復，无悔」，是表示內心中正不偏，可以用來自我檢討呀。

補注

陳夢雷《周易淺述》：「蓋五本遠於陽，但以居中能順，因四自返，加厚其功，故能自成也。」

六 上六：迷復①，凶，有灾眚②。用行師，終有大敗，以③其國君，凶，至於十年不克④征。

《象》曰：「迷復」之「凶」，反君道也。

① 迷復：執迷不悟的意思。指復歸時迷路，沒有回到原地。
② 灾眚：災難。灾：同「災」。眚：眼翳。
③ 以：及，累及。一說：以，因。
④ 不克：不能。

直譯

上六爻辭：迷路的復歸，凶險，有災禍危害。如果用於行軍作戰，終究會有大敗的機會，並且連累到那國家的君王，凶險，甚至到了十年之久都不能出征克敵。

《小象傳》說：所謂「迷復」的凶險，是由於違背了做國君的道理呀。

補注

胡炳文《周易本義通釋》：「迷復，與不遠復相反；十年不克征，亦七日來復之反。」

新繹

邵雍創立《先天圖》，包括《八卦次序圖》及《八卦方位圖》、《六十四卦次序圖》及《六十四卦方位圖》共四種，又創立了「天根月窟」之說。其說見《擊壤集》的〈觀物吟〉一詩：

耳目聰明男子身，洪鈞賦與不為貧。
須探月窟方知物，未躡天根豈識人？
乾過巽時觀月窟，地逢雷處見天根。
天根月窟閒來往，三十六宮都是春。

就其先天八卦方位圖看，「天根」是在〈坤〉、〈震〉二卦之間，而「月窟」則在〈乾〉、〈巽〉二卦之間；就其六十四卦方位圖看，「天根」是在〈復卦〉之位，而「月窟」則在〈姤卦〉之位。可見所謂「天根」乃指一陽所生之所，而「月窟」則指一陰所生之處。清初黃宗羲《易學象數論》云：「康節（邵雍）因先天圖而創為天根月窟，即《參同契》乾坤門戶、牝牡之論也。……有以十二辟言者，十一月為天根，五月為月窟。」十一月天根，就是我們這裡所講的

〈復卦〉，讀者可以從中去體會《彖傳》所說的「利有攸往，剛長也」的道理。

天根月窟圖

所謂「天根」者，指坤、震二卦之間為言也。坤、震之間陰既極矣，陰復孕陽。微陽將生，即天所生之根也。所謂「月窟」者，指乾、巽二卦之間為言也。乾、巽之間陽既極矣，陽將生陰，微陰復生，即月所出之窟也。

陰陽，一元氣也，非有二也。動而陽，靜而陰，更相禪代，無有窮已。方其動而陽也，非全無陰，陽漸盛，則陰漸微。及其靜而陰也，非全無陽，陽漸盛，則陰漸微。盛之極者消，則微之極者息矣。知此，則知坤、震之間，乃乾之靜專既極，而動直之將萌也，故曰「天根」。乾、巽之間，乃坤之靜翕既極，而動辟之將萌也，故曰「月窟」。

所謂「三十六宮」，即指八卦之畫為言也。以剛畫奇為一，柔畫偶為二，合陽宮之十二，陰宮之二十四，共成「三十六宮」之數也。

——引自施維主編《易經圖釋大典》

二十五、无妄卦

解題

无妄，即不虛妄、不荒誕。也有人以為无妄即無望，無所希望卻有所得。（見《史記・春申君傳》）

妄、望二字同聲通假。前者表示至誠不亂，自有所得，後者表示出乎意料之外。

此卦以初九、九五為主爻。初九，陽動之始；九五，乾德之純。

一、卦形、卦體

䷘震下乾上

【卦形淺說】

卦體上乾下震，乾為天，震為雷，雷震而陽氣舒，天下萬物發萌，各得其宜。從卦變看，此卦是由〈訟卦〉的九二與初六交換而成。

二、卦名、卦辭

无妄①：元亨，利貞。②

其匪正③，有眚④，不利有攸往。

直譯

〈無妄卦〉象徵言行不虛妄：元大亨通，利於固守正道。如果他的言行不守正道，就會有像眼睛生翳一樣的弊端，不利於有什麼作為。

補注

陸德明《經典釋文》：「馬（融）、鄭（玄）、王肅皆云妄猶望，謂无所希望也。」朱熹《周易本義》則說：「无妄，實理自然之謂。《史記》作『无望』，謂无所期望而有得焉者，其義亦通。」

（一）彖傳

《彖》曰：无妄，剛自外來，而為主于內。①動而健

注釋

①无妄：有二義：一為不虛誕，一為無所希望。

②元亨利貞：對照下文《彖傳》的「大亨以正」，此處「元亨利貞」似應斷為「元亨，利貞」。

③其匪正：如其不正。其：有假設的口氣。匪：非。

④眚：眼翳。已見前。

①剛自外來二句：剛，指初九陽爻，它原是〈訟卦〉的二爻，且為內卦的主爻。另有其他說法，不贅引。

②，剛中而應③。大亨以正④，天之命也。「其匪正，有眚，不利有攸往」，「无妄之往」⑤，何之⑥矣？天命不祐，行矣哉？

直譯

《彖傳》說：〈无妄卦〉象徵不虛妄，初九陽剛從外面來，而成為主爻，在內卦之中。內卦震動而外卦乾健，九五剛健，位居中正而又與六二相應。因此元大亨通，而且有利於守正，這是大自然的規律呀。

所謂「其匪正，有眚，不利有攸往」，是表示這種無所希望的行動，還能往何處去呢？如果天命不保佑他，還能怎麼前進呢？

（二）大象傳

《象》曰：天下雷行①，物與②，无妄。先王以茂對時③，育萬物。

② 動而健：下卦震為動，上卦乾為健，故云。

③ 剛中而應：指九五以陽爻居上卦中位，又與六二陰爻正應。

④ 大亨以正：解釋卦辭「元亨」皆以守正，故為「大亨」。

⑤ 无妄之往：指卦辭「有攸往」之「往」。

⑥ 之：往。

① 天下雷行：上卦乾為天，下卦震為雷，故云。

② 物與：物類。與：賞與。

③ 茂：強，勉力。《爾雅．釋詁》：「茂，勉也。」一聲之轉。對時：配合天時。對：遂。

直譯

《大象傳》說：在天空的下面，有春雷在運作，這時萬物各自依類參與造化，決不虛妄。古代帝王因此效法用強大的威力來配合天時，化育萬物。

補注

郭京《周易舉正》認為末句應作：「先王以茂對時育物」。他說：「物上誤增萬字」，原文是「歎美對時育物，莫盛於斯」的意思。

三、爻辭及小象傳

❶ 初九：无妄，往，①吉。

《象》曰：「无妄」之「往」，得志②也。

直譯

初九爻辭：決不虛妄，勇往前進，吉祥。

① 无妄往：无妄則往。初九誠正陽剛，無不能動，故勇於前進。

② 得志：如願。

《小象傳》說：所謂「无妄」的前往，是為了完成心願呀。

二 六二：不耕獲①，不菑畬②，則利有攸往。

《象》曰：「不耕獲」③，未富④也。

直譯

六二爻辭：不在耕種時就期望有收穫，不在開墾時就期望有良田，那就有利於有所作為。

《小象傳》說：所謂「不耕獲」云云，是表示還沒有富足呀。

補注

「不耕獲，不菑畬」二句，有人主張不能解作「不耕而獲，不菑而畬」，陸德明《經典釋文》早有說明。《禮記・坊記》引文二句之下尚有「凶」字，惠棟《周易述》也認為「舊脫凶字，故卦義不明。」方聞一《大易粹言》則認為「既云凶矣，何『利

①不耕獲：不耕而獲，不耕耘就有收穫。耕獲：耕種和收穫。一說：不在耕種時而期望收穫。意即不問收穫，只問耕耘。

②菑：墾荒。畬：熟田。《爾雅・釋地》：「田一歲曰菑，二歲曰新田，三歲曰畬。」

③不耕獲：六二爻辭的省文。

④未富：還不算富足。

有攸往』之有？」因此有人主張「兩存之」。

三 六三：无妄之灾①。或繫之牛②，行人之得③，邑人之灾④。

《象》曰：行人得牛，邑人灾也。

直譯

六三爻辭：沒有胡作非為而惹來的災禍。有人拴繫他家的牛在戶外，卻被路過的行人把牠順手牽走了，這成了同邑居民被冤枉的災患。

《小象傳》說：路人順手牽走了牛，所以成為鄉里居民被拘捕審問的災患呀。

補注

朱熹《周易本義》：「無故而有災，如行人牽牛以去，而居者反遭詰捕之擾也。」

①无妄之灾（災）：不妄為而惹來的災禍。无妄：沒有胡作非為。

②或繫之牛：有人把牛拴繫在戶外。或：有人。不確定是誰。

③行人之得：行人得之。行人：路人，陌生的過客。

④邑人：同鄉邑的居民。灾：同「災」，是說會被懷疑是偷了牛。

四 九四：可貞①，无咎。

《象》曰：「可貞，无咎」，固有之②也。

直譯

九四爻辭：可以堅定固守正道的，沒有災禍。

《小象傳》說：所謂「可貞，无咎」，是表示本來就有這種德行呀。

補注

王弼《周易注》：「處无妄之時，以陽居陰，以剛乘柔，履於謙順，比近至尊，故可以任正，固有所守而无咎也。」

五 九五：无妄之疾①，勿藥②，有喜。

《象》曰：「无妄」之「藥」，不可試也。

① 可貞：可以固守常道。指九四雖陽處陰位，但以剛乘柔，又比近九五，故可无咎。

② 固有之：本來就有它。固：原本。之：代名詞。指道理、德行。

① 无妄之疾：不是妄為而得的疾病。

② 勿藥：不須吃藥，不用藥物醫治。

直譯

九五爻辭：沒有胡作非為所得的疾病，不須用藥物醫治，將有因禍得福的喜事。

《小象傳》說：所謂「无妄之疾」的藥方，是表示不可以亂加試用呀。

補注

李光地《周易折中》：「此爻之疾，與六三之災同；然此曰有喜者，剛中正而居尊位，德位固不同也。」意思是說九五因陽剛中正，居尊位，其臣下均不敢胡作妄為。

六 上九：无妄，行有眚①，无攸利。

《象》曰：「无妄」之「行」，窮②之災也。

直譯

上九爻辭：不虛妄，但行動上卻有毛病，沒有什麼好處。

①行有眚：行動上有盲點，意即輕舉妄動。一說：行，屬上讀。即「无妄行」作一句讀。

②窮：窮途末路。是說到了无妄的盡頭極點，已無路可走。

《小象傳》說：「无妄，行有眚」的「行動」，是窮途末路的災難呀。

新繹

《周易折中》引龔煥云：「无妄者，實理自然之謂。循是理，則吉；拂是理，則凶。初往吉，二利有攸往，循是理而動者也。四可貞无咎，寧是理而不動者也。三有災，五有疾，不幸而遇无故非意之事，君子亦聽之而已。上九居无妄之極，不可有行。若不循理而動，則反為妄矣。其有眚而不利也，宜哉！」

這是說世事難料，吉凶休咎有時會出乎意料之外。不勞而獲，固然可喜，卻不可恃；萬一有无妄之災，也不必過於計較。一切固守中道，順其自然而已。

二十六、大畜卦

解題

畜，同「蓄」，有蓄積、蓄養、蓄止三種意義。三者都有實而不虛的意思。大畜，即大有作為。和〈小畜卦〉不同。〈小畜卦〉一陰五陽，以陰蓄陽；〈大畜卦〉則四卦皆陽，以陽蓄陰，故所蓄者大。

此卦與〈無妄卦〉是綜卦，卦形上下相反，實與虛也相互為用。《序卦傳》說：「有无妄，然後可畜，故受之以大畜。」《雜卦傳》說：「大畜，時也；无妄，災也。」

此卦以上九、六五為主爻。所謂「剛上而尚賢」。

一、卦形、卦體

䷙乾下艮上

【卦形淺說】

卦體上艮下乾，艮為山，乾為天，卦象是山中有天，象徵大有積蓄。又，艮為止，乾為健，雖遇阻礙艱難，仍然勇於前進，也象徵大有作為，故以涉大川來做比喻。就卦變看，此卦是由〈需卦〉的上六與九五交換而成。

二、卦名、卦辭

大畜：利貞。不家食①，吉。利涉大川。

注釋

① 不家食：不食於家。不必在自己家裡吃糧食，表示出仕當官食俸祿。一說：家，指古代大夫的采邑。大夫不依賴采邑，即須由王侯供應俸祿。

直譯

〈大畜卦〉象徵大有作為：有利於固守正道。不在自己家裡吃糧食，吉祥。也有利於冒險涉渡大河川。

補注

古代「家食」的「家」，不是指一般人家，而是指卿大夫的采地食邑。〈師卦〉上六所說的：「大君有命，開國承家」，即指此而言。論功行賞時，封侯者開國，封大夫者承授食邑。

（一）彖傳

《彖》曰：大畜，剛健、篤實①，輝光日新②。其德剛上而尚賢，能止健，大正也。③「不家食，吉」，養賢也。「利涉大川」，應乎天④也。

① 剛健：下卦乾，天行健，該行則行。篤實：上卦艮為止，該止則止。

② 輝光：既剛健又篤實，故有光輝。日新：日日更新，進步不已的意思。

③ 剛上而尚賢三句：此解釋卦辭「利貞」。指〈需卦〉的九五陽爻，升到上位，變成〈大畜卦〉的六五。六五雖居尊位，卻能禮讓上九居其上。此即崇尚賢才。又，外卦艮為止，內卦乾為健，此卦止健。大正：大中至正。

④ 應乎天：指六五與九二相應。下卦乾為天。

直譯

《彖傳》說：〈大畜卦〉象徵大有蓄積，剛健而又篤實，光輝日新又新。它的德行，陽剛處在上位而能崇尚賢才，還能夠阻止剛健者越過應有的地位，這是大公至正的表現呀。

所謂「不家食，吉」，是表示六五所象徵的君王，能夠蓄養賢才呀。所謂「利涉大川」，是表示六五與下卦的九二能夠相應，順應了天理呀。

補注

惠棟《周易述》據《漢書．禮樂志》「輝光日新」等例，句讀斷作「剛健篤實，輝光日新，其德剛上而尚賢」。其說可從。

《周易折中》引鄭汝諧之說：「畜有三義：以蘊蓄言之，畜德也；以畜養言之，畜賢也；以畜止言之，畜健也。剛健篤實、輝光日新其德，此蘊畜之大者；養賢、以及萬民，此畜養之大者；乾，天下之至健，而四五能畜之，此畜止之大者。故《彖傳》兼此三者言之。」

宏一按，此說可與上文同參。

（二）大象傳

《象》曰：天在山中①，大畜。君子以多識前言往行②，以畜其德。

直譯

《大象傳》說：天包藏在山中，是〈大畜卦〉的象徵。君子因此效法來記述前賢的言論、往哲的德行，藉此來蓄積自己的道德學問。

① 天在山中：下卦乾為天，上卦艮為山。故云。

② 識：誌，記述。前言往行：往哲先賢的言行。

三、爻辭及小象傳

一 初九：有厲，利已。①

① 有厲：有危險。指初九以陽爻居陽位，有過於剛猛之嫌。已：停止。一作「巳」，聞一多以為當讀作「祀」，就是祭祀。

《象》曰：「有厲」則「已」，不犯②災也。

②犯：觸及，冒犯。

直譯

初九爻辭：有了危險，就宜於停止。

《小象傳》說：所謂有危險就應該停止，是為了不去觸犯災殃呀。

補注

「利已」的「已」，歷來都作「止」解，「利已」即「利於休止」。聞一多則以為當讀為「祀」。筆者以為：如此解釋則與以下諸爻所寫牲畜之事可相對照，故可備一說。

二 九二：輿說輹①。

《象》曰：「輿說輹」，中无尤也②。

①輿：車子。指車廂車身。說：通「脫」。輹：音「腹」，用皮繩維繫車軸與車輪接合的部分，俗稱伏兔。

②中：指九二居下卦之中，又與六五正應，得中正之道。尤：怨尤，過失。

直譯

九二爻辭：就像車身脫離了車軸（停止前進）。

《小象傳》說：所謂「輿說輹」，是表示處在大道中間，沒有過失呀。

補注

〈小畜卦〉九三爻辭「輿脫輻，夫妻反目」，與此卦之「輿說（脫）輹」，象旨大不相同。前者言車輻解體，與人衝突，故有如夫妻反目；此則言自行脫卸輪輹，止而不行。故陳夢雷《周易淺述》云：「輻脫則車破敗，輹脫但不欲行而已。故〈小畜〉之脫輻在人，而〈大畜〉之脫輹在己。」

㊂九三：良馬逐，利艱①貞。

曰閑輿衛②，利有攸往。

《象》曰：「利有攸往」，上合志③也。

①艱：屈萬里老師說甲骨文「㪗」，即艱，是殷周間的習見語，與征伐有關。

②曰：一本作「日」。發語辭。爰、乃的意思。閑：訓練，熟練。輿衛：車夫擔任負責車馬護衛之事。《左傳．昭公七年》記職官十級中最低者。一說：閑，闌、閉之意；輿衛，馬欄，養馬之所。

③上合志：與上位者志同道合。上：指君王。一說：作動詞用。崇尚，重視。此指九三與上九同為陽爻，分居兩卦之終，其志相合。

直譯

九三爻辭：良馬奔馳競逐，有利於在征伐艱難之間，固守常道。天天練習車馬護衛的工作，宜於有所作為。

《小象傳》說：所謂「利有攸往」，是表現與在上位者有共同的意願呀。

補注

三爻與上爻分居上下卦體之極，爻位對應，但此卦之九三與上九俱為陽爻，同性相斥，故不能相應。雖然如此，上九象「何天之衢」的通行大道，而九三卻又不畏艱難，充滿陽剛之氣，有如良馬奔向通天大道，所以說是「上合志也」。程頤《伊川易傳》就說：「三以剛健之才，而在上者與合志而進，其進如良馬之馳逐，言其速也。」

四 六四：童牛之牿①。元吉。

①童牛：小牛，亦稱犢。童：一作「僮」。朱子解為還沒長出角的牛。牿：一作「告」。加在牛角上的橫木。以防觸人，也防牛受挫傷。

《象》曰：六四「元吉」，有喜②也。

直譯

六四爻辭：像小牛牛角上的橫木。（防範牠以角傷人，）最為吉利。

《小象傳》說：六四爻所說的「元吉」，是表示有喜慶之事呀。

補注

許慎《說文解字》告字：「牛觸人，角箸橫木，所以告人也。从口从牛。《易》曰：『僮牛之告』。」又，牿字：「牿，牛馬牢也。」由此可見東漢古本童作「僮」，牿作「告」。而告、牿二字，字義俱異。以「告」字之義訓「牿」字，蓋起於後儒之說。

五六五：豶豕之牙①。吉。

②有喜：有喜慶之事。指六四阻止初九之妄動。初九過於剛猛，有如小牛亂撞，六四則加牿木。

①豶（音「墳」）豕：去勢（閹割了陽具）的公豬。雄豬性野，牙齒銳利，去勢之後，變為溫和，不再傷人。一說：牙，一作「互」，枑木，遮欄。即豬圈。

《象》曰：六五之「吉」，有慶也。

直譯

六五爻辭：像被閹割的雄豬的牙齒。（不再傷人，）吉祥。

《小象傳》說：六五爻所說的吉祥，是因為有值得慶賀的事呀。

補注

六四爻說在小牛頭上先架上牿木，此爻說對雄豬先加以閹割，俱有先治其本、防範未然之意。

---

❻上九：何天之衢①。亨。

《象》曰：「何天之衢」，道大行也。

直譯

上九爻辭：像承擔通天的大道。亨通。

①何天之衢：承天之道，承擔通天的大道。何：通「荷」，擔荷，承擔。一說：何，通「閜」，大開之意。天：上天，借指君王廟堂之上。衢：四通八達的大道。指上九以一陽承擔二陰，並居六五之上。一說：何，為何。全句是說，為何上天這樣四通八達呢？又有作「何等、多麼」解者，係改疑問句為驚嘆句。

《小象傳》說：所謂「何天之衢」，是表示天道可以大大推行呀。

補注

于鬯《香草校書》云：「何，蓋讀為閜。閜、何並諧『可』聲，例得通借。《說文》門部云：閜，大開也。天之衢，天之路也。天路開闢，然後可行，故曰何天之衢，亨。」他說閜、何二字同聲通假，閜有「大開」之意，故何天之衢，即大開天之衢路。《小象傳》所謂「道大行」，即因「大開之，故得大行也。」

新繹

《雜卦傳》云：「大畜，時也。」是說〈大畜卦〉講的是「時」，是時機，也是時位。

古代被封為大夫的君子，如果過於保守，自食於家，不圖振作而更求上進，那絕對不是好事。從卦義上看，〈大畜卦〉鼓勵這樣的人，要「涉大川」肯冒險，開天衢走大路，奮發有為，該進則進，該退則退，如此不但可以日新其德，而且可以蓄積家業。從爻位上看，〈大畜卦〉又提醒不肯自食於家的人，要隨時注意防範自己在不同的時機，有無逾越規矩的行為。這樣的安排似乎自相矛盾，其實是相互為用。例如：初九「有厲」時，就要停止活動；九二「輿說輹」時，就要停車，不再前進；九三說平時要訓練有素，「良馬逐」時才能「利有攸往」；六四、六五都設喻取象，講防範之道，即使小牛還沒長出角來，也要在牠頭上掛上橫木；雄豬利牙傷人，要先為牠去勢或關入豬圈。能夠如此，有如打開通天大衢，一切亨通順利。
《易經》的時位之說，由此可以見其一斑。

二十七、頤卦

解題

頤，原指面頰，用以飲食的口腮部分，形狀像張開的嘴巴，上下牙齒相對，食物由此而含在口中咀嚼，然後進入體內，供給養分。因此引申有保養之義。此卦主要講頤養之道。

此卦以六五、上九為主爻，所謂「聖人養賢，以及萬民」。

一、卦形、卦體

䷚震下艮上

【卦形淺說】

卦體艮上震下，艮為山，震為雷，山下有雷，上止而下動，像吃東西時，通常上腭不動，下腭在動，有頤之象。此卦只有初九、上九兩個陽爻，象上下唇口，其餘四陰爻象齒舌，有口腮飲食之象。

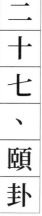

二、卦名、卦辭

頤：貞吉①。觀頤，自求口實。②

直譯

〈頤卦〉象徵頤養：固守正道才吉祥。觀察人家口腮飲食的現象，就應該明白自己求得口中食物的頤養之道。

補注

「貞吉」應在句尾，卻放在開頭，此是倒果為因的寫法。其實，口頰具有語言和飲食的兩種功能，而頤養也包括養人和自養的兩種意義：「觀頤」是觀察別人，「自求口實」是觀察自己。

注釋

① 貞吉：貞正則吉。

② 觀頤二句：是說看別人飲食，不能自飽，必須自己去謀求食物。口實：一作「口食」，口中有具體的食物。

（一）彖傳

《彖》曰：「頤，貞吉」，養正①則吉也。「觀頤」，觀其所養②也。「自求口實」，觀其自養③也。

天地養萬物，聖人養賢，以及萬民④。頤之時⑤大矣

① 養正：頤養合乎正道。是說方法正確。正道指慎言語和節飲食。

② 觀其所養：觀察他們所頤養的對象及方法。

③ 觀其自養：觀察他們如何保養自己。

④ 聖人：此指在上位之君王。以及：擴大到。

⑤ 時：時宜，適當的時機。

哉！

直譯

《象傳》說：所謂「頤，貞吉」，是表示頤養要堅守正道才吉祥呀。所謂「觀頤」，是表示觀察別人頤養的情況呀。所謂「自求口實」，是表示自己觀察別人，然後知道自我頤養的方法呀。

天地養育了萬物，做為萬物之靈的聖人，又養育了賢才，並且推廣到千千萬萬的民眾。頤養的時宜意義，真是大極了啊！

補注

「觀頤」是觀察他人咀嚼食物的方法。「自求口實」是自己嘗試咀嚼口中的食物，來自自己親身的體會。六爻之中，初九「觀我朵頤」以外，「顛頤」、「丘頤」、「拂頤」、「由頤」等等，皆自「觀頤」言之，而所論者不僅在於自養，亦在於養人。

（二）大象傳

《象》曰：山下有雷①，頤。君子以慎言語，節飲食。②

直譯

《大象傳》說：山下有雷聲作響，這是〈頤卦〉的象徵。君子效法來謹慎言論，節制飲食。

補注

上文說口頰有語言和飲食兩種功能，「慎言語」是防禍從口出，「節飲食」是防禍從口入。而頤養則包括自養和養人兩層意義。關於這個道理，程頤《伊川易傳》說得好：「頤，養也。人口所以飲食，養人之身，故名為頤。聖人設卦推養之義，大至於天地養育萬物，聖人養賢以及萬民；與人之養生、養形、養德、養人，皆頤養之道也。動息節宣，以養生也；飲食衣服，以養形也；威儀行義，以養德也；推己及物，以養人也。」

三、爻辭及小象傳

（一）初九：舍爾靈龜①，觀我朵頤②。凶。

《象》曰：「觀我朵頤」，亦不足貴③也。

①山下有雷：上卦艮是山，下卦震是雷，故云。山下有春雷震動時，草木發萌生長，有頤養之象。

②慎言語二句：諺云：「病從口入，禍從口出。」二者都與口有關。

①舍：同「捨」，拋棄。爾：你。靈龜：古人以為龜靈驗，可以多日不吃不喝，又能預知吉凶，故用以占卜。

②觀我朵頤：是說看看我張口吃東西的樣子。我，指初九。上句的「爾」，指六四。也有人以為：爾指初九，我指六四，都講得通。朵：一作「椯」，又作「揣」，鼓起。一說：垂下。形容動嘴吃東西的樣子。

③不足貴：不值得重視。

直譯

初九爻辭：拋棄你靈驗的龜甲，看看我鼓起的面頰。凶險。

《小象傳》說：所謂「觀我朵頤」，是表示也不值得尊重呀。

補注

初九捨棄占卜的靈龜，只是張口想吃東西。這是表示捨棄智慧不用，捨棄道德不修，而徒貪口腹之欲，當然是凶兆，不值得珍貴。

---

❷ 六二：顛頤①；拂經②，于丘頤③，征凶④。

《象》曰：六二「征凶」，行失類⑤也。

①顛：倒。此指六二求養於初九。一說：奉養下屬。

②拂經：違反常理。拂：違逆。經：常，常規、正道。

③于：往。丘：高的土丘。指上位者六五。帛書本「丘」作「北」，北，背也，違背的意思。按，「拂經」以下斷句，一作「拂經于丘頤」。

④征凶：遠行則凶。

⑤失類：是說六二以陰爻居中正之位，當貞守不動，動則失類。類：陰陽相遇的法則。今六二下求初九，又不與六五陰陽相應，故失類。

直譯

六二爻辭：顛倒過來向下位者求取頤養，又違背常理，前往求取上位者頤養，前往時必遇凶險。

《小象傳》說：六二爻辭所說的「征凶」，是因為前往時，將違反陰陽相遇的法則。

補注

李光地《周易折中》引黃幹之說：「頤之六爻，只是顛、拂二字。求養于下則為顛，求養于上則為拂。六二比初而求上，故顛頤當為句，拂經于丘頤為句。」

三 六三：拂頤①，貞凶②。十年勿用③，无攸利。

《象》曰：「十年勿用」，道大悖也。

直譯

六三爻辭：違背了頤養之道，即使貞固守正，仍然會有凶險。即使十年之久，也不可進用，沒有什麼好處。

①拂頤：違背頤養之道。

②貞凶：貞固守正也遇凶險。是說六三雖與上九相應，但仍不吉利。尚秉和《周易尚氏學》云：「陰得陽應多吉，此獨不吉者，以四五得敵，應上甚難。」有人以為此爻陰居陽位，已失中不正，又處震卦上爻，是妄動者，雖與上九相應，但不求自養而求養於上。

③十年勿用：是說終不可用。十，是數之終，喻其長久。

《小象傳》說：所謂「十年勿用」，是表示頤養之道大大違背了呀。

補注

「拂頤，貞凶」對照《彖傳》的「頤，貞吉」，「貞」可講成「貞卜」、「占卦」。此卦六三雖與上九陰陽相應，但陰居陽位，象徵陰柔小人，四爻五爻又皆陰爻，象徵小人成群，是以諂佞奉上位以求進，故為賢者所唾棄。

四 六四：顛頤①，吉。虎視眈眈②，其欲逐逐③，无咎。

《象》曰：「顛頤」之「吉」，上施光④也。

①顛：同「填」，即填滿。顛頤：填滿口腔，即大快朵頤。

②虎視眈眈：像老虎睜眼威嚴注視的樣子。

③逐逐：追逐不停的樣子。

④上施光：上位者廣施恩澤。施：施恩。光：廣大。

直譯

六四爻辭：填滿口腔，大快朵頤，吉祥。就像虎視眈眈那樣威嚴專注，他追求的意願連續不斷，非常強烈。沒有責難禍害。

《小象傳》說：所謂「顛頤」的吉祥，是表示在位者所施恩澤非常廣大呀。

補注

元初吳澄《易纂言》云：「自養于內者莫如龜，自養于外者莫如虎，故頤之初九、六四，取二物為象。四之于初，其下賢求益之心，必于虎之視下求食而後可。……」

按，「上施光」，指上文所謂「聖人養賢，以及萬民」。

五 六五：拂經，居貞，①吉。不可涉大川。

《象》曰：「居貞」之「吉」，順以從上②也。

直譯

六五爻辭：違背常理，但安於固守正道，就可獲吉祥。不可以涉渡大河川。

① 拂經：失常。指六五以陰居陽，失位。居貞：守正。居：安，守。貞：正。

② 從上：聽從在上位者。上：指上九。是說六五雖居尊位，但能聽從上九賢者的建言。

《小象傳》說：爻辭所謂「居貞」的吉祥，是指六五能柔順地來聽從在上位者的建言。

補注

「順以從上」，是說六五求養于上九，亦即「拂經」之意。程頤《伊川易傳》：「六五，〈頤〉之時，居君位、養天下者也，然其陰柔之質，才不足以養天下，上有剛陽之賢，故順從之，賴其養己，以濟天下。」

六 上九：由頤①，厲，吉②。利涉大川。

《象》曰：「由頤，厲，吉」，大有慶③也。

①由頤：得自天然的頤養。指賢者得自君王的頤養。由：自，從。自然應有的意思。

②厲吉：知道戒懼就吉祥。是說賢者雖有才幹，但須戒懼，不能得罪君王。

③大有慶：指得到六五君王的信任。

直譯

上九爻辭：自然得到的頤養，知道戒懼就吉祥。有利於涉渡大河川一樣的克服困難。

《小象傳》說：所謂「由頤，厲，吉」，是表示一定大大有喜慶之事呀。

補注

程頤《伊川易傳》解說由頤，以伊尹、周公為例，認為必須具有他們的賢能，才能當此大任，惠及百姓萬民。

新繹

〈頤卦〉的爻辭有些是很難解釋的，因為難解，所以有學者就排除舊說另出新解。像李零即把「朵頤」、「顛頤」、「丘頤」、「拂頤」、「由頤」等等，解釋為「食物在腮幫子裡」咀嚼著，或上下，或左右，或自由自在隨便動的各種形狀。雖然有趣，卻無根據。

筆者還是以為清代李光地等人奉康熙之詔所撰的《御纂周易折中》一書，在兼通象數義理，並採歷代異同之餘，所引的學者之說，有的比較可以採信。像該書所引的一則吳曰慎之說即是。茲錄之如下：

養之為道，以養人為公，養己為私。自養之道，以養德為大，養體為小。艮三爻皆養人者，震三爻皆養己者。初九、六二、六三皆自養口體，私而小者也。六四、六五、上九皆養其德以養人，公而大者也。公而大者，得頤之正也。私而小者凶，失頤之貞，可不觀頤而自求其正邪？

「觀頤而自求其正」這句話說得真好，至於「朵頤」、「顛頤」等等，該作何解，則視各人體會的不同，不妨各自為說，只要有根據即可。

二十八、大過卦

解題

大過，即逾越、過度，太過分了。《雜卦傳》云：「大過，顛也。」顛是頭，兌為澤，象頭入澤中，是危險的。

此卦與〈頤卦〉六爻陰陽完全相反，彼此是錯卦。〈頤卦〉是入乎口中，〈大過卦〉是出乎度外。頤養與過度交互為用。〈頤卦〉上下二陽，中為四陰，外實而中虛，故需養正；〈大過卦〉則四陽居於中，陽大盛於陰，過越常度。過猶不及，也表示不尋常。

本卦以九二、九五為主爻。

一、卦形、卦體

䷛ 巽下兌上

【卦形淺說】

卦體兌上巽下，兌為澤，巽為木，沼澤原是有利於草木滋長，但今澤在木上，枝莖被水淹沒，自有「大過」之象。

二、卦名、卦辭

大過：棟橈①，利有攸往②。亨。

直譯

〈大過卦〉象徵逾越過度：就像棟樑彎曲了，宜於有所作為。亨通。

注釋

①棟橈：棟樑彎曲。棟：此泛指支撐屋頂的棟樑。橈：彎曲。木過剛易折。此指九三爻。巽為木，兌為澤。此卦以棟以楊喻木，以雨以水喻澤。木材先須浸水而後用之。

②利有攸往：巽為順，兌為悅，此卦巽下兌上，即內順外悅，故云。

補注

同是「棟橈」，在此卦辭中說「棟橈」是「利有攸往，亨」，但在九三爻辭中卻說是「凶」，似有矛盾。筆者以為這要從《彖傳》所說的「大過之時大矣哉」去找答案。在不同的時機，要有不同的處理方式和適應態度。請參閱下文。

（一）彖傳

《彖》曰：「大過」，大者過①也。「棟橈」，本末弱也②。剛過而中③，巽而說行④，「利有攸往」，乃「亨」。大過之時⑤大矣哉！

① 大者過：大者，指陽爻。此卦有四個陽爻，比另外兩個陰爻多。陽爻為剛為大。過：超過，過度。

② 本末弱：首尾都是陰爻。本末指初爻和上爻。陰爻為柔為小。

③ 剛過而中：指陽爻有四，但九二、九五卻居中位。

④ 巽而說行：巽，順。說，通「悅」。指下卦順而上卦悅，如內柔順而外和悅。

⑤ 時：時宜。時機適不適當。

直譯

《彖傳》說：〈大過卦〉的「大過」，所謂「大」是指陽剛過度了呀。所謂「棟橈」，是指本末首尾兩端都太柔弱呀。但如果陽剛過度卻能守正道，內部柔順而外面能和樂的來配合進行，就可以「利有攸往」，因此而可亨通。所以〈大過卦〉的時宜，真是太重要了啊！

補注

末句「大過之時大矣哉」是申論卦義，強調時宜時用的重要。程頤《伊川易傳》就闡釋得好：「如立非常之大事，興百世之大功，成絕俗之大德，皆大過之事也。」下文《大象傳》所謂「獨立不懼」，亦即指此而言。可見時用之為用，其用大矣哉！

請參閱「新繹」部分。

（二）大象傳

《象》曰：澤滅木①，大過。君子以獨立不懼，遯世②无悶。

①澤滅木：此卦上兌下巽，兌為澤，巽為木，有澤滅木之象。滅：淹沒。

②遯世：逃世隱居。

直譯

《大象傳》說：就像沼澤的水淹沒了旁邊的草木一樣，這是〈大過卦〉的象徵。君子因此取法：進而特立獨行，無所畏懼；退而退避隱居，也不擔心。

補注

從卦形看，此卦中間有四個陽爻，首尾有兩個陰爻，陽為大為剛，剛大得過度了，有了內剛外柔的現象，所以稱為「大過」。但由於九二爻和九五爻分別在內卦（巽）、外卦（兌）之中，都得居中位，能夠內順而外悅，獲得各方的協助，因此有利於有所作為。

三、爻辭及小象傳

一 初六：藉用白茅①，无咎。

《象》曰：「藉用白茅」，柔在下②也。

直譯

初六爻辭：草墊用白色的茅草，沒有差錯。

《小象傳》說：所謂「藉用白茅」，是表示柔順的本來就在下面呀。

補注

古人席地而坐，祭祀時，將盛放祭品的禮器直接擺在地上，禮器下方另外鋪上草墊，以免有所損壞。這是表示鄭重其事。草墊用白茅織成，更表示戒懼謹慎的敬意。「柔在下」，是說白茅草墊柔而潔淨，本來就宜在下方。

二 九二：枯楊生稊①，老夫得其女妻②。无不利。

① 藉用白茅：用潔白的茅草來墊禮器祭品。藉：草墊。白茅：白色的茅草。白比喻潔淨。

② 柔在下：指初六上承四個陽爻。

① 枯楊生稊：枯乾的楊樹又長出新芽。稊：通「荑」，嫩芽新枝。帛書本作「荑」。

② 女妻：娶少女為妻。

《象》曰：「老夫」「女妻」③，過以相與④也。

直譯

九二爻辭：像枯乾的楊樹又長出了新芽，年老的丈夫娶到他的年輕妻子。沒有不吉利。

《小象傳》說：年老丈夫娶少女為妻，是超過常度的來相結合呀。

補注

李鼎祚《周易集解》引虞翻云：「陽，稱大，謂二也。二失位，故大者過也。」意思是說此卦四個陽爻居中，已過盛於陰，九二又以陽爻居陰位，所以稱為「大過」。但九二之上，有九三、九四、九五輔助支持，所以又可「无不利」。

(三) 九三：棟橈①。凶。

③老夫女妻：九二爻辭「老夫得其女妻」的省文。

④相與：結合，相配。

①棟橈：棟向下彎曲，有崩塌的可能。此指九三爻以陽爻居剛位，過剛易折，比喻剛愎自用。

《象》曰：「棟橈」之「凶」，不可以有輔②也。

直譯

九三爻辭：像棟樑逾越常度而向下彎曲了。凶險。

《小象傳》說：所謂「棟橈」的凶險，是因為不可能得到真正的輔助呀。

補注

李鼎祚《周易集解》引虞翻之說：「本末弱，故橈。」

四 九四：棟隆①，吉。有它②，吝。

《象》曰：「棟隆」之「吉」，不橈乎下③也。

直譯

九四爻辭：像棟樑豐大而向上隆起，吉祥。但如果有意外，就令人吝惜。

②不可以有輔：不可能得到輔助。有輔：指上六雖與九三相應，但力量柔弱，不可能給予幫助。

①棟隆：棟樑隆起。表示能承擔重量，即使雨水多，也不會崩塌。指九四的上下都是陽爻。

②有它：有意外。指九四與初六相應，初六過於柔弱，九四可能受到牽連。

③不橈乎下：不彎曲向下。下：指初六。九四與初六正應。

《小象傳》說：所謂「棟隆」的吉祥，是由於它不彎曲向下呀。

補注

九四對照九三，棟橈（向下彎曲，屋頂容易崩塌）則凶，棟隆（向上翹起，屋頂可以承瓦載物）則吉，但都有例外。棟橈如能居中守正，仍然可以「利有攸往」，而棟隆如有意外，仍然會由「吉」而「吝」。

五 九五：枯楊生華①，老婦得其士夫②。无咎，无譽。

《象》曰：「枯楊生華」，何可久也？「老婦」「士夫」③，亦可醜也。

①生華：開花。長出楊花柳絮。指九五與上六親比。九五雖陽剛，上六卻已陰弱。

②士夫：年輕未婚的士人。士：一作「少」。

③老婦士夫：爻辭「老婦得其士夫」的省文。

直譯

九五爻辭：像枯老的楊樹又開了花，老婦人得到年輕的士人為丈夫。不必責備，也不必讚美。

《小象傳》說：所謂「枯楊生華」，怎麼可能長久呢？老婦人嫁給年輕士人不能生育，也是可羞愧的醜事呀。

補注

九五與九二皆以枯楊為喻，這是因為楊樹乃澤邊常見之木，而枯楊正宜「澤滅木」也。唯枯楊可以生稊，卻不能開花，比喻老夫可以娶少妻，老婦卻不宜嫁少男。這牽涉到古人娶妻是為了傳宗接代的習俗，似乎不公平，但實情卻是如此。古今皆然。

六 上六：過涉滅頂①。凶，无咎。

《象》曰：「過涉」②之「凶」，不可咎③也。

①過涉滅頂：判斷錯誤，涉渡深水大河，以致滅頂而死。滅頂：頭頂淹沒在水裡。比喻不自量力，自取滅亡。

②過涉：「過涉滅頂」的省文。

③不可咎：不可怨尤。是說自己的選擇，怨不得別人。

直譯

上六爻辭：過度涉渡深川大河，淹沒頭頂而亡。雖然險惡。卻沒有怨尤。

《小象傳》說：所謂「過涉滅頂」的凶險，是不可怨尤的呀。

補注

請參閱「新繹」部分。

「過涉滅頂」，當然凶險，卻說「不可咎」，這可與《大象傳》所說的「澤滅木」合看。除上爻之外，其餘五爻皆以草木取象，而上爻蓋以「澤滅木」作結，可謂首尾相貫。「君子以獨立不懼，遯世无悶」，進無所懼，退無所怨，內剛而外柔，勇於所為，此所以為君子也！

新繹

上文「解題」曾引《雜卦傳》云：「大過，顛也。」其實《序卦傳》也說：「不養則不可動，故受之以〈大過〉。物不可終過，故受之以〈坎〉。坎者，陷也。」對此，孔穎達《周易正義》還解釋說：「過而不已，則陷沒也。」所以上文才說頭入澤中，有淹滅之虞。

孔穎達的《周易正義》，對〈大過卦〉的卦義，還有另外一段文字加以闡釋，茲抄錄如下，供讀者參考：

過，謂過越之過，非經過之過。此衰難之世，唯陽爻乃大，謂過越常理以拯患難也。故曰〈大過〉。以人事言之，猶若聖人過越常理以拯患難也。

《大象傳》所說的「君子以獨立不懼」，其意亦即在此。這和上一段《序卦傳》所說的，可以互相發明，並無矛盾。

二十九、坎卦

解題

坎，即陷阱、險阻，因為此卦上下皆坎，有重重險阻之意，所以也稱「習坎」。習，原指鳥兒學飛，就是模仿去做，有重複的意思。有人以為〈坎卦〉應作〈習坎卦〉。《彖傳》、《象傳》皆稱「習坎」。

一、卦形、卦體

☵☵坎下坎上

【卦形淺說】

卦體由上下兩個〈坎卦〉重疊而成。其中九二、九五兩個陽爻，都陷於二陰爻之間，有「習坎」之象。二者皆主爻，尤以九五為主。

二、卦名、卦辭

習坎①：有孚②，維心亨③，行有尚④。

直譯

〈坎卦〉象徵重重險阻，但只要心中有誠信，能夠維持心理平順通達，行為就會得到讚賞。

補注

「習坎」，郭京《周易舉正》以為二字之上，脫卦名「坎」字。此說頗有道理。「有孚維心亨」，斷句一作：「有孚維心，亨」，是說：保有誠信在心頭，就亨通。這樣解釋也很好，但因為《彖傳》以「維心亨」為句，所以筆者仍採通行本。

（一）彖傳

《彖》曰：「習坎」，重險也。水流而不盈①，行險而不失其信②。「維心亨」，乃以剛中③也。「行有尚」，往有功也。

天險，不可升④也；地險，山川丘陵也。王公設險，

注釋

①習坎：重重的陷阱，表示在重重的危險之中。帛書本作「習贛」。習：重。坎：一作「埳」。

②有孚：有誠信。

③維心亨：維持心理平衡通達。一說：維，通「惟」，發語詞，無義。

④行有尚：行為有好表現，得到獎賞。一說：尚，常。行有尚，是說行有常法。

①盈：滿。

②不失其信：不會違背它的自然規律。

③以剛中：因為剛健而中正。指九二、九五分居內外卦中位。以：因為。

④天險：天文之險，如日月風雷。不可升：不可攀升。

以守其國。險之時用⑤大矣哉！

⑤時用：因時而用。《彖傳》說「習坎」之「重險」，有天險、地險之分。天險不可攀升，地險之山川丘陵尚可度越，但人間所設之險阻，所謂「行險」，則是王侯因時乘勢而立。此之謂「時用」。

直譯

《彖傳》說：所謂「習坎」，是指重重險阻呀。坎像水在流動卻不會滿溢出來，經過險阻也不會違背它「流而不盈」的自然規律。所謂「維心亨」，就是因為剛健而中正呀。「行有尚」，是說前進的行動有功效呀。

上天的險阻，是因為高得不可攀升呀；大地的險阻，是因為有山河丘陵呀。人間的險阻，是因為王公諸侯設立了關塞險阻，來守衛他的邦國呀。險阻的因時為用，真是太重要了啊！

補注

「王公設險，以守其國」，「公」一作「侯」，「國」一作「邦」。原作「王侯設險，以守其邦」。前者以諸侯始有建國之名，後者當避漢高祖諱改。王公守其國所涉的險阻，叫「行險」。

（二）大象傳

《象》曰：水洊至①，習坎。君子以常②德行，習教事。

直譯

《大象傳》說：像流水前浪後浪接連不斷的湧來，這是習坎的象徵。君子因此效法來固守道德品行，熟習教化政事。

補注

「水洊至」一語，很容易令人聯想起《論語》中孔子所說的：「逝者如斯夫，不舍晝夜。」孔子的話，一般都以為是感嘆時光流逝。但對照《孟子．離婁下》篇的「源泉混混，不舍晝夜，盈科而後進，放乎四海。有本者如是。」似乎是從正面來看的：水流動不息，人也應積極往前。

谷繼明《周易導讀》於此有一些解釋是令人欣賞的。他還說《象傳》所說的天險，「是絕對的，不可以爬著梯子上去，哪怕巴別塔，哪怕宇宙飛船都不行。地的險，就是高山大河。人不必

①洊至：前水後水接續而來。洊：同「薦」，再的意思。指此卦重疊〈坎卦〉而成。

②常：恆久。作動詞用，有堅持、固守之義。

利用天險，卻可以利用地險。」像「崤關、函谷關成就了秦國，而長江暫時保護了東吳、東晉、南宋」，這些都是歷史上利用地險的成功例子。《彖傳》所說的「險之時用」，就是指此而言。

三、爻辭及小象傳

一

初六：習坎，入于坎窞①。凶。

《象》曰：「習坎」入坎，失道②凶也。

①窞：深坑，陷阱。即習坎。

②失道：迷路。指有失時用之道。

直譯

初六爻辭：在重重的險阻中，掉落到坑洞陷阱裡。凶險。

《小象傳》說：所謂「習坎」墜入了坑洞陷阱，是因為迷了路所導致的凶險呀。

補注

窞，許慎《說文解字》：「坎中更有坎也」，而《爾雅》云：「埳，陷也。欿、窞，坑也。」

王弼《周易注》：「坎以險為用，故特名曰重險」，又云：「習坎者，習為險難之事也。最處坎底，入坎窞者也。處重險而復入坎底，其道凶也。」

二 九二：坎有險①，求小得②。

《象》曰：「求小得」，未出中③也。

直譯

九二爻辭：陷阱中有危險，只企求稍有所得，可以自保。

《小象傳》說：所謂「求小得」，是因為還沒有脫離中道呀。

補注

尚秉和《周易尚氏學》：「二失位，故有險。陰為小，而二居中，孚於上下陰，故曰求小得。」孚於上下陰，是說九二處下坎之中，能以陽剛孚比初六、六三兩爻，有求小得而漸脫險之

①坎有險：是說九二處於〈坎卦〉之中，尚未脫險。九二以陽處陰，失位。

②小得：稍有所得，小小的收穫。指九二陽剛，居卦之中，尚可自保。

③未出中：還沒有脫離中道，亦即能守中道。一說：還在險阻之中。

象。

三 六三：來之坎坎①，險且枕②。入于坎窞，勿用。

《象》曰：「來之坎坎」③，終无功④也。

① 來之坎坎：來來往往都遇險阻。之：往。來之：來往。是說上下進退都遇到危險。高亨讀前二句為：「來之坎，坎險且深。」亦通。

② 枕：通「沉」，深。坎深則難出。

③ 來之坎坎：六三爻辭的省文。

④ 終无功：最後是徒勞無功。

直譯

六三爻辭：來（往上）去（往下）都遇到坑洞陷阱，不但危險，而且深沉。一旦掉落到陷阱中的洞底，千萬不要再有什麼動作。

《小象傳》說：所謂「來之坎坎」云云，是表示最終不會脫險成功呀。

補注

鄭玄認為「險且枕」的「枕」，當解為「檢」，檢指桎梏而言。毛奇齡《仲氏易》引鄭玄「木在首曰枕，在手曰檢，如桎梏之類」之語，云：「坎為桎梏，此正與上六之徽纆相對。較似有理，但須改險為檢，則擅改經字，故不可從耳。」

四 六四：樽①酒，簋②貳用缶③，納約自牖④，終无咎。

《象》曰：「樽酒，簋貳……」⑤，剛柔際⑥也。

直譯

六四爻辭：用樽盛酒，簋兩個，樽、簋都用瓦器。收取接送時都從戶牖，（雖然簡約，但只要有誠心，）最終沒有差錯。

《小象傳》說：所謂「樽酒，簋貳」云云，是指陽剛（九五）與陰柔（六四）的交接呀。

補注

「樽酒簋貳用缶」斷句，一作「樽酒簋，貳用缶」，一作「樽酒簋貳，用缶」。因唐陸德明已作三句讀，而且依古韻言，樽酒一韻，用缶一韻，自牖一韻。故仍採通行本。

① 樽：盛酒的器具。本作「尊」，金屬所製，木製品稱樽。
② 簋：古代盛飯食的器具。本作「毀」，金屬所製，木竹製品稱簋。
③ 缶：用陶土製的瓦器。是說樽、簋都用陶土製造。表示簡約。
④ 納：一作「內」，內、納古通用。納約：納取接送。牖：小窗。
⑤ 樽酒簋貳：六四爻辭的省文。
⑥ 剛柔際：指六四與九五陰陽的交接。際：交接。

又，「納約自牖」，金景芳弟子張聞玉《周易正讀》解為「文王在牖受著簡約的待遇」，這是把「牖」解作「羑里」。似乎失之穿鑿，不足取。但聞一多《周易義證類纂》說：「納約自牖即納取自牖。酒食而必自牖納取之者，蓋亦就在獄中者言之。古獄鑿地為窨，故牖在室上，如今之天窗然。」則所謂「簡約」者，蓋亦不誤也。

---

❺九五：坎不盈，祇既平。①无咎。

《象》曰：「坎不盈……」②，中未大③也。

直譯

九五爻辭：水在坑洞中還沒盈滿，但已經到位。沒有差錯。

《小象傳》說：所謂「坎不盈」云云，是指中道尚未發揚光大呀。

補注

① 坎不盈：是說水在坑洞中還未滿溢。指九五處上卦之中。祇既平：祇，但、只是；平，滿而不溢，猶言到位。一說：祇，當作「祇」，通「坻」，小丘。

② 坎不盈：九五爻辭的省文。

③ 中未大：中道尚未光大。指九五中正，卻阻於上六，尚未脫險。王弼本作「中未光大」。

《彖傳》：「水流而不盈，行險而不失其信。維心亨，乃以剛中也。」可與此爻合看。

六 上六：係用徽纆①，寘于叢棘②，三歲不得③。凶。

《象》曰：上六失道，凶三歲也。

①係：同「繫」，縛，綁。徽纆：古代用墨繩捆綁罪犯。徽是三股墨繩，纆是兩股墨繩。

②寘：一作「寔」，通「置」，放置。叢棘：成叢的荊棘。古時在監獄外，圍繞多刺的荊棘，以防罪犯逃走。

③三歲不得：多年都不得脫離。

直譯

上六爻辭：捆綁罪犯，用兩三道交纏製成的墨繩，放在成叢荊棘包圍的監獄中，三幾年都不能出來。凶險。

《小象傳》說：上六爻所說違反正道的迷路者，要遭受牢獄之災三幾年呀。

補注

程頤《伊川易傳》云：「以陰柔而自居險之極，其陷之深者也。以其陷之深，取牢獄為喻，如繫縛以徽纆，囚寘于叢棘之中；陰柔而陷之深，其不能出矣。故云至于三歲之久，不得免也。其凶可知。」

新繹

〈坎〉、〈離〉都是八經卦之一，它們分別象徵水、火，都是構成天地萬物不可或缺的要素。魏伯陽《周易參同契》云：「〈乾〉〈坤〉者，《易》之門戶，眾卦之父母。〈坎〉〈離〉匡廓，運轂正軸。牝牡四卦，以為橐籥，覆冒陰陽之道。」除了象徵水、火之外，坎也象月，離也象日，所以古人以為〈坎〉〈離〉和〈乾〉〈坤〉是最重要的「牝牡四卦」。〈乾〉〈坤〉是一對，排在上經之首，〈坎〉〈離〉是一對，在上經之末。而且下經最後的〈既濟〉、〈未濟〉二卦，也是從〈坎〉、〈離〉變出的。

〈坎〉、〈離〉二卦，就像〈乾〉、〈坤〉二卦一樣，它們的卦形都是反覆不變的，上下卦體都相同，坎倒過來還是坎，離反過來還是離。不同的是，〈坎卦〉陽爻居二陰之中，〈離卦〉陰爻居二陽之中。一樣都是中軸對稱。《周易參同契》所說的「運轂正軸」，大概就是指此而言。

水火不但是構成天地萬物不可或缺的要素，而且也是人類生活中不可或缺的東西。食衣住行，樣樣都與它們有關。它們不但為人們帶來溫暖、安適、光明、方便，但也同時帶來了水災旱災等等大災害。〈坎卦〉和〈離卦〉分別從吉凶禍福不同的方面，談其因應之道。大抵而言，

〈坎卦〉多從凶的一面說，而〈離卦〉則從吉的一面說。

〈坎卦〉的坎，自水取象，但不從水可潤下說，卻自坎陷的一面說。所以歷來解坎為坑，為陷阱。而且《彖傳》、《象傳》都標卦名為「習坎」。「習坎」亦即「重險」之意。

以下請參閱〈離卦〉的「新繹」部分。

三十、離卦

解題

離，屬火，二火重疊，兼有光明和附麗兩層意義。麗是鹿的雙角並立，有相依附之義。屈萬里師《學易箚記》則說：「坎」義殆近乎「阱」，陷獸，亦用以囚人。「離」，即羅網，捕鳥獸，殆亦用以拘人。〈坎〉、〈離〉相次之義以此。

〈離卦〉和〈坎卦〉是陰陽爻完全相反的錯卦。遇險必須攀附，攀附才能脫險。

一、卦形、卦體

䷝離下離上

【卦形淺說】

就卦體言，上下皆離，二火重疊為炎，有光明之象；火無固定形狀，附麗於他物而後明，故又有附麗之象。其中六二、六五二陰爻，分居上下卦兩陽爻之中，中虛而外實，虛者光明，實者，所附之物。

故此卦六二、六五皆為主爻，尤以六二為主。

二、卦名、卦辭

離：利貞，亨。畜牝牛①，吉。

注釋

①畜：養。牝牛：母牛。指六二、六五皆以陰爻而居上下卦中位，故以母牛為喻。

直譯

〈離卦〉象徵附麗：有利於固守正道，亨通。蓄養母牛，吉祥。

補注

此卦以六二、六五這兩個陰爻為主爻，而實以六二為主，強調的是「黃離，元吉」，是「得中道」，這和〈坤卦〉六五的「黃裳，元吉」講的是一樣的道理。此卦取象以「畜牝牛」為喻，也和〈坤卦〉取象的「牝馬」一樣，都有同樣象徵「柔順利貞」的寓意。

（一）彖傳

《彖》曰：離，麗①也。日月麗乎天，百穀草木麗乎土；重明②以麗乎正，乃化成天下。柔麗乎中正③，故「亨」。是以「畜牝牛，吉」也。

①麗：有二義：一、附著，附麗；二、光明。
②重明：〈離卦〉卦象為日為火。此卦二離相重，加倍光明，故云。一說：重明，兼日月而言。
③柔麗乎中正：指六二、六五這兩個陰爻，都處於上下卦的中位。

直譯

《彖傳》說：〈離卦〉，象徵附麗呀。太陽月亮附麗在天上，百穀草木附麗在地上；（王公大人）他們都用加倍的光明來附麗大自然的正道，因而造化成就了天下萬物。柔順的德性附麗在中正之道上，所以亨通。也因此可以說「畜牝牛，吉」呀。

補注

張次仲《周易玩辭困學記》說：「古本『離，麗也』之下，即接『柔麗乎中正』三句，後接『日月麗乎天』數句」，似與諸卦辭例較為相合，唯不知其所據古本為何。

又，對照〈坎卦〉的《彖傳》，有天險、地險，有王公所設的關塞之險，則此卦「麗乎天」的有日月，「麗乎土」的有百穀草木，「麗乎正」的有「重明」，重明應指「大人君子」之王公而言。請參閱下文《大象傳》及「新繹」的部分。

（二）大象傳

《象》曰：明兩作①，離。大人以繼明照于四方②。

直譯

《大象傳》說：光明兩次興起，象徵離卦。王公大人因此效法來不斷的繼續光明，照耀到四面八方。

補注

「大人」與「君子」的意義並不相同，例如：徐幹《中論．智行篇》即云：『大人以繼明照于四方』，且大人，聖人也，其餘稱君子。蓋君子通於賢者也。聰明，惟聖人能盡之。大才通人，有而不能盡也。」

①明兩作：〈離卦〉卦性為明，此卦上下皆為離，故云。一說：兩，古文作「网」，再的意思。

②大人：大人物，有爵位的君子。一作「君子」。繼明：即重明。四方：猶言四面八方，泛指天下。

三、爻辭及小象傳

一 初九：履錯然①，敬之，无咎。

《象》曰：「履錯」之敬，以辟②咎也。

① 履錯然：所穿皮鞋華華麗麗的樣子。錯：帛書本作「昔」，有人認為通「踖」之「踖」，即謹慎之意。一說：腳步雜沓的樣子。

② 辟：通「避」。

直譯

初九爻辭：所穿皮鞋華華麗麗的樣子，敬重他，沒有差錯。

《小象傳》說：所謂「履錯」的敬重，是為了避免災禍呀。

補注

履，附麗於人。穿著華麗鞋子的人，通常身分高貴。這種人愛面子，有權位，動作謹慎。

胡瑗《周易口義》：「居〈離〉之初，如日之初生。於事之初，則當常錯然驚懼，以進德修業，所以得免其咎。」

二 六二：黃離①，元吉。

① 黃離：黃色的附麗物。五行之中，黃代表土，居中，是尊貴的顏色，代表吉祥。

《象》曰：「黃離，元吉」，得中道②也。

直譯

六二爻辭：黃色的附麗，最為吉利。

《小象傳》說：所謂「黃離，元吉」，是由於得到中正之道呀。

補注

劉牧《易數鈎隱圖》有云：「離，為火之象。焰猛而易燼，九四是也；過盛則有衰竭之凶，九三是也；惟二得中，離之元吉也。」黃，居五色之中，象徵中道。

三 九三：日昃之離①，不鼓缶而歌②，則大耋之嗟③。凶。

《象》曰：「日昃之離……」④，何可久也？

②中道：中正之道。指六二居下卦之中，以陰居陽，當位。

①日昃之離：太陽向晚時的明亮。日昃：太陽偏西向晚。比喻人到年老時。

②鼓缶而歌：敲打著瓦盆來歌唱。比喻及時行樂，安享晚年。

③大耋：太老。七十歲曰耋，一說：八十歲。大耋之嗟：老大徒傷悲之意。

④日昃之離：九三爻辭的省文。

直譯

九三爻辭：看到太陽午後向晚的明亮逐漸暗淡，如果還不知及時行樂，敲打著酒缸來歌唱，那就會有老大徒傷悲的感嘆。凶險。

《小象傳》說：所謂「日昃之離」云云，怎麼可以長久呢？

補注

李鼎祚《周易集解》引荀爽之說，以為此卦初九指日出，六二指日中，此爻指日昃。日有朝暮，時有早晚，人生亦有少壯老大之變化，固當順應時勢，不可勉強。

此即所謂「對酒當歌，人生幾何」。

四 九四：突如其來如①，焚如，死如，棄如②。

《象》曰：「突如其來如……」③，无所容④也。

① 突如其來如：突如其來的樣子。突如其來，忽然而至。比喻事出突然，不依常道。

② 棄如：拋棄的樣子。指九四和初九不正應，還想上附六五。

③ 突如其來如：九四爻辭的省文。

④ 无所容：無處容身，沒有容身之地。

直譯

九四爻辭：好像忽然就來到的樣子，被焚燒的樣子，快死去的樣子，被拋棄的樣子。

《小象傳》說：所謂「突如其來如」云云，是表示無處容身呀。

補注

此承九三的「不鼓缶而歌，則大耋之嗟」而來。是說不能對酒當歌，及時行樂，還想上附六五，有所進取，則唯有自討無趣，老大徒傷悲，甚至會自取滅亡。

五 六五：出涕沱若①，戚嗟若②。吉。

《象》曰：六五之「吉」，麗王公③也。

直譯

六五爻辭：流出的眼淚，像大雨滂沱的樣子，悲傷哀嘆的樣

①涕：淚。沱若：淚水湧出的樣子。

②戚：同「慼」，哀。嗟若：感嘆的樣子。五為君位，六五因柔弱不能制下，故需王公之助。

③麗王公：附麗於王公大人。麗：附麗，攀附。一作「離」。王公：指上九。

子。吉祥。

《小象傳》說：六五爻辭所說的吉祥，是由於附麗王公大人呀。

補注

天子雖居尊位，但有時君弱臣強，為時勢所迫，也必須「當哭則哭」，表現憂傷悲泣之情，才能獲得其他王公大人的救助。此即《老子》第三十六章所謂「柔弱勝剛強」。

王弼《周易注》：「履非其位，不勝所履，以柔乘剛，不能制作。下剛而進，將來害己，憂傷之深，至于沱嗟也。然所麗在尊，四為逆首，憂傷至深，眾之所助，故乃沱嗟而獲吉也。」說的就是上述的這個道理。

六 上九：王用①出征，有嘉②：折首③，獲匪其醜④。无咎。

①用：用命，下令。
②有嘉：有好消息。嘉：喜慶，捷報。
③折首：折取魁首。擒賊先擒王的意思。
④獲匪其醜：指俘獲了他們同類的敵人。匪：古通「彼」。醜：同「類」。一說：匪，通「非」。句謂不俘其同類，即不追究其部屬。
⑤王用出征：上九爻辭的省文。

《象》曰：「王用出征……」⑤，以正邦也。

直譯

上九爻辭：君王下令出兵征伐，有了好消息：擒殺了敵軍首腦，並且俘獲了他們同伙的壞蛋。沒有差錯。

《小象傳》說：所謂「王用出征」云云，是為了安定邦國呀。

補注

孔穎達《周易正義》：「處〈離〉之極，〈離〉道既成，物皆親附，當除去其非類，以去民害。」是說眾皆親附、一切底定之後，即可征伐背叛之異己。所謂「正邦」，即《彖傳》「重明以麗乎正，乃化成天下」之意。

新繹

坎、離相對，從八純卦的卦體和卦辭的定義看，此卦上下卦體都是〈離〉，是「明兩作」，而〈坎卦〉則是上下皆〈坎〉，是「水洊至」。明指日月一般的光明，象火；水指隱藏地下的溝渠，象坑。「兩作」和「洊至」都有「再度、重現」的意思，所以六十四卦的〈坎〉又稱〈習坎〉，〈離〉有的古本也有作「麗」的，像王家台秦簡的《歸藏》即是。《彖傳》說：「離，麗也」，也同樣以「麗」訓「離」。麗是附麗、重明的意思。

就二卦《彖傳》的解析相對來看，〈坎卦〉有天險、地險，另外有王公為「守其國」所設的「行險」；〈離卦〉則有「麗乎天」的日月，「麗乎土（地）」的百穀草木，另外應該還有「麗乎正」的王公大人。所以筆者同意上述谷繼明的見解，以為「重明」指的就是三才中的「人」，即王公大人。他們以柔居中，和〈坎卦〉中的王公大人「乃以剛中」一樣，都懂得「時用」，懂得種種因應之道。

〈坎卦〉陽爻居中，所寫的險難較多，但只有像九二、九五那樣的篤定堅持，才能克服困難，不致陷沒；〈離卦〉則陰爻居中，因為上下都有陽爻護衛著，所以美麗而有文采，但也由於上下過於剛健，所以六二、六五只有「柔麗乎中正」，當歌則歌，當哭則哭，以保持柔順中正的美德，才能亨通。這和黃壽祺、張善文所說的「行險當以剛中為主，附麗則以柔中為宜」，道理是相通的，這也正是〈坎〉、〈離〉兩卦「適為相反的核心意義」。

〈坎〉、〈離〉兩卦，和〈乾〉、〈坤〉兩卦一樣，卦形都反復不變。純陽純陰的〈乾〉、〈坤〉兩卦，其二、五爻陰陽對換，即成〈坎〉、〈離〉。上引魏伯陽《周易參同契》云：「〈乾〉〈坤〉者，《易》之門戶，眾卦之父母。〈坎〉〈離〉匡廓，運轂正軸。牝牡四卦，以為橐籥，覆冒陰陽之道。」所謂「運轂正軸」，不僅指〈坎〉陽爻居中、〈離〉陰爻居中，同時也指〈坎〉、〈離〉兩卦在四象衍為八卦、八卦衍為六十四卦中「逐爻漸生」的重要地位。

俞琰《周易參同契發揮》云：「〈乾〉〈坤〉，其體也；〈坎〉〈離〉，其用也。〈坎〉

〈離〉二者，同流升降於六虛，往來上下，蓋無爻位。」有人以為即指〈乾〉、〈坤〉兩卦的「用九」、「用六」。

因此，〈乾〉、〈坤〉、〈坎〉、〈離〉四卦，在《伏羲八卦次序圖》和《伏羲六十四卦次序圖》中，正分居「四象」太陽、太陰、少陽、少陰之首；在《伏羲八卦方位圖》中，也正分居南北西東的正位。底下茲將朱熹《周易本義》所附有關圖說引錄如下，供讀者參考。

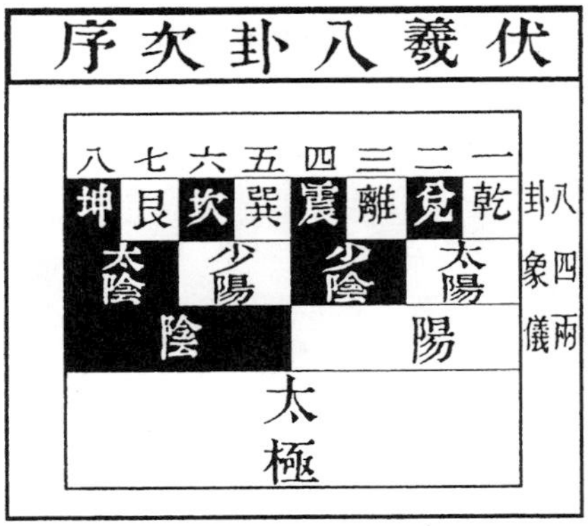

《繫辭傳》曰：「《易》有太極，是生兩儀，兩儀生四象，四象生八卦。」邵子曰：「一分為二，二分為四，四分為八也。」《說卦傳》曰：「《易》，逆數也。」邵子曰：「乾一，兌二，離三，震四，巽五，坎六，艮七，坤八。自乾至坤，皆得未生之卦，若逆推四時之比也。」後六十四卦次序放此。──引自朱熹《周易本義》

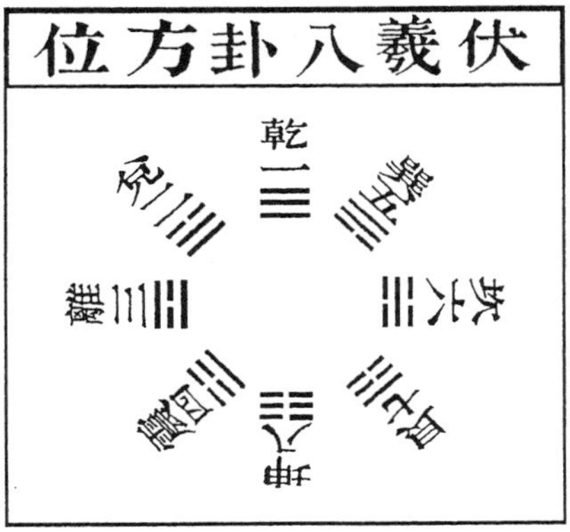

《說卦傳》曰：「天地定位，山澤通氣，雷風相薄，水火不相射，八卦相錯。數往者順，知來者逆。」邵子曰：「乾南，坤北，離東，坎西，震東北，兌東南，巽西南，艮西北。自震至乾為順，自巽至坤為逆。」後六十四卦方位放此。──引自朱熹《周易本義》

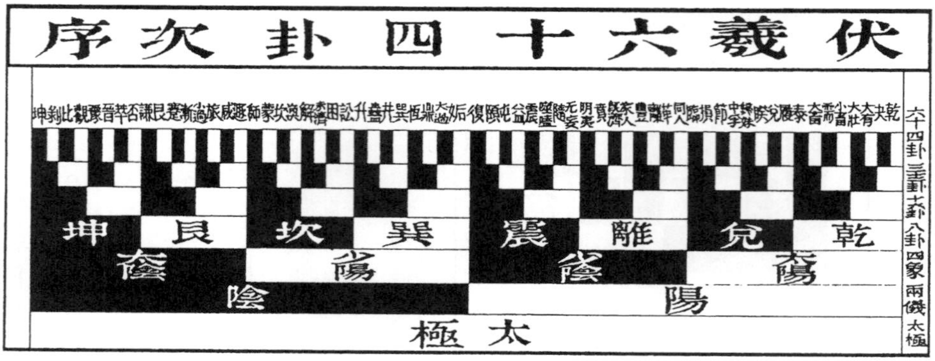

前《八卦次序圖》，即《繫辭傳》所謂「八卦成列」者，此圖即其所謂「因而重之」者也。故下三畫即前圖之八卦，上三畫則各以其序重之，而下卦因亦各衍而為八也。若逐爻漸生，則邵子所謂「八分為十六，十六分為三十二，三十二分為六十四」者，尤見法象自然之妙也。

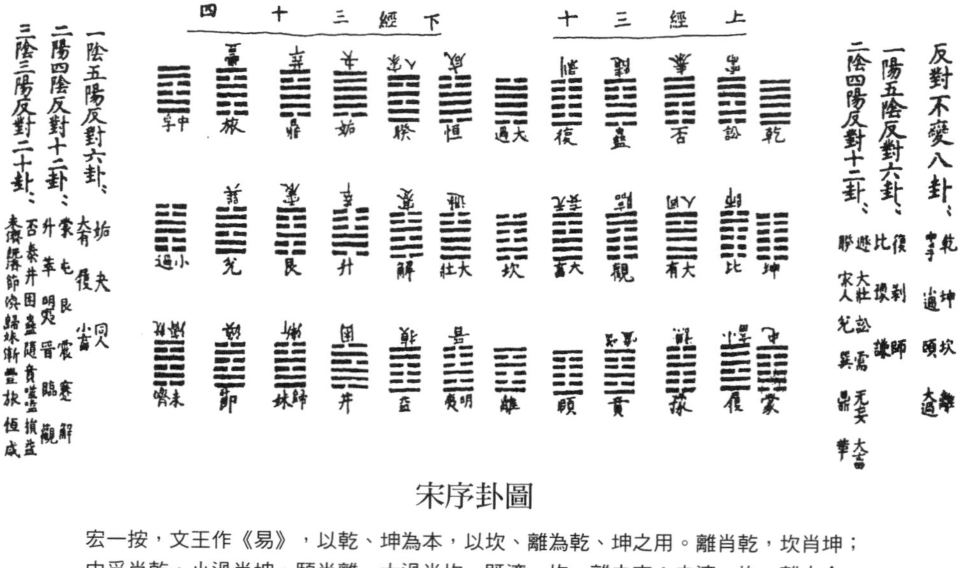

宋序卦圖

宏一按，文王作《易》，以乾、坤為本，以坎、離為乾、坤之用。離肖乾，坎肖坤；中孚肖乾，小過肖坤。頤肖離，大過肖坎。既濟，坎、離之交；未濟，坎、離之合。坎、離所以為乾、坤用者，得天地之中也。——引自宋代佚名輯《周易圖》

上文說過，《周易》把〈乾〉、〈坤〉放在最先，把〈既濟〉、〈未濟〉放在最後，是有道理的。同樣的，把〈坎〉、〈離〉兩卦放在六十四卦的中間位置，即上經的最後，也一樣有其道理。

我們知道六十四卦是乾、坤、震、坎、巽、艮、兌、離「八純卦」重疊而成，而八純卦則是上古伏羲「觀物取象」而來；我們也知道伏羲畫卦，當在有文字之前，而卦爻辭乃「觀象繫辭」，當在繫於六十四卦有圖象之後，前人以為蓋出於周文王、周公之手，孔子及其後學所撰的《易傳》，更在其後。孔穎達《周易正義》說的：「今驗六十四卦，二二相稱，非覆即變」，正是旨在說明兩卦一組，以及先後次序各有其道理。前人依此而畫的「序卦圖」，上經三十卦可畫出十八個卦象，下經三十四卦也同樣可以畫出十八個卦象，正好相等，而〈坎〉、〈離〉兩卦正好居其中。

不但如此，我們也可以從《易傳》的《象傳》中，看出六十四卦中「二二相耦」的意義以及八純卦所蘊含的特徵。例如〈離卦〉的《大象傳》，解釋「離」為「明兩作」，孔穎達的《周易正義》就先注解：「離為日，日為明。今有上下二體，故云明兩作，離」，然後如此加以析論：

> 八純之卦，論象不同，各因卦體事義，隨文而發。〈乾〉〈坤〉不論上下之體，直總云「天行健」、「地勢坤」，以天地之大，故總稱上下二體也。雷，是連續之至，水為流注不已，義皆取連續相因，故〈震〉云「洊雷」、〈坎〉云「洊至」也。風是搖動相隨之物，故云

「隨風，巽也」。山、澤各自為體，非相入之物，故云「兼山，艮」、「麗澤，兌」，是兩物各行也。

今「明」之為體，前後各照，故云「明兩作，離」，是積聚兩明，乃作於「離」，若一明暫絕，其「離」未久，必取兩明前後相續；乃得作〈離卦〉之美。

可見〈乾〉〈坤〉為眾卦之本，而〈坎〉〈離〉則為〈乾〉〈坤〉之用，其他各卦皆其相摩相盪、逐爻漸生而來。因此所謂「水洊至」、「明兩作」，亦即八卦衍為六十四卦之作用。風動雷鳴，所以相隨而至；山澤臨水，所以相映成趣，蓋皆〈乾〉〈坤〉與〈坎〉〈離〉互為體用有以致之也。